國家圖書館出版品預行編目資料

北朝學術之研究／施拓全 著 — 初版 — 台北縣永和市：花木
蘭文化出版社，2009〔民98〕
目 4+186 面：19×26 公分
（中國學術思想研究輯刊 六編：第 13 冊）
ISBN：978-986-254-064-0（精裝）
1. 學術思想　3. 北朝史
112.36　　　　　　　　　　　　　　　　　98015222

ISBN - 978-986-2540-64-0

9 789862 540640

中國學術思想研究輯刊
六　編　第十三冊　　　　　　　ISBN：978-986-254-064-0

北朝學術之研究

作　　　者	施拓全
主　　　編	林慶彰
總 編 輯	杜潔祥
出　　　版	花木蘭文化出版社
發 行 所	花木蘭文化出版社
發 行 人	高小娟
聯絡地址	台北縣永和市中正路五九五號七樓之三
	電話：02-2923-1455／傳眞：02-2923-1452
網　　　址	http://www.huamulan.tw 信箱 sut81518@ms59.hinet.net
印　　　刷	普羅文化出版廣告事業
封面設計	劉開工作室
初　　　版	2009 年 9 月
定　　　價	六編 30 冊（精裝）新台幣 50,000 元

北朝學術之研究

施拓全　著

作者簡介

施拓全，1967 年生。國立高雄師範大學國文系博士班畢業，目前任職國立高雄餐旅學院通識教育中心，教授文藝寫作、茶道文化等課程，著作有：《秦代金石與書法研究》、《北朝學術研究》及〈范仲淹〈岳陽樓記〉之「感官情境」析論〉、〈儒學在北朝漢化中之重要發展〉、〈人品與茶品－試論「茶人」一詞的普遍性涵義〉等十數篇文學、經學、茶道相關論文，目前以茶文化為研究重點。

提　要

胡政權憑藉武力入主中原，其施政理念與政策推行，對漢人文化之影響可謂大矣！就北方學術之發展而論，傳統之治學觀念及特點，在胡、漢民族之相互關係中，整體學風之演變趨勢及春秋學之發展，乃本論文之研究宗旨。茲就本論文之各章要點概述如下：

第一章〈緒論〉：論述本文之研究範圍與內容，資料之運用及其限制，及研究本文之主要課題。

第二章〈五胡十六國之儒學發展及其影響〉：論述胡人「夷夏觀念」對於漢化之影響，及胡主在學術上之造詣；並探究十六國推行儒學之狀況，尤以河西儒者對北朝學術之影響為然。

第三章〈北方經學以鄭玄為主之原由探討〉：就「玄學誤國之借鑒」、「重視禮教之利國」、「質樸守舊之個性」、「讖緯思想之信仰」諸因素，探討鄭玄經學在北方盛行之原由。

第四章〈北朝「夷夏觀」與學術文化之關係〉：探討北朝以漢文化為正統之「夷夏觀」，落實在漢化政策與尊崇漢儒之情形；並論述北地漢儒「以夏變夷」之觀念作為，及其在史書中「夷夏辨別」之立場。

第五章〈儒學在漢化中之重要發展〉：論述北魏、北齊、北周諸胡主推行儒學之狀況與消長原由，及胡皇族之治學情形；並考察當代典籍之整理與儒學之著作成果。又北學與南學之比較亦本章之要點。

第六章〈北朝「儒釋融合」之趨向與影響〉：探究胡主崇信佛教之目的，及漢儒於「儒釋融合」過程中，因「守儒反佛」與「援儒入釋」之不同態度所產生之相關問題；並論述「儒釋融合」之學術意義。

第七章〈北朝政治與經術之結合〉：探討「經世觀念」對北朝政治之影響，及經術在政治上之具體實踐；並論述結合儒法之「春秋決獄」在當代法治上之意義。

第八章〈北朝春秋學之發展及其特質〉：論述三傳之門派承傳及其消長原由，及當代儒者治春秋學之特點；又探討南北學術交流對北方學術之影響，並就左傳「服杜爭議」之消長，闡明南北學術統一之趨勢。

第九章〈酈道元《水經注》引「春秋經文」考〉：論述酈道元注《水經》之觀念與方法，以考察其治學特色與北朝中期學風發展之「相應」關係；並探究《水經注》引「春秋地名」之意義與價值。

第十章〈結論〉：總結本論文各章之要點。

目

次

第一章　緒　論

　　中原漢族向以文化正統自居，而鄙薄胡族之無文。自先秦以來，北方政
經學術之發展皆主導於華夏觀念之下，外族僅沾教化之邊，雖有窺伺中原之
志，終難遂其願。迨至西晉末年，漢人主導之政權淪於委靡，胡族卻漢化漸
深而日益茁壯。方匈奴劉氏之起兵稱王，亦千百年來胡漢地位之轉移，北方
統治權易爲胡主，雖有二三漢族據地稱王，仍難改變胡族於政經學術之主控
權。

　　北方學術既淪於胡政權下，其興衰發展誠中國學術史上之一大課題。然
而，察北朝學術之研究，除「經學史」將此一時期附述於魏晉之末，或概述
於南朝學術之餘，罕見研究專著。至於單篇論文之撰寫，雖亦見學者用力於
此，內容且頗爲可採，如陳朝暉、孔毅、武守志、古正美、汪惠敏諸人，尤
以陳朝暉之探究爲深；惟其內容多屬儒學，且僅顯於一主題，未能全面考察
當代學術，此乃撰寫本文之初由也。

　　透過北朝學術之整體考察，以明瞭胡漢民族之治學關係，及各類學術在
胡漢學者之探究下，治學觀念之異同情形；並就春秋學與當代學風之相應關
係，及其發展狀況加以研究，皆本文之撰寫目的。

第一節　本文之研究範圍與內容

　　本文之研究範圍係以「北朝時期」之學術發展爲主，上溯至十六國，下
迄隋初。據史傳所載，北魏始於道武帝拓跋珪登國元年（386 年），迨太武帝

拓跋燾太延五年（439 年）滅北涼而統一北方，至孝武帝永熙三年（534 年）分裂爲東西魏，再歷北齊（550 年）、北周（537 年）而亡於隋楊堅（581 年）。所謂「北朝」係與南朝相對，劉裕雖篡晉稱「宋」於恭帝永熙二年（420 年），南北正式對峙則始於北方統一之後（439 年），故就「政治斷限」而論，「北朝」係指太武帝滅北涼至北周靜帝大定二年（581 年）亡於隋。

然而，學術之承傳實非「政治斷限」所能截然區分，學者身居兩朝者屢屢可見，門派學說之影響亦往往百數十年，以河西文化而論，不僅影響北朝頗深，且延及隋唐。故探究北朝學風，本文不惟不限於北涼既亡之後，且論及拓跋氏稱「代」之時，乃至於追溯至五胡十六國時期，而始於前趙劉淵之稱帝（304 年）；藉此以考察胡人執政下，胡漢學術之互動發展。再者，研究本文之年代下限亦不限於楊堅廢主自立之時，茲依《周書・儒林傳》「序」所言，該傳載錄「儒者年代」之例：「終於隋之中年者，則不兼錄。」（卷四五）約隋代中期（約 600 年）前之儒者學術皆在本文研究之範圍。

承上所述，因學者或身居兩朝，學術成就亦并見於不同朝代，如盧景裕、李同軌皆仕於北魏、北齊，《魏書・儒林傳》載二者之生平經歷及其學術內容，《北齊書・儒林傳》「序」亦概述之；本文依史籍專傳，將二人定爲北魏時期之儒者。又如一代儒宗熊安生身歷北魏、北齊、北周三朝，影響及於隋初，茲依史書所立專傳而歸於北周，其弟子劉焯、劉炫諸人，皆由周入隋，則依《隋書・儒林傳》所列，定爲隋代儒者，其餘學者類此。此即本文論述各期儒者學術之例。

關於本文之研究內容，係就北朝前後近三百年之各項學術，舉凡儒學、史學、讖緯、佛學、玄學，考察學者之治學態度及其內容，藉以明瞭當代學風與時政之關係，且顓就春秋學之門派學說、治學特點與整體學風之相應關係作一探究，藉具體內容之考察以落實當代學風之趨向。

就儒學而論，各時期之儒學發展，與傳統「儒教治國」之觀念於胡政權下之演變，乃內容之要點。就史學而論，胡族讀史之動機，與漢人撰史之正統立場，係其要點。就讖緯而論，讖緯觀念與胡人思想之關係，及此思想落實於當代政治者，係其內容要點。就佛學而論，胡族崇佛之目的，與儒釋相融之相關問題及其影響，乃研究要點。就玄學而論，胡漢民族對「玄學誤國」抱持何種態度，及玄學之發展狀況，乃研究之要點。

第二節　本文之資料運用及其限制

一、資料之運用

　　本文之撰寫資料以「史書」為主，藉《魏書》、《北齊書》、《周書》、《晉書》、《北史》、《南史》諸書之史料蒐集，並參酌《顏氏家訓》、《洛陽伽藍記》、《水經注》諸當代典籍，以探究北朝學風之特質與趨向。

　　關於「春秋學」之資料來源，除史籍所載儒者本傳與史書經籍志、藝文志外，清代輯佚叢書所輯之佚文殘卷，乃考察具體內容之重要資料。茲依史書本傳、《隋書·經籍志》、《舊唐書·經籍志》、《唐書·藝文志》、《玉函山房輯佚書》、《漢魏遺書抄》、《黃氏逸書考》，將北朝春秋學著作之著錄及存佚情形列表如下：

朝代	姓名	春秋學著述	著　　錄	存佚
北魏	崔　浩	春秋注	本傳	佚
	高　允	左傳釋、公羊釋、議何鄭膏肓事	本傳	佚
	常　爽	春秋略注	本傳	佚
	劉獻之	三傳略例三卷	本傳	佚
	李　彪	春秋三傳述十卷	本傳	佚
	李　謐	春秋叢林十二卷	本傳、隋志、舊唐志	佚
	劉　芳	何休所注公羊音一卷、范寧所注穀梁音一卷	本傳	佚
	辛子馥	三傳經說異同	本傳	佚
	徐遵明	春秋義章三十卷	本傳	佚
		？公羊傳何氏解詁疏〔註1〕	崇文總目	佚
	房景先	春秋三傳問	本傳	佚
東魏	衛冀隆	難杜氏春秋三十六事	本傳、漢魏書目	輯一卷
	賈思同	春秋傳駁十卷	本傳、玉函書目	輯一卷
	姚文安	左傳服氏解駁妄七十七條	本傳	佚
	李崇祖	左傳服氏解釋謬	本傳	佚

〔註1〕　按：皮錫瑞《經學歷史》，頁183，就王鳴盛指此書為徐遵明所撰，引姚範諸家之說以論述，而意其可信度在疑似之間。

北齊	李　鉉	三傳異同	本傳、唐志	佚
	張思伯	左氏刊例十卷	本傳	佚
北周	樂　遜	春秋序論	本傳	佚
隋初	蘇　寬	春秋左氏傳義疏〔註2〕	玉函書目	輯一卷
	劉　焯	春秋述議	本傳	佚
	劉　炫	春秋攻昧二十七卷	本傳、舊唐志	佚
		春秋左傳杜預序集解一卷	本傳、隋志	佚
		春秋左氏傳述議四十卷	本傳、隋志、漢魏書目	輯一卷
		春秋規過三十卷	本傳、舊唐志、黃氏逸書、漢魏書目	輯一卷

　　由上表所載春秋學著作之著錄情形可知，除輯佚之殘卷外，皆已亡佚。賈思同、蘇寬、劉炫諸春秋學殘卷將論述於下文。

二、資料運用之限制

　　本文之所以據原典為主要資料，尤以史書為然者；緣北朝學術之特質及其發展脈絡，歷來學者罕見顓門之探究，雖見經學史之撰作，亦僅止概論，而單篇論文之探專題撰寫，雖見深入考察者，仍止一隅，未見全貌。然而，史料雖能載錄較真切之學術狀況，因撰史者之取捨衡量，關乎資料之存廢詳略，影響研究之結果甚深；就本文之研究而論，亦屢因史料之不足，僅能呈現學術面貌之一端。茲引數例，以明本文資料之運用限制。

　　就十六國之學術發展而論，所引資料主要依據《晉書‧載記》，然而，關於五涼儒者之載錄，幾無所見；僅《魏書》載文中，述及自涼州入魏者數例（即北魏太武帝平北涼後遷徙至中原者），其學術經歷及生存朝代則未明載。察五涼之興亡起迄，除前涼外，後涼諸國之國祚大抵二三十年且同時并存；是以，若史書未明載其經歷，欲將此時期之儒者學術與諸國間之關係作一確切論述，實屬不易。

　　就春秋學之門派承傳而論，據史傳所載，北朝儒士拜博士者雖屢見，然而，專經學官之設立，除「禮經博士」梁越載錄外，罕見其他專經博士。可見當代

〔註2〕　按：蘇寬之名不見於史傳，馬國翰輯其著作一卷，就內容有釋衛冀隆難杜二條，定為賈思同、秦道靜之流，暫列於隋初，下文將有所考述。

博士之立於學官，不主專經，而以博學通儒爲主，此殆與北朝之政風、學風相應。承上所述，春秋學既未專立於學官，欲詳考其師承實爲不易，此其一也。其二，私學之傳承雖盛，史家則往往僅列「尤通顯者」一二而已；〔註3〕察北魏劉獻之乃一代儒宗，善左傳，史載其徒「通經之士」數百，然弟子中留名者惟董徵一人，此又一難也。

綜上所述，史傳內容之不足，乃使用資料之主要限制也。

第三節　研究本文之主要課題

本文之研究動機、目的、範圍、內容、及引用資料之來源與限制，已述於前文，茲就探討本文所處理之主要課題，分述於下。

一、「夷夏觀念」與胡政權之關係

胡族雖憑武力入土中原，然而，面臨優越之漢文化時，胡政權所持「夷夏辨別」之觀念，直接影響其施政態度與具體措施。查《魏書・劉淵傳》與《晉書・劉元海載記》所載，劉裕於西晉內亂時起兵稱「漢」，尊漢高祖、光武帝、蜀漢昭烈帝爲三祖，托漢室正統，以示其政權「一脈相承」之合理性。又據《晉書・慕容雋載記》所述，群臣勸雋稱號，雋答曰：「吾本幽漠射獵之鄉，披髮左衽之俗，歷數之籙，寧有分也。」（卷一一〇）此種以漢爲正統而自鄙胡文化之態度，至北魏孝文帝之漢化尤顯，觀《魏書・咸陽王禧傳》載孝文帝欲斷北語，語禧之言曰：「若仍舊俗，恐數世之後，復當成披髮之人。」（卷二一上）又北周明帝尊漢所下之詔文曰：「昔漢世巴郡洛下閎善治歷云：後八百歲當有聖人定之。自火行至今木德，應其運矣，朕何讓焉。」（《周書》卷四））然而，並非所有胡主皆抑胡崇漢，查《北齊書》載高德政、杜弼二人即因輕視胡文化，主張排胡用漢而被殺（卷三〇）。又文宣帝「每言太子（廢帝）得漢家性質，不似我，欲廢之。」（卷五）

承上所述，探究胡政權對漢文化之態度，及其所持「胡漢、夷夏」觀念對學術措施之影響，乃本文研究之一大課題。

〔註3〕　按：《北齊書・儒林傳・序》載儒者列於該傳之條例，曰：「今序所錄諸生，或終於魏朝，或名宦不達，縱能名家，又闕其所由及所出郡國，並略存其姓名而已。俱取其尤通顯者列於儒林。」（卷四四）

二、漢化政策與漢儒之從政態度

據史籍所載，自胡人入主中原以來，便知採取漢人典章與運用漢儒，藉此以利建國，作爲抗衡群雄之資。察《晉書‧李雄載記》所述，氐族李氏建國草創，因闕法制，乃依尚書令閻式之議，採漢晉之制（卷一二一）。又羯族石勒拔擢人才之「續定九品」（〈石勒載記〉），南燕慕容超之定刑律（〈慕容超載記〉），皆依循漢制。迨北魏之興，漢化益深，禮儀制度尤受胡主之重視，《魏書》即立〈禮志〉四卷。

至於胡主之重用漢儒，屢屢可見，據《晉書‧石勒載記》附〈張賓傳〉所載，趙郡張賓乃一學養兼備之儒者，石勒引爲謀主而甚倚重其才，乃拜爲大執法，總攬朝政而位冠群僚（卷一〇五）。迨至北魏太武帝統一北方，廣招碩儒賢雋之狀，可謂盛極一時（《魏書‧太武帝紀》卷四）。北齊雖胡漢衝突激烈，楊愔、邢邵、魏收、崔㥄等漢儒仍當朝輔政；據《齊書》記載，神武帝時，「軍國務廣，文檄教會，皆楊愔及崔㥄出。」（卷一）

然而，漢儒雖甚受胡主之倚重，堅持「夷夏之別」者亦屢見於史傳。察《魏書‧高祖紀》述孝文帝與朝臣論海內姓地人物，薛聰曰：「臣遠祖廣德世仕漢朝，時人呼爲漢。臣九世祖永隨劉備入蜀，時人呼爲蜀。臣今事陛下，是虜非蜀也。」（卷七）又據《北齊書‧陽休之傳》記載，後主封陽休之爲燕郡王，休之言此事於親友，曰：

> 「我非蠻奴，何意忽有此授，凡此諸事，深爲時論所鄙。」（卷四二）

可見當代漢士族「重夏輕胡」之觀念仍屬普遍。

綜上所述，探究漢化政策之實踐過程中，胡主、漢儒之態度與互動狀況對學術文化之影響，乃本文研究之一大課題。

三、漢化政策下儒學之發展

在漢化政策之實踐下，雖《北史‧儒林傳》載：「自永嘉之後，宇內分崩，禮樂文章掃地將盡。」（卷八一）然而，代表漢化之內在精神，而足以經世之儒學，亦屢見官方、民間推行之史傳載文。據《晉書》所載，前趙劉曜即具興學之功（卷一〇三），前秦苻堅頗重儒者之德性而提倡尊師重道之風（卷一一三）。至於北朝儒學之發展，據《魏書‧儒林傳》、《北齊書‧儒林傳》、《周書‧儒林傳》所載概況，除北齊官學衰微外，北魏、北周皆可稱盛。

承上所述，探究北朝儒學之發展過程中，官、私學之盛衰因素，乃本文

研究之一大課題。

四、胡族之師承及治學狀況

　　胡政權既知漢化之俾益建國，據史傳所載，浸染儒學、以漢儒爲師、著重宗室教育之胡主不乏其人。據《晉書》所載，劉淵「幼好學，師事上黨崔游，習《毛詩》、《京氏易》、《馬氏尚書》，尤好《春秋左氏傳》、《孫吳兵法》，略皆誦之；史漢諸子，無不綜覽。」（卷一○一），苻堅「性至孝，博學多才藝，有經濟大志。……堅臨太學，考學生經義優劣，品而第之，問難五經博士，多不能對。」（卷一一三）皆非「無文」之主。迨北魏以來，漢儒與胡族治學之關係愈形密切，據《魏書》記載，道武帝命梁越授諸皇子經書（卷八四）；太武帝因李靈、李訢「學優溫謹」，令授文成帝經（卷四九）；孝文帝開「皇子之學」（卷八四）；可見胡主頗重視宗室教育。惟北齊「徒有師傅之資，終無琢磨之實，下之從化，如風靡草，是以世胄之內，罕聞強學。」（卷四四）

　　綜上所述，探究胡族之學養，及其治學與漢儒之關係，乃本文研究之一大課題。

五、當代「經世致用」觀念之趨向與實踐

　　據《魏書・儒林傳》所載，道武帝初入中原，「便以經術爲先」（卷八四），又嘗問李先「何書最善」？李先言：唯經書爲「治化之典」，能「補王者神智」（《魏書・李先傳》卷三三）。此種「經世致用」之觀念屢見於載文。

　　察各類學術與當代政風時尚之關係，就儒學而言，《北史・儒林傳》載曰：「詩、禮、春秋，尤爲當時所尚，諸生多兼通之。」「論語、孝經諸學莫不通講。」（卷八一）上述諸學受當世所尚之原由爲何？據《魏書・儒林傳》記載，刁沖乃一純儒，因「不營世事，居無所業，惟在注解。」（卷四五）即不爲當朝所重，其原由爲何？就史學而言，喜好史傳之胡主不乏其人，十六國時期之匈奴劉淵、劉聰，北涼沮渠蒙遜，羯族石勒，鮮卑慕容盛，氐族李雄，前秦苻丕，及北朝之明元帝、太子晃、孝文帝、宣武帝皆是；然而，漢儒崔浩受命修史，且須「務從實錄」，卻受誅於太武帝，其原由爲何？就讖緯而言，作爲帝王「應天順民」，鞏固政權之工具，讖緯之「天人因果」思想確有其效用，此種觀念不僅合於胡人迷信性格，漢儒亦好此學，《魏書》即特立〈術藝傳〉；然亦見禁讖之舉，其原由爲何？就玄學而言，十六國至北朝，傾慕名理

清談，可媲漢族之胡宗室亦見其人，據《晉書》所載，前秦苻融、苻朗，南燕慕容鍾，至北魏之獻文帝、孝文帝，東魏靜帝皆好老莊玄學；然而，玄學未能流行於當代，其原由爲何？據史書〈刑罰志〉所載，北朝刑法嚴苛，然而，太武帝太平眞君六年乃「詔諸有疑獄皆付中書，以經義量決。」（卷一一一）崔浩、高允、宋世景諸人皆善於儒法，遂使經術融入律法之中；然而，經義決獄始終掩於刑法之下而不彰，其原由爲何？

承上所述，在胡政權之政策主導下，整體學術之觀念宗旨及各類學術之發展趨向，乃本文研究之一大課題。

六、河西文化與北朝儒學之關係

陳朝暉於〈論北朝儒學及其地位〉一文中論述北朝儒學之形成來源，主要有三：寓居北方之中原士族、平涼後徙入之河西士人、北上之江左儒士。[註4] 其中以河西文化對北朝學術之影響，尤須注意。蓋河西五涼雖地處偏僻，然於十六國時期因遠離中原戰火，易於興學，猶能保存漢魏文化於一隅，且涼州號稱多士，苻堅見敦煌索泙而歎曰：「涼州信多君子。」（《晉書》卷一一五）故太武帝併北涼後，徙入北魏之河西儒士頗受重視，觀〈張湛傳〉載崔浩注《易》敍曰：「國家西平河右，敦煌張湛、金城宗欽、武威段承根，三人皆儒者，並有雋才，見稱於西州。」（卷五二）據陳寅恪《隋唐制度淵源略論稿·敍論》所論，河西文化之影響且及於隋唐。

承上所述，探究河西學術之特質，及北朝學術受此文化之影響，乃本文研究之一大課題。

七、春秋學在異族統治下之意義

據史傳所載，胡宗室研習中原學術，往往兼好《春秋左氏傳》與《孫吳兵法》，其原由爲何？又「夷夏之別」在胡、漢民族之春秋學著作與議論中，其觀念爲何？皆本文考察之重要課題。

八、春秋三傳在北朝之消長

左傳與公、穀二傳於北朝之興衰消長，載諸史籍，可得其梗概。據《北

[註4] 參見頁 42。

齊書・儒林傳》記載：「河北諸儒能通春秋者並服子慎所注，……其河外儒生，俱服膺杜氏，其公羊、穀梁二傳，儒者多不措懷。」（卷四四）又《北史・儒林傳》記載：江左「左傳則杜元凱」、河洛「左傳則服子慎」，「其公羊、穀梁二傳，儒者多不措懷。……虔左氏春秋、休公羊傳，大行于河北。」（卷八一）由載文明顯可知，服氏左傳流行於北方，杜氏左傳流行於南方，穀梁傳已衰。然《魏書》既載何休公羊傳「大行於河北」（卷八四），《北齊書》載儒者多不措懷於公羊傳，《北史》則并載二說，學者探究此問題者屢見。

承上所述，探究三傳之發展及其盛衰原由，乃本文研究之一大課題。

九、北朝春秋學之門派承傳

春秋三傳在北朝之門派承傳，載於史傳者不多見。據《北齊書・儒林傳序》所載：「河北諸儒能通《春秋》者，並服子慎所注，亦出徐生之門。」（卷四四）除此載文明指徐遵明為河北諸儒習服注之宗師，杜注與公、穀二傳之門派則罕見記載。是故，探究北朝春秋學在胡政權下「官學與私學」之承傳脈絡，乃本文研究之一大課題。

十、北朝春秋學者之學術內涵及其治學、講學特色

關於北朝春秋學者之治學特色，自《魏書・徐遵明傳》中可見其梗概：「（遵明）師屯留王聰受毛詩、尚書、禮記，一年便辭聰。詣燕趙，師事張吾貴，……遵明服膺數月，乃私謂其友人曰：張生名高而義無檢格，凡所講說，不愜吾心，請更從師。……猛略謂遵明曰：君年少，從師每不終業，千里負帙，何去就之甚，如此用意，終恐無成。遵明曰吾今始知真師所在，猛略曰：何在？遵明曰：正在於心。」（卷八四）可見其治學特點與傳統觀念已有明顯差異。查諸史傳，在遵明前之儒者治學，已見此風之漸成習染；又遵明學說之影響甚鉅，故自北魏末期以來，至周末隋初之二劉，此學風之演變情形甚為重要。

承上所述，就北朝儒者中，對春秋學深究者、撰有專著者，其治學內容與方法，學說觀點與著作形式，及講學論學之特色，作一歸納分析，乃本文研究之一大課題。

十一、服、杜學之爭論

據《魏書‧賈思同傳》記載：「（思同）授靜帝杜氏春秋。……國子博士
遼西衛冀隆爲服氏之學，上書難杜氏春秋三十六事，思同復駁冀隆乖錯者十
一條，互相是非，積成十卷。詔下國學集諸儒考之，事未竟而思同卒。……
至今未能裁正焉。」（卷七二）因賈、魏二人所揭起之左傳「服杜」學之爭，
乃北魏末期至北齊間春秋學發展之大事，其產生之原由、過程、爭論之內容
及其影響，乃本文研究之一大課題。

十二、南北治學之差異

清、趙翼《二十二史札記》「南北朝經學」條論「北盛於南」曰：「北朝
雖偏安竊據之國，亦知以經術爲重，在上者既以此取士，士亦爭務于此，以
應上之求；故北朝經學反較南朝稍盛。」（卷一五）然而，據《隋書‧經籍志》
所載五經之發展，北學所宗之鄭學已漸浸微，「（易）至隋，王注盛行，鄭學
浸微，今殆絕矣。」「（書）至隋，孔鄭並行而鄭氏甚微。」「（詩）鄭箋至今
獨立。」「（禮）唯鄭注立於國學。」「（春秋）至隋，杜氏盛行，服義及公羊、
穀梁浸微，今殆無師說。」其浸微原由與北人治學之關係，乃探究本文之重
要課題。

十三、南北學術之交流

南北學術因戰亂、政治諸原由所造成「北人南投，南人北投」之交流情
形，屢見於史傳，是故，探究此學術交流對北方儒者之治學傳統，及整體學
風之影響，乃本文研究之一大課題。

第二章　五胡十六國之儒學發展及其影響

儒學發展至東漢末年，既受師門家法牢籠，而浸沒於繁瑣訓詁之中，有識之士亟欲「去繁就簡」以愜其心。是以鄭玄出而融合今古文，遂成天下學子所宗；惟家法既喪，漢學乃亡。又值魏晉之時局不靖，儒學精神不彰，訓詁既爲學者所厭，義理且亦罕見深究；就儒學發展言，不惟不興，且雜以玄學，實遠遜於兩漢之盛，皮錫瑞定魏晉爲「經學中衰期」，良有以也。迨自五胡亂華，中原擾攘而陷於外族之手，江左政權沉浸於玄學清談，名教倫常頹喪，儒學不爲時人所重。至於北方政權下之儒學發展，雖《北史・儒林傳》記載：「自永嘉之後，宇內分崩，禮樂文章掃地將盡。」（卷八一）然而，五胡十六國於掠奪易主，政權屢變〔註1〕而儒學「將盡」之時，往往可見深受漢

〔註1〕 按：北方漢胡建立之國家非僅十六國，據《晉書・載記》所述，凡十八。茲列其興亡如下：

國　名	創建人	民族	興亡年代（公元）	建都所在	滅於何國
漢（前趙）	劉　淵	匈奴	304～329	長安	後趙
成　漢	李　雄	巴氐	304～347	成都	東晉
前　涼	張　寔	漢	314～376	姑臧	前秦
後　趙	石　勒	羯	319～351	鄴	冉魏
冉　魏	冉　閔	漢	350～352	鄴	前燕
前　燕	慕容皝	鮮卑	337～370	鄴	前秦
前　秦	苻　洪	氐	350～394	長安	西秦
後　秦	姚　萇	羌	384～417	長安	東晉
後　燕	慕容垂	鮮卑	384～407	龍城	北燕
西　燕	慕容泓	鮮卑	384～394	長安	後燕
西　秦	乞伏國仁	鮮卑	385～431	南安	夏
後　涼	呂　光	氐	386～403	姑臧	後秦

化之胡主於動盪時局中，猶能興學重儒，尊中原文化爲正統，以爲夷夏辨別之依據，〔註2〕且能借用漢儒才幹，採用儒學典章以利謀國，作爲抗衡群雄之憑依。雖十六國祚短淺，難見持續推興之功，其影響仍及於北朝，此乃當代學術之意義。

就史籍所載，十六國學風以經世爲本，而學風之趨向則主導於君主之興學態度，誠如雷家驥所言：「經世則必論政與教，政教之權又操諸君主。」〔註3〕尤以入主中原之十三國胡主，對華夏文化之接受能力與漢化程度頗高，胡宗室博學文雅者屢出，此影響當代學術之推行甚大；而北方漢儒之貢獻才學，見重於時主，皆提升胡人學術文化臻經世致用之主力。

考諸史傳，十六國學術在動盪時局中之發展確屬有限；然而，落實儒學於政治，以禮教爲治國要道，乃北朝學術之所承繼者。觀河西五涼之遠離中原戰火，易於興學，號稱多士，猶能保存漢魏文化於一隅，其影響更及於隋唐。

第一節　夷夏之辨與五胡漢化

五胡憑藉雄強武力，乘時崛起於中原，然而，馬上得國，馬下欲治國，首即面臨胡漢文化之接觸問題。由於中原向以文化正統自居，鄙視邊境外族之野蠻無文，〔註4〕歷來堅持夷夏之辨者所在多有。〔註5〕在胡人入主中原

南　涼	禿髮烏孤	鮮卑	397～414	姑臧	西秦
南　燕	慕容德	鮮卑	398～410	廣固	東晉
西　涼	李　顥	漢	400～421	酒泉	北涼
夏	赫連勃勃	匈奴	407～431	高平	吐谷渾
北　燕	馮　跋	漢	407～436	龍城	北魏
北　涼	沮渠蒙遜	匈奴	401～439	姑臧	北魏

按：十八國中，匈奴三國：前趙、夏、北涼，氐三國：成漢、前秦、後涼，
羯一國：後趙，鮮卑七國：前燕、後燕、西燕、西秦、南涼、南燕，羌一國：
後秦，漢四國：前涼、冉魏、西涼、北燕。惟冉魏國祚僅三年、西燕僅十一
年，影響當代鮮少，不列十六國之中；又北魏自道武帝建國至太武帝滅北涼、
統一北方，雖影響甚大，然起於當代末期，且建立統一王朝於後，故亦不列
於其中。故五胡所見國家，向以十六國稱之。

〔註2〕按：陳寅恪《隋唐制度淵源略論》，頁29，曰：「北朝胡漢之分，不在種族，
　　　而在文化，其事彰彰甚明，實爲論史之關要。」

〔註3〕見《中古史學觀念史》，頁417。

〔註4〕按：《說文解字》對五胡稱謂之解釋，除氏族外，非畜即下賤人等；胡：「牛
　　　下巴垂肉。」（四篇下）匈：「膺也。」（九篇上）奴：「奴婢，皆古罪人。」（一

後，漢人所抱持之夷夏觀頗值探究。至於四境民族，因其文明低落，生存環境惡劣而屢屢窺伺中原，於長期戰事、綏和之持續接觸中，胡人雖漸染華風，乃至於傾慕漢文化，一旦入主中原，雖處執政之優勢，面臨胡漢文化於具體經世之明顯差異，仍不得不師法漢文化而以之為正統。考諸史籍，胡主重用漢儒才幹，運用儒經以利興國，其夷夏之別，非就血統而定，係就文化內涵中之禮儀制度及其精神為據；在有意識漢化之實踐下，遂見文雅胡主之興學重儒、推行禮教。匈奴劉淵、沮渠蒙遜、沮渠牧犍父子；氐族苻堅、苻融兄弟；鮮卑慕容廆、慕容皝、慕容儁祖孫三代；羌族姚興、姚泓父子；羯族石勒、石虎從父子；皆當代顯例。雖史傳載文非甚詳悉，統其諸端，亦可得其梗概。

一、五胡之夷夏觀

　　五胡因仰慕華風而視之為正統，故能倚重漢人而師法漢制，史傳皆見載文。茲就胡主稱王之正朔及胡人自稱其種族論起。

（一）就「正朔態度」與「種族自稱」論其夷夏觀

　　方西晉末年宗室之亂，劉淵起兵稱「漢」，尊漢高祖、光武帝、蜀漢昭烈帝為三祖，即依托兩漢正統，以示其政權「一脈相承」之合理性；《魏書・劉淵傳》與《晉書・劉元海載記》皆記述其事，《魏書》載曰：

> （淵曰）漢有天下，世長恩德，結於民心。吾又漢氏之甥，約為兄弟，兄亡弟紹，不亦可乎？今且可稱漢，追尊後主，以懷民望。乃遷於左國城，自稱漢王，置百官，年號元熙，追尊劉禪為孝懷皇帝。
>
> （卷九五）

又《晉書》載其令曰：

> 孤今猥為群公所推，紹修三祖之業，……追尊劉禪為孝懷皇帝，定漢高祖以下三祖五宗神主而祭之。（卷一〇一）

　　一篇下）羯：「羊羖犗也。」（四篇上）羌：「西戎，羊種也。」（四篇上）氐：「至也，本也。」（四二篇下）鮮：「鮮魚也。」（一一篇下）卑：「賤也。」（三篇下）

〔註5〕南朝顧歡〈夷夏論〉即言：「是以端委搢紳，諸華之容；翦髮緇衣，群夷之服。擎跪磬折，侯甸之恭；狐蹲狗踞，荒流之肅。棺殯槨葬，中原之制；火焚水沉，西戎之俗；金刑守禮，繼善之教；毀貌易性，絕惡之學。」（《南齊書・顧歡傳》卷五四）顧氏係就華夷之禮儀風俗以為判。

劉淵紹漢而不以匈奴爲尊，其夷夏觀亦可知矣！再舉羯族石勒、鮮卑慕容儁「稱尊」之事。

據《晉書‧石勒載記》所載，方其起兵爭強之際，文武臣僚勸勒稱尊號，勒下書曰：

> 孤猥以寡德，忝荷崇寵，夙夜戰惶，如臨深薄，豈可假尊號，取譏四方。昔周文以三分之重，猶服事殷朝，小白居臣之盛而尊崇周室，況國家道隆，殷周孤德，卑二伯哉。（卷一〇四）

又《晉書‧慕容儁載記》所述，群臣勸儁稱號，儁答曰：

> 吾本幽漠射獵之鄉，披髮左衽之俗，歷數之籙，寧有分也。（卷一一〇）

二者之辭，雖皆故作姿態，然由令文之尊華夏而自賤其俗，可見正統之依歸。查石氏於稱王後，「重其禁法，不得侮易衣冠華族。」（卷一〇五）對漢族甚爲尊重。又據〈石勒載記〉所記，有胡人乘馬突入宮門，勒大怒，責宮門執法，執法對曰：「向有醉胡乘馬馳入，甚呵禦之，而不可與語。」勒笑曰：「胡人正自難與言。」可見胡人之鄙俗無禮，實乃胡主入主中原後所欲革除者。

觀胡人之自鄙其俗，以漢族文化爲正統者，非惟匈奴、羯、鮮卑，氐、羌二族亦然；由胡主之自稱胡戎羌狄，其夷夏觀即可知矣《晉書‧苻堅載記》載曰：

> （堅）八歲請師就家學，（祖）洪曰：「奴戎狄異類，世知飲酒，今乃求學邪？」欣而許之。（卷一一三）

氐族苻洪之欣見苻堅就學，乃傾慕漢文所致；由其自貶爲戎狄，足見自卑之心。《晉書‧苻堅載記》載姚萇求傳國璽於堅，堅曰：「小羌乃敢干逼天子，豈以傳國璽授汝羌也……五胡次序，無汝羌名。」（卷一一〇）堅亦以「胡」自稱。觀《晉書‧周虓傳》載周虓領梓潼太守，爲苻堅所執一事，曰：

> （虓）每入見堅，輒箕踞而坐，呼之爲氐賊。堅不悅，屬元會，威儀甚整，堅因謂虓曰：「晉家元會何如此？」虓攘袂厲聲曰：「戎狄集聚，譬如犬羊相群，何敢比天子。」

苻堅受嗤於晉降將，雖不悅而終未殺之者，乃堅之禮遇漢人，殆亦欽重華夏所致。

又據〈苻堅載記〉附〈苻融傳〉所載，堅欲伐東晉，弟融諫止，就「戎族非爲正朔」勸戒曰：

知足不辱，知止不殆，窮兵極武，未有不亡，且國家戎族也，正朔
會不歸人。（卷一一四）

羌族姚弋仲常戒諸子「未有戎狄作天子者」曰：

吾本以晉室大亂，石氏待吾厚故，欲討其賊臣以報其德。今石氏已
滅，中原無主，自古以來，未有戎狄作天子，我死，汝使歸晉，當
竭盡臣節，無爲不義之事。（卷一一六）

如上所述，五胡實以華夏爲正統，惟其夷夏之別，非就「漢胡血統」立論，
係在於「胡漢文化」之內涵。

（二）就道德文化論其夷夏標準

胡人雖憑武力統御漢人，文化則漸同化於漢；如章權才所論：兩種
文化相碰撞，必然產生相互融合和吸收的問題，存在著低勢文化與
高勢文化究竟誰向誰靠攏的問題。歷史朝著那條道路走去？那條道
路比較符合歷史發展的客觀規律？〔註6〕

蓋自先秦以來，邊陲外族人抵融合於華夏文化之中，所謂「客觀規律」，即低
勢文化靠攏高勢文化以謀求更佳之生存條件。是以，民族之區分，往往在文
化層面，而非血統；陳寅恪《魏晉南北朝講演錄》論「民族同化」，其意即爲
如此，曰：

我國歷史上的民族，如魏晉南北朝時期的民族，往往以文化劃分，
而非以血統來劃分。少數民族漢化了，便被視爲「雜漢」、「漢兒」、
「漢人」。反之，如果有漢人接受某少數民族，與之同化，便被視爲
某少數民族。〔註7〕

由於華夏民族之文化優越感，〔註8〕與外族之傾慕中原文化；是以，所謂「雜
漢」「漢兒」係指褒辭，而同化於少數民族者乃受貶抑。「華夏文化」成爲正
統之代稱，「夷夏之別」在於接受或悖離此正統文化。茲引五胡史事以明。

方五胡初亂，劉淵群臣勸其稱王時，淵曰：「夫帝王豈有常哉，大禹出於
西戎，文王生於東夷，顧惟德所授耳。」（卷一〇一）

劉氏據「德」爲天命依歸，而摒除地域定見，係出《孟子》贊舜、文王

〔註6〕　見章權才《魏晉南北朝隋唐經學史》，頁188。
〔註7〕　頁326。
〔註8〕　按：《孟子・滕文公上》曰：「吾聞用夏變夷者，未聞變於夷者也。」即視中
　　　　原文化爲正統。

之意。﹝註9﹞查慕容廆欲起渤海高瞻爲將軍，瞻稱疾不起，廆語瞻之言，亦不以胡漢之血統、地域爲華夷之別，曰：

> 君中州大族，冠冕之餘，宜痛心疾首、枕戈待旦，奈何以華夷之異，有懷介然。且大禹出于西羌，文王生於東夷，但問志略何如耳，豈以殊俗，不可降心乎？（《晉書》卷一〇八）

所謂志略者，以道統爲理想是也。蓋毋論漢胡，但依中國道統，即應乎天、順乎民，能一統中原，成爲正統政權之主；故南涼禿髮辱檀言「命世大才、經綸名教者，不必華宗夏士。」（《晉書》卷一二六）意亦在此。此種就「道德文化」立論之觀點可溯自《春秋》「夷夏大義」，所謂「夷狄符於道德則中國之，漢族悖於道德者則夷狄之」，更進而以「文化精神」成爲區別夷夏之標準；﹝註10﹞觀其影響，不僅落實於當代政治，北朝仍存此觀念，《魏書·崔浩傳》即載高允之言曰：「能行中國之道，則中國之主。」（卷三五）茲舉北魏春秋學著作以明。

察《春秋》「經桓公七年春，穀伯、鄧侯來朝，名，賤之也。」杜注曰：「辟陋小國，賤之，禮不足，故書名。」賈思同《春秋傳駁》引秦道靜之釋語曰：「杞桓公來朝，用夷禮，故曰：子杞文公來盟。傳云：賤之，明其行夷禮也。」可見，雖漢族而用夷禮，仍不免被貶。又劉炫《春秋左氏傳釋義》釋襄公十年「會吳于柤」曰：「吳是東夷之君，未閑諸夏之禮，於此自稱爲吳，不知以爵告眾，故從所稱書吳也。」吳本屬夷狄之君，又未閑熟於華夏禮文，故從諸侯之所稱而貶之。

二、五胡漢化之影響

如上所述，胡主宗華夏文化爲正統，乃當時之普遍現象；故藉漢化以「躋

﹝註9﹞　按：《孟子·離婁下》曰：「舜生於諸馮，遷於負夏，卒於鳴條，東夷之人也。文王生於岐周，卒於畢郢，西夷之人也。地之相去也，千有餘里；世之相後也，千有餘歲；得志行乎中國，若合符節。先聖後聖，其揆一也。」〈劉元海載記〉「載大禹出於西戎，文王生於東夷。」地點有所差異。

﹝註10﹞　按：蔣慶《公羊學引論》論夷夏之辨曰：「在春秋以前，攘夷尚具有種族之辨的性質，但至孔子作《春秋》，始將種族意義上的夷夏之辨上升爲道德意義上的夷夏之辨，道德成爲孔子判明夷夏的根本標誌。」以道德爲夷夏標準者，尤常見於公羊家言，何休注《春秋》昭公二十三年秋：「吳敗頓、胡、沉、蔡、許之師于雞父。」之《公羊傳》文曰：「中國所以異乎夷狄者，以其能尊尊也。王室亂，莫肯救，君臣上下敗壞，亦新有夷狄之行，故不使主之。」即屬一例。

夷於夏」，乃成爲治國之重要政策。茲就五胡君臣之理念作爲，論述漢化之影響。

（一）漢儒深受胡主倚重

　　北方經匈奴舉兵奪權後，世家豪族雖大都隨東晉政權遷於江左，仍有部份漢儒留滯北方，統御於胡政權之下。方胡人自馬上得勢而稱王據地，有識之主頗知典章軌範之利於治國，故能重用漢儒才學。至於漢儒雖存「漢胡華夷」之優越感而鄙戎狄之不文，爲求門第尊嚴與生存，遂採合作態度，而漸與胡政權配合，終能成爲王佐棟樑，深受倚重。觀此胡漢政權之密切結合，使漢化加速落實，至北朝拓跋氏政權時，尤爲顯著。茲引史傳數例以明。

　　據《晉書・石勒載記》附〈張賓傳〉所載，趙郡張賓乃一博涉經史、闊達大度之漢儒，石勒引爲謀主，因才智過人「機不虛發，算無遺策。成勒之基業，皆賓之勳也。」石勒甚倚重之，拜爲大執法，專總朝政，位冠群僚。觀張賓受石氏之尊重，堪稱「其生也榮，其死也哀。」傳文詳載其事曰：

> 勒甚重之，每朝，常爲之正容貌。簡辭令，呼曰右侯而不名之，勒朝莫與爲比也。及卒，勒親臨哭之，哀慟左右，贈散騎常侍右光祿大夫儀同三司，諡曰景。將葬，送于正陽門，望之流涕，顧左右曰：「天欲不成吾事邪？何奪吾右侯之早也？」（卷一〇五）

漢儒之受如此禮遇，足見胡漢君臣於政權、情誼上之關係密切；前秦宰相王猛與苻堅之深厚關係，亦是如此。堅之視猛若孔明、夷吾、子產，猛死，堅哭之慟，謂其太子「天不欲使吾平一六合也，何奪吾景略之速也。」（《晉書・苻堅載記》附〈王猛傳〉，卷一一四）可見漢儒才幹之深受器重。

　　觀胡主任用漢儒，使居官職之例，見諸史籍者所在多有，前燕慕容廆即大量拔擢漢人，「推賢舉才，委以庶政。」《晉書・慕容廆載記》載曰：

> 以河東裴嶷、代郡魯昌、北平楊耽爲謀主。北海逢羨、廣平游邃、北平西方虔、渤海封抽、西河宋奭、河東裴開爲股肱。渤海封弈、平原宋該、安定皇甫岌、蘭陵繆愷，以文章才雋，任居樞要。會稽朱左車、太山胡翼、魯國孔纂，以舊德清重，引爲賓友。平原劉讚儒學該通，引爲東庠祭酒。（卷一〇五）

胡主就諸儒之長才而任以專職，漢化之具體措施於焉展開。

（二）禮儀典章之漢化

　　五胡治國之制度軌範，大抵依循漢制，觀鮮卑慕容雋於光壽年間自薊城遷

于鄴，常煒上言曰：「大燕雖革命創制，至於朝廷詮謨，亦多因循魏晉。」（卷一一○）即採魏晉典章爲建國依據。察《晉書・李雄載記》所述，氐族李氏建國草創，素無法制，尚書令閻式上疏曰：「夫爲國制法勳，上仍舊漢晉故事，……宜立制度以爲楷式。雄從之。」（卷一二一）亦採漢晉之制。又，羯族石勒拔擢人才之「續定九品」，南燕慕容超之定刑律，莫不依循漢制。〔註11〕

觀胡主所行漢化之典章制度中，除興學外，亦見禮法之受重。蓋藉禮法以敦厚倫常、移風易俗，維繫政治倫常，尤以喪禮爲然；藉興學以提升朝野學識，以利經世致用，儒學乃政權所提倡者。茲舉胡主之喪禮觀念以明。興學之事則論述於後。

據《晉書・姚興載記》所述，姚興喪母，哀毀過甚，群臣論「禮」之軌度，興仍一秉傳統孝道，載曰：

> 興母虵氏死，興哀毀過禮，不親庶政，群臣議請依漢魏故事，既葬即吉。興尚書郎李嵩上疏曰：「三王異制，五帝殊禮，先王之高事也。宜尊聖性以光道訓，既葬之後，應素服臨朝，率天下仁孝也。」尹緯駁曰：「帝三喪制，漢魏爲準。嵩矯常越禮，恣于軌度，請付有司，以專擅論，既葬即吉，乞依前議。」星曰：「嵩忠臣孝子，有何咎乎，僕射棄先王之典，而欲遵漢魏之權制，豈所望於朝賢哉，其一依嵩之議。」（卷一一七）

此段載文之要，在於先王之典「既葬素服」與漢魏權制「既葬即吉」之論辯；毋論胡主依循何議，要皆中原禮儀。〔註12〕

（三）法聖哲先賢之德

五胡君主以殘暴著稱而載諸史傳者，實不乏人，羯族石虎即狠殘暴戾之顯例；然而，師法先賢聖德以自勵己性，考鑒群臣而落實於政事之主，亦非罕見。茲舉數例以明。

鮮卑慕容儁嘗讌集群臣，方酒酣賦詩、談經論道之時，忽念其亡子曄而

〔註11〕 據《晉書・石勒載記》所述，石勒稱王後「續定九品」，令群僚及州郡「歲各舉秀才至孝廉、賢良、直言、武勇之士各一人。」（卷一○五）《晉書・慕容超載記》載超之制燕律五刑，係「令博士已上參考舊事，依呂刑及漢魏晉律令。」而定三千刑律。

〔註12〕 按：鮮卑慕容垂將亡，乃遺令曰：「方今禍難，尚殷喪禮，一從簡易。朝終夕殯，事訖，成服三日之後，釋服從政。」（卷一二三）雖不依三年之喪，仍從殷商權變之制。

泣曰：

> 傾雖褒譽，然此兒若在，吾死無憂也。吾既不能追蹤唐虞，官天
> 下以禪有德，近模三王，以世傳授。（《晉書・慕容儁載記》卷一
> 一〇）

儁自期以唐虞三王之德。又，前秦苻堅乃積極倡學之主，嘗與博士王寔論其
興學之效，《晉書・苻堅載記》述其事曰：

> 堅謂博士王寔曰：「朕一月三臨太學，黜陟幽明，躬親獎勵，罔敢倦
> 違，庶幾周孔微言，不由朕而墜；漢之二武，其可追乎？」寔對曰：
> 「自劉石擾覆，華畿二都，鞠爲茂草，儒生罕有或存，墳籍滅而莫
> 紀，經淪學廢，奄若秦皇。陛下神武撥亂，道隆虞夏，開庠序之美，
> 弘儒教之風，化盛隆周，垂馨千祀，漢之二武，焉足論哉？」（卷一
> 一三）

觀其君主對語，實以虞夏周孔之德教爲典範。

羌族姚興嘗因「日月薄蝕，災異屢見。降號爲王。」群臣諫阻，興乃以
「寡德」自咎曰：

> 殷湯夏禹，德冠百王，然猶順守謙沖；況朕寡昧，安可以處之哉？
>
> （《晉書・姚興載記》卷一一七）

又，胡主以先賢之德贊許臣屬者，匈奴劉曜之推許司空范隆即是，觀其贊語
曰：

> 司空執心忠烈，行伊霍之權，拯濟塗炭，使朕及此。勳高古人，德
> 高天地。（《晉書・劉曜載記》卷一〇三）

至於胡主受儒家教化之影響，落實於朝政者，若鮮卑慕容恪、羌族姚泓，皆
史傳有文。查建熙年間，呂護叛，恪謀於朝曰：「遠人不服，修文德以來之。
今護宜以恩詔降乎，不宜以兵戈取也。」（《晉書・慕容恪載記》卷一一一）
即秉孔孟之教。又據《晉書・姚泓載記》所述，尚書王敏、右丞郭播因刑政
過寬，議欲峻制，泓以儒家「仁恕之道」對曰：

> 人情挫辱則壯屬之心生，政教煩苛則苟免之行立，上之化下，如風
> 靡草。若等參贊朝化，弘昭政軌，不務仁恕之道，惟欲嚴法酷刑，
> 豈是安上馭下之理乎？（卷一一九）

觀其「爲政以德」之言，豈異於華夏明主之存心哉？所受儒教之感化亦甚明
矣！

第二節　胡主之學術造詣

　　胡人雖屬邊塞外族，禮儀教化不及中原，然其祖先因長期接觸漢族，漸趨文雅。晉室南移，胡主分據中原後，遂浸染華風之中，又蒙漢儒才學及典章學術之啓迪，乃屢有博雅之主出焉。上之所好、下必從之，胡主之學術態度與及其學養、影響朝野文教甚深。茲據《晉書・載記》所述，依匈奴、羯、鮮卑、氐、羌、論述五胡君主及其宗室之學術造詣。

　　匈奴族於西晉末內徙至并州（今山西省），自劉淵起兵稱王以來，相繼在北方建立前趙、北涼、夏三國。由於匈奴與漢族接觸甚早，漢化頗深；前趙劉淵、淵子劉和、劉聰、淵族子劉曜，北涼沮渠蒙遜皆好學文雅之主，夏則闕載文。茲引史傳如下：

> （淵）幼好學，師事上黨崔游，習《毛詩》、《京氏易》、《馬氏尚書》，尤好《春秋左氏傳》、《孫吳兵法》，略皆誦之；史漢諸子，無不綜覽。嘗謂同門生朱紀、范隆曰：「吾每觀史傳，常鄙隨陸無武、絳灌無文，道由人弘，一物之不知者，同君子之所齒也。二生遇高皇而不能建封侯之業，兩公屬太宗而不能開庠序之美，惜哉。」遂學武事，妙絕於眾。（卷一〇一）

> （和）好學，夙成習《毛詩》、《左氏春秋》、《鄭氏易》。（卷一〇一）

> （聰）幼而聰悟好學，博士朱紀大奇之。年十四，究通經史、兼綜百家之言、《孫吳兵法》、靡不誦之。工草隸、善屬文，著述懷詩百餘篇，賦頌五十餘篇。（卷一〇二）

> （曜）性拓落高亮、與眾不群。讀書志於廣覽，不精思章句。善屬文，工草隸。（卷一〇三）

> （遜）博涉群史，頗曉天文。（卷一二九）

由上述載文，綜述前趙胡主之治學要點如下：

　　其一，胡主雖好學善文，畢竟出身武將，不同於儒生；治學不拘專經而重於廣覽略誦，自不以章句訓詁爲要。

　　其二，胡主所治經學雖兼今古文，實以古文爲主，察劉淵之重臣劉宣即「好毛詩、左氏傳。」（卷一〇一）；此殆漢魏學風之遺於北方者。

　　其三，胡主固因《孫吳兵法》深於戰術謀略而習之，之所以或好《左氏春秋》者，蓋因其中對戰爭場面與人物個性、智慧之精彩描述也。考諸史載，

東漢至南北朝，名將而好《左傳》者，往往可見。若《後漢書・馮異傳》所載，開國名將馮異即「好讀書，通《左氏春秋》、《孫子兵法》。」（卷七）西晉杜預即左傳名家、而任將軍於當朝。《梁書・羊侃傳》載「（侃）博涉書記，尤好《左氏春秋》及《孫子兵法》。」（卷三九）此乃武將所以好左氏之重要原因。

　　察北涼儒學之發展頗爲興盛，儒士輩出，沮渠蒙遜父子重學尊儒，下文將作論述；然史傳未多載其學，無以詳悉造詣。

　　羯族於西晉末內徙至并州南部，十六國中惟建立後趙，漢化較淺，僅石勒、勒子石弘之學略爲可觀。

> 勒雅好文學，雖在軍旅，常令儒生讀史書而聽之，每以其意論古帝王善惡，朝賢儒士莫不歸美焉。嘗使人讀漢書，聞酈食其勸立六國後，大驚曰：「此法當失，何得遂成天下？」至留侯諫，乃曰：「賴有此耳。」其天資英達如此。（卷一○五）

　　（弘）幼有孝行，以恭謙自守，受經於杜嘏。（卷一○五）

　　鮮卑族於西晉末內徙範圍遍及幽州、秦州、涼州，約今遼寧至甘肅之地，自前燕建立以來，歷後燕、西秦、南涼、南燕，凡五國。文雅之主輩出，尤以慕容氏爲然；前燕慕容皝、慕容翰，後燕慕容寶、寶子慕容盛，南燕慕容德皆好學之主。茲引述其學，西秦、南涼則史文闕如。

　　（皝）尚經學，善天文。（卷一○九）

　　（翰）善撫接、愛儒學，自士大夫至于卒伍，莫不樂而從之。（卷一○九）

據《晉書》「注」所載，劉讚「經學博通，爲世純儒眞清，非禮不動，慕容廆重其德學，使太子皝師事之。」慕容皝拜劉讚爲師，讚乃當世純儒，必有益於皝之學術；茲舉皝與庾冰之書曰：

> 每讀史傳，未嘗不寵恣母族，使執權亂朝，先有殊世之榮，尋有負乘之累，所謂愛之適足以害之。吾常忿歷代之主不盡防萌終寵之術。（卷一○九）

　　觀其意旨，可謂探微知幾，明史以爲借鑑；而胡主之好史傳者乃屢屢可見。匈奴劉淵「史漢諸子，無不綜覽。」（卷一○一）劉聰「究通經史。」（卷一○二）沮渠蒙遜「博涉群史。」（卷一二九）羯族石勒「常令儒生讀史書而聽之。」（卷一○五）鮮卑慕容盛與群臣「盛聽詩歌及周公之事。」（卷一二四）

氏族李雄特「置史官。」（卷一二一）苻丕「博綜經史。」（卷一一五）蓋「以史經世」之道，胡主亦甚明矣！

（寶）砥礪自修，敦崇儒學，工談論，善屬文。（卷一二四）

談論之風，似盛於後燕之朝，據〈慕容盛載記〉所述，盛與群臣品評歷史人物若周公、伊尹，胡主之議論見解與辭采皆有可觀者焉。茲引其論周公之辭：

> 異哉二君之言（中書令常忠、尚書陽璆），朕見周公之詐，未見其終聖也。……周公無故以安危為己任，專臨朝之權，闕北面之禮。管蔡忠存王室，以為周公代主，非人臣之道，故言公將不利於孺子。周公當明大順之節，陳誠意以曉群疑，而乃阻兵都邑，擅行誅戮，不臣之罪，彰於海內。（卷一二四）

姑且慕容寶之論是否說服群臣，能發前儒所罕言，而議聖人為不臣，蓋亦讀書有見，發於辭令者也。至於慕容德亦屬「博觀群書」之主（卷一二七）。

氏族於西晉末年內徙至益州之北、秦州之南，約今隴南川北一帶，在北方建立成漢、前秦、後涼三國，漢化較深。茲舉前秦苻堅、堅弟苻融、堅之從兄子苻朗、堅庶長子苻丕之學術，成漢與後涼則史料闕如。

（堅）性至孝，博學多才藝，有經濟大志。……堅臨太學，考學生經義優劣，品而第之，問難五經博士，多不能對。（卷一一三）

（融）聰辯明慧，下筆成章；至於談玄論道，雖道安無以出之耳。耳聞則誦，過目不忘，時人擬之王粲。嘗著浮圖賦，狀麗清贍，世咸珍之。（卷一一四）

（朗）耽玩經籍，手不釋卷，每談虛語玄，不覺日之將夕。……既至揚州，風流邁於一時，超然自得，志陵萬物，所與悟言，不過一二人而已。……著《苻子》數十篇行於世，亦老莊之流也。（卷一一四）

（丕）少而聰慧，博綜經史。（卷一一五）

察載文可知，苻堅能考學生經義，並足以問難五經博士，學養自亦甚高。前秦宗室除博於儒學外，老莊玄學亦行於其間。所謂「談玄論道」、「談虛語玄」、「風流超然」之名士風姿與清談玄理，竟亦出現於胡族，可見其漢化之程度；觀苻融勸諫苻堅伐東晉之辭，曰：「知足不辱，知止不殆，窮兵極武，未有不亡。」（卷一一四）即老子思想落實於政治者。且自苻堅禁「老莊圖讖之學」

之舉措（卷一一三），愈反映玄學之盛行，實北方學術少見者。

羌族於西晉末內徙至雍州北、秦州東，約今陝西北、隴東，在北方建立後秦一國。姚襄、葛子姚興、興子姚泓皆文雅博學之主；除善儒術外，興尚深於佛學。

（襄）好學博通，雅善談論。（卷一一六）

（興）如逍遙園，引諸沙門于澄玄堂，聽鳩摩羅什演說佛經。羅什通辯夏言，尋覽舊經，多有乖謬，不與胡本相應。興與羅什及沙門僧䂮、僧遷、道樹、僧叡、道坦、僧肇、曇順等八百餘人，更出大品。羅什持胡本，興執舊經，以相考校、其新文異舊者，皆會於理義。……興既託意於佛道，公卿已下，莫不欽附，沙門自遠而至者五千餘人。起浮圖於永貴里，立波若臺于中宮。沙門坐禪者恆有千數，州郡化之事佛者，十室而九矣。（卷一一七）

（泓）博學善談論，尤好詩詠。尚書王尚、黃門郎段章、尚書郎富允以儒術侍講，……泓受經於博士淳于岐。（卷一一九）

後秦胡主之治學似好談論，殆與佛教講經盛於當朝相關。

第三節　十六國儒學之推行狀況

十六國由於攻伐頻仍，享國短淺，大都二、三十年，推行學術本爲不易；又因戰火摧殘，典籍毀損，更有礙於學術發展。觀《晉書‧苻堅載記》博士王實即言於苻堅曰：

自劉石擾覆華畿，二郡鞠爲茂草，儒生罕有或存，墳典滅而莫紀，經綸學廢，奄若秦皇。（卷一一三）

然而，作爲治國典模，儒學仍爲時主所重，亦見推興之功。茲依十六國之興亡先後，就《晉書》「載記」論其儒學之推行狀況。〔註13〕

前趙（304～329）爲匈奴劉氏所建，嘗據長安爲都，頗知尊儒興學，乃五胡中漢化較深者。劉淵嘗師事崔游，習毛詩等學；迨稱漢王時，即尊崔游爲御史大夫（卷一〇一）。又，劉宣輔佐劉淵爭天下，運籌帷幄，深受淵倚重，即學問博通之士，〈劉宣傳〉載其學曰：

〔註13〕十六國中，後燕、西秦、後涼、夏諸國之興學狀況因闕於史傳載文，不予論述。

（宣）朴鈍少言，好學脩潔，師事樂安孫炎，沉精積思，不舍晝夜，好《毛詩》、《左氏傳》。炎每歎曰：「宣若遇漢武，當逾金日磾也。」學成而返，不出門閭蓋數年。每讀漢書，至蕭何、鄧禹傳，未曾不反覆詠之曰：「大丈夫若遭二祖，終不令二公獨擅，美於前矣。」（卷一〇一）〔註14〕

上述二例皆儒者受禮遇者。淵族子劉曜則有興學之功，載曰：

曜立太學於長樂宮東、小學於未央宮西。簡百姓年二十五巳下、十三巳上、神志可教者千五百人，選朝賢宿儒、明篤經學以教之，以中書監劉均領國子祭酒。置崇文祭酒，秩次國子，散騎侍郎董景道以明經擢爲崇文祭酒。（卷一〇三）

曜臨太學，引試學生之上第者，拜郎中。（卷一〇三）

由載文可知，劉曜對經學之重視，及對碩學宿儒之任用；從曜之引試上第學子，其學識亦可知矣！

成漢（304～329）爲氐族李氏所建，據成都，亦知興學，〈李雄載記〉述曰：

時海內大亂而蜀獨無事，故歸之者相尋。雄乃興學校，置史官，聽覽之暇，手不釋卷。（卷一二一）

由載文「蜀獨無事，故歸之者相尋。」推知當時應有中原世家儒士之徙入，以興盛學風；且蜀地自三國以來，由於中州、南交、荊襄各地流寓儒士來居，亦足以成一代之學，雖歷西晉，仍具影響焉。〔註15〕惟史載過簡，無以明成漢學術之實況。察〈李壽載記〉亦僅載壽「廣太學」而已（卷一二一）。

前涼（314～376）爲漢族張氏所建，據姑臧爲都，係河西學術之奠基者。由於西晉末年劉淵起兵紛亂，中原板蕩，張氏因據河西之地，傳統文化得以少經戰火而保存；且因中原避難儒士之相繼徙入，益利於學術之發展。〔註16〕觀《魏書·胡叟傳》載廣平程伯言於叟曰：「涼州雖地居戎域，然自張氏以來，

〔註14〕按：吳士鑑等注《晉書》曰：「樂安孫叔然受學鄭元之門人，稱東州大儒。」
〔註15〕參見程元敏《三國蜀經學》，頁1～2。
〔註16〕按：陳寅恪《隋唐制度淵源略論稿》論張軌之貢獻曰：「蓋張軌領涼州之後，河西秩序安定，經濟豐饒，既爲中州人士避難之地，復是流民移徙之區，百餘年間紛爭擾攘，固所不免，但較之河北，山東屢經大亂者，略勝一籌，故托命河西士庶，猶可以蘇喘，息長子孫，而世族學者自得保身傳代以延其家業也。」（頁19）

號有華風。」（卷五二）可見張氏對涼州文化之影響。惟史載甚簡，難得推興
儒學之詳貌。茲錄張軌之紀事曰：

> （軌）家世孝廉，以儒學顯，……軌少明敏好學，……中書監張華
> 與軌論經義及政事損益，甚器之。……徵九郡冑子五百人，立學校，
> 始置崇文祭酒，位視別駕，春秋行鄉射之禮。（《晉書·張軌傳》卷
> 八六）

可見張軌既好學，亦知教養國子、敦厚禮俗。且別駕職位不低，約孝文帝時
之「正四品中」，可見，崇文祭酒之地位尚稱尊榮。

後趙（319～351）為羯族石氏所建，滅前趙，曾都鄴。石勒頗知興學，
「立太學，簡明經、善書吏署為文學掾，選將佐子弟三百人教之。」並拜裴
憲、續咸、任播等為經學、律學、史學祭酒；又據史載，「勒親臨大小學，
考諸學生經義，尤高者賞帛有差。」（卷一○五）胡主能親考諸生經義，可見
其用心。至於勒從子石虎雖屬罕見之凶殘暴君，仍知立博士、寫石經。茲引
傳文於下：

> （虎）令諸郡國立五經博士。初，勒置大小學博士，至是，復置國
> 子博士、助教。……季龍雖昏庸無道而頗慕經學，遣國子博士詣洛
> 陽寫石經，校中經于祕書。國子祭酒聶雄注穀梁春秋，列于學官。（卷
> 一○六）

前燕（337～370）為鮮卑族慕容氏所建，曾都鄴，慕容廆、廆子慕容皝、
皝子慕容雋皆重儒愛學之主。據載記所述，廆以純儒劉讚為東庠祭酒，並使
太子皝師事之，且親臨聽之；遂使教化興盛，而太子皝乃能親授學徒。茲引
史傳所載：

> （廆）世子皝率國冑束脩受業焉（劉讚）。廆覽政之暇，親臨聽之。
> 於是，路有頌聲，禮讓興矣。（卷一○八）

> （皝）賜其大臣子弟為官學生者，號高門生。立東庠于舊宮，以
> 行鄉射之禮，每月臨觀考試優劣。皝雅好文籍，勤於講授，學徒
> 甚盛，至千餘人。親造《太上章》以代《急就》。又著《典誡》十
> 五篇以教冑子。……皝親臨東庠考試，其經通秀異者擢充近侍。（卷
> 一○九）

由載文顯見皝之好學博文。又胡主重視宗室大臣之教育，乃當時普遍現象，
皝子雋即「立小學于顯聖里以教冑子。」（卷一一○）

據載記所述，慕容儁承傳父、祖之風，亦好文重士者，載曰：

> 儁雅好文籍，自初即位至末年，講論不倦，覽政之暇，唯與侍臣錯
> 綜義理，凡所著述四十餘篇。（同上）

又據〈韓恆傳〉所載，恆與李產俱傅東宮，從太子曄入朝，儁謂左右臣僚曰：
「此二傅一代偉人，未易繼也。」（同上）可見其尊儒態度。

前秦（350～394）爲氐族苻氏所建，據長安爲都，漢化較深，苻堅、苻
融、苻朗、苻丕，皆宗室中頗具文采者。苻堅尤屬其中雄才大略、文武兼備
者，在位近三十年，滅前涼、前燕，統一北方後，特重禮教學術之推廣，乃
北方胡主之罕見者，茲引〈苻堅載記〉之文於下。

> 堅廣修學宮，召郡國學生通一經以上充之。公卿已下子孫，並遣受
> 業。其有學爲通儒，才堪幹事、清修廉直、孝悌力田者，皆旌表之。
> 于是，人思勸勵，號稱多士；盜賊止息，請託路絕；田疇修闢，帑
> 藏充盈；典章法物，靡不悉備。……堅自是每月一臨太學，諸生競
> 勸焉。（卷一一三）

> 堅臨太學，考學生經義，上第擢敘者八十三人。自永嘉之亂，庠序
> 無聞，及堅之僭，頗留心儒學，王猛整齊風俗，政裡稱舉，學校漸
> 興，關隴清晏，百姓豐樂。（同上）

> （堅）徵隱士樂陵王勸爲國子祭酒，……將士皆令修學。課後宮置
> 典學，立內司以授于掖庭，選閹人及女隸有聰識者，署博士以授經。
> （同上）

茲據載文及史傳所載，以明苻堅推興學術之用心。其一，苻堅不僅重視宗室
公卿之教育，益提倡庠序之學，甚且及於後宮，乃至於敵國敗將，愈見苻堅
對禮教之重視。據載記所述，前秦與翼犍作戰，其子翼圭竟縛犍請降，「堅以
翼犍荒俗，未參仁義，令入太學習禮；翼圭執父不孝，遷之於蜀。」（同上）
又堅能獎勵學術，拔擢優秀學子，遂使學風興盛而號稱多士。其二，苻堅頗
重儒者之德性，提倡尊師重道之風，觀堅之敗前燕，乃「行禮於辟雍，祀先
師孔子，其太子及公侯卿大夫之元子皆束修釋奠焉。」（同上）上既重視德教，
民風亦爲之良善。其三，苻堅除立太學、設博士與國子祭酒外，據《晉書》
注引《前秦錄》曰：「建元七年，高平蘇通、長樂劉祥並以碩學耆儒，尤精二
禮。堅以通爲禮記祭酒，居于東庠；祥爲儀禮祭酒，處于西序。堅每月朔旦，
率百僚親臨講論。」（同上）可見當時對於專經學官之重視。

後秦（384～417）爲羌族姚氏所建，滅前秦，據長安爲都，姚萇、萇子興、興子泓皆敬賢尊儒之君。茲引載文於下。（萇）立太學，禮先賢之後，……下書令，留台諸鎮各置學官，勿有所廢，考試優劣，隨才擢敍，（卷一一六）

涼州胡辯、符堅之末東徙洛陽，講授弟子千有餘人，關中後進多赴之請業。興敕關尉曰：「諸生諮訪道藝，脩己勵身，往來出入，勿拘常限。」於是，學者咸勸，儒風盛焉。（卷一一七）

（博士）岐病，泓親詣省疾，拜於床下。自是，公侯見師傅皆拜焉。（卷一一九）

由載文可知，後秦君主對儒者之尊重，此乃學風興盛之要因；察史傳所述，敬賢之風於將領攻伐之際亦可見焉。茲引其事。

碩德（後秦將）攻呂隆，撫納夷夏，分置守宰，……碩德軍令齊整，秋毫無犯，祭先賢、禮儒哲，西土悅之。（卷一一七）

南涼（397～414）爲鮮卑族禿髮烏孤氏所建，曾據姑臧爲都，據載記所述，殆有興學之事，惟史文過簡，僅載郎中史暠陳「興學重禮」之效，禿法利鹿孤善其言，未見實際措施。暠曰：

今取士拔才，必先弓馬，文章學藝爲無用之條，非所以來遠人、垂不朽也。孔子曰：不學禮無以立。宜建學校、開庠序，選耆德碩儒以訓胄子。（卷一二六）

南燕（398～410）爲鮮卑慕容氏所建，曾都廣固；西涼(400～421)爲漢族李氏所建，曾都酒泉，皆有興學記載。

（慕容德）建立學官，簡公卿已下子弟及二品士門二百人爲太學生。……大集諸生，親臨策試。（卷一二七）

（李暠）少而好學，性沉敏寬和，美器度，通涉經史，尤善文義，……立泮宮，增高門學生五百人。（卷八七）

北涼（401～439）爲匈奴族沮渠氏所建，滅西涼，曾都姑臧，後亡於北魏。沮渠蒙遜、牧犍父子皆甚重儒學，然載記僅述「（蒙遜）以敦煌張穆博通經史，才藻清贍，擢拜中書侍郎，委以機密之任。」（卷一二九）惟北魏平涼後，涼州儒士頗多入魏，其學養、仕宦亦見載於《魏書》；若張湛、宗欽仕於蒙遜朝，程駿、宗繇仕於牧犍朝（卷五二）。觀《魏書・闞駰傳》載駰因「博

通經傳，聰敏過人。」而受蒙遜禮重一事，載曰：

> 蒙遜甚重之，常侍左右，訪以政治損益，拜秘書考課郎中。給文吏
> 三十人，典校經籍，刊定諸子三千餘卷。加奉車都尉，牧犍待之彌
> 重。（卷五二）

又《魏書・劉昞傳》載昞因「博學通經」，甚受牧犍敬重一事，載曰：

> 牧犍尊爲國師，親自致拜，命官屬以下皆北面受業焉。時同郡索敞、
> 陰興爲助教，並以文學見舉。（卷五二）

儒者而拜爲國師，堪稱尊榮。由上載文，可見沮渠父子尊儒興學之積極作爲。

十六國推行儒學之狀況，就史傳所載論述如上。其時尚有一國，國祚近四十年，執政者亦頗好學尊儒，即北魏前身、定都盛樂之鮮卑族什翼犍，爲拓跋珪之祖，稱代王（338～376），《魏書》尊爲昭成帝。因受漢化頗深，政事依循中原典章，乃北魏文化之淵源，故附論於下。

據《魏書》所載燕鳳、許謙之事，可見什翼犍之重視儒者，載曰：

> （燕鳳）好學，博綜經史，明習陰陽讖緯。昭成素聞其名，使人以
> 禮迎致之，鳳不應聘，乃命諸軍圍代城，謂城人曰：「燕鳳不來，吾
> 將屠汝。」代人懼，送鳳，昭成與語，大悅，待以賓禮。後拜代王
> 左長史，參決國事。又以經授獻明帝。（卷二四）

> （許謙）少有文才，善天文圖讖之學。建國時，將家歸附，昭成
> 嘉之，擢爲代王郎中令，兼掌文記。與燕鳳俱授獻明帝經。（同上）

什翼犍亟得儒者，欲重其才而用之，乃視學術爲經世之資；而此態度實具興學重儒之效。

第四節　河西儒者對北朝學術之影響

五胡十六國據於河西稱王者，爲漢、氐、鮮卑、匈奴等族所建立之五涼；所謂河西、涼州文化者，即此五涼文化之總稱。陳朝暉〈論北朝儒學及其地位〉論述北朝儒學形成之主要來源有三：寓居北方之中原士族、平涼後徙入之河西士人、北上之江左儒士，〔註17〕其中河西文化與北朝學術之密切關係，屢見於學者之說；陳寅恪《隋唐制度淵源略論稿・敘論》即論曰：

> 西晉永嘉之亂，中原魏晉以降之文化轉移保存於涼州一隅，至北魏

〔註17〕參見頁 42。

　　　取涼州，而河西文化遂輸入於魏。其後北魏孝文、宣武兩代所製定
　　　之典章制度遂深受其影響。

河西文化於太武帝併北涼後，藉儒者傳入北魏，而涼州向以多士著稱，即就
當代而論，亦多美之；觀苻堅見敦煌索泮而歎曰：「涼州信多君子。」（《晉書》
卷一一五）又據《晉書・姚興載記》述後秦姚興與呂超論宗敞之事，可知對
河西儒士之看重，載曰：

　　　文祖曰：「西方評敞，甚重優於楊桓，敞昔與呂超周旋，陛下試可
　　　問之。」興因謂超曰：「宗敞文才何如？可是誰輩？」超曰：「敞
　　　在西土，時論甚美，方敞魏之陳徐、晉之潘陸。」即以表示超曰：
　　　「涼州小地，寧有此才乎？」超曰：「臣以敞餘文比之，未足稱多；
　　　琳琅出于昆嶺，明珠生於海濱，若必以地求人，則文命大夏之棄。
　　　夫姬昌東夷之擯士，但當問其文彩何如，不可以區宇格物。」（卷
　　　一一七）

方北魏太帝平涼，東遷者其中不乏博學之士，當時權傾朝政，甚受太武帝倚
重之北方世族崔浩，即因河西儒者承傳漢魏文化正統，頗重其才而延攬之；
觀《魏書・張湛傳》載崔浩注易敘曰：「國家西平河右，敦煌張湛、金城宗欽、
武威段承根，三人皆儒者，並有雋才，見稱於西州。」（卷五二）可見對河西
儒士之重視。下文首就河西儒者之學術論述之。

一、河西儒者之學術

　　　今欲探究十六國之相關史實主要根據《晉書・載記》，然而，考諸五涼儒
者之載錄，幾無所見；惟《魏書》載文中，偶有述及自涼入北魏、即北魏太
武帝平北涼後遷徙至中原者，然其活動朝代並未明載。蓋就五涼之興亡起迄
可知，除前涼外，後涼諸國之國祚大抵二三十年且同時并存；是以，若史未
明載其經歷，實難將此期間活動之儒者學術與諸國關係作一確切論述。然而，
北涼因屬最晚，由涼入魏，自與此國關係密切。茲就《魏書》卷五二諸傳之
儒者載文爲主作一論述。

　　　（宋繇）敦煌人也，……至酒泉追師就學，閉室誦書，晝夜不倦。
　　　博通經史諸子，群言靡不覽綜。呂光時舉秀才，……雅好儒學，雖
　　　在兵難之間，講誦不廢。每聞儒士在門，常倒屣出迎，停寢政事，
　　　引談經籍尤明。爲沮渠牧犍左丞，世祖并涼州，屣至京師。

（張湛）敦煌人，……弱冠著名涼土，好學能屬文。

（闞駰）敦煌人也，……博通經傳，聰敏過人，三史群言，經目則誦，時人謂之宿讀。注王朗易傳，學者藉以通經，撰《十三州志》，行於世。蒙遜甚重之。

（劉昞）敦煌人也，……年十四，就博士郭瑀學，時瑀弟子五百餘人，通經業者八十餘人。……昞後隱居酒泉，不應州郡之命，弟子受業者五百餘人。……昞以三史文繁，略記百三十篇、八十四卷，《涼書》十卷，《敦煌實錄》二十卷，《方言》三卷，《靖恭堂銘》一卷，注《周易》，《韓子人物志》，《黃石公三略》，並行於世。……世祖平涼州，士民東遷，夙聞其名，拜樂平王從事中郎。

（索敞）敦煌人，爲劉昞助教，專心經籍，盡能傳昞之業。涼州平，入國，以儒學見拔爲中書博士。篤勤訓授，肅而有禮，京師大族貴遊之子，皆敬憚威嚴，多所成益。前後顯達，位至尚書牧守者數十人，皆授業於敞，敞遂講授十餘年。敞以喪服散在眾篇，遂撰比爲《喪服要記》。其名字論文，多不載。

（宗欽）金城人也，……少而好學，有儒者之風，博綜群言，聲著河右，仕沮渠蒙遜，爲中書郎。

（趙柔）金城人也，……少以德行才學知名河右，……隴西王源賀採佛經幽旨作祇洹精舍圖偈六卷，柔爲之注解，咸得理衷，爲當時雋僧所欽味焉。

（段承根）武威姑臧人，……好學機辯，有文思。

（陰仲達）武威姑臧人，……少以文學知名，世祖平涼州，内徙代郡，司徒崔浩啓仲達與段承根，云二人皆涼土才華，同修國史，除秘書郎。

（程駿）祖父肇，呂光民部尚書，駿少孤貧，居喪以孝稱。師事劉昞，性機敏，好學，晝夜無倦，昞謂門人曰：舉一隅而以三隅反者，此子之亞也。……顯祖屢引駿，與論易老之義，謂群臣曰：此人言意甚開暢。（卷六○）

（江式）涼州平，内徙代京，上書三十餘法，各有體例。又獻經史

諸子千餘卷，……掌國史二十餘年。（卷九一）

就載文之簡略陳述，欲明當代河西儒者之學術特色，誠屬不易；然就相關資料歸納之，亦可察其梗概。

其一，就前文所述十六國儒學之推行狀況可知，武威一地因前涼、後涼、西涼三國據以爲都，應屬儒學中心所在；然而，察諸載文，宋繇、索敞等儒者，多屬敦煌人氏，出自武威者僅段承根等二、三人，可見除武威外，敦煌之文風必盛。又酒泉一地，曾爲西涼之都，宋繇追師就學於此，劉昺亦隱居於此、授徒五百餘人，索敞爲昺助教而盡傳其業，或即在此。可見敦煌、酒泉當與武威同屬河西學術中心。

其二，由劉昺之家學、師承、著作、授徒、聲名而言，當屬一代儒宗。據史載，其父劉寶即以儒學著稱當世。其師郭瑀之弟子五百餘人，通經者達八十餘人，影響學術必深；又據《晉書》所載，郭瑀師事郭荷於張掖而盡傳其學，郭荷家學淵博，自漢以來，世以經學致位；可見，劉昺之學術係承漢魏而來。〔註18〕觀其著作，含括經史群言，且行於當世。至於所授弟子，五百餘人，門下學子若程駿、索敞之具才學者必非罕見；以索敞論，盡傳昺業，講授十餘年，影響及於京師公卿者，即甚深遠。如上所述，無怪乎世祖之平涼，便因夙聞其名，而亟欲用之。

其三，河西學者之治學傾向，蓋以博學實用爲主，秉漢代通經致用之傳統卻不限於家法門派。

二、河西學術對北朝之影響

綜河西學術對北朝之影響，大抵經涼州儒士之承傳授受，儒學、史學皆可見。佛教因具消災獲福之宗教意義，并具高深佛理，不僅涼州，前秦、後秦亦高僧屢見，諸國皆深信崇仰；〔註19〕惟史載不足，河西一地僅錄金城趙柔之佛學。至於史學，因具興亡借鑒、昭明正統之經世意義，不惟涼州所重，

〔註18〕按：《晉書·郭瑀傳》：「（瑀）少有超俗之操，東游張掖，師事郭荷，盡傳其學。」（卷九四）《晉書·郭荷傳》：「（荷）六世祖整，漢安順之世，公府八辟，公車五徵，皆不就。自整及荷，世以經學致位。」（卷九四）

〔註19〕按：太武帝於太延五年滅北涼，徙沮渠宗族、吏民三萬戶，其中多有沙門。太武、獻文之世，沙門特知名者，若玄高、曇曜、師賢，皆自涼州至平城者，與北魏佛法之興衰，具重大關係。參見湯用彤《漢魏兩晉南北朝佛教史》，頁489～490。

亦北方君臣儒士普遍研習者；宋繇、闞駰、劉昞、陰仲達、江式等河西儒士皆深於史者。黃雲鶴探究北朝重史之原由，頗具見地，茲引其文於下：

> 北魏統治者也與其他進入中原的胡族統治者一樣，對史學給予高度的
> 重視。究其原因，一是受魏晉時代發達的史學傳統的影響；二是爲了
> 更好地統治中原，總結歷史的經驗教訓，發揮史學的借鑒作用；三是
> 利用修撰史書，編造世系，依附古代聖賢，爭取正統地位。〔註20〕

黃氏就學術承傳、經世意義加以論述，頗爲可採。其一，魏晉時代之史學已擺脫經學附庸角色，具有學術獨立之地位，又值局勢動蕩，自予學者修史動機；此風歷十六國至北朝皆受其影響。其二，北朝君臣、儒士之好讀史書，與十六國藉之以明人事臧否、興亡消長借鑒，皆具應世之意。其三、借修史以明正朔之承傳，以肯定政權合理性；觀劉淵之攀附漢宗室、魏收修《魏書‧靈徵志》就山崩泉湧，言「當有繼齊而興受禪讓者，齊代魏之徵也。」（卷一一二上）藉以明北齊得天下之應天命。上述皆十六國史學至北朝所以普遍之由。

然而，主要影響北朝學術者，乃在於儒家經典之落實於世務之經營，即以「博學經世」爲治學宗旨，不重形上義理與心性之學，亦不空守章句訓詁，此種學風至北朝尤爲明顯；誠如武守志〈五涼時期的河西儒學〉所言：

> 河西儒學的特點，是缺乏哲理思辯，它的優點是有補于現實世務。
> 這種優點的充分發揮，與其說是在五涼政權統治河西之時，毋寧說
> 是在北魏政權統一河西之後。〔註21〕

著重儒學之經世價值，而發揮其政治實踐作用，乃十六國至北朝之儒學特質。

第五節　結　語

由於胡人向以華夏文化爲仰慕學習對象，視漢文化爲「夏」，鄙胡文化爲「夷」，故一旦入主中原，愈重視漢化之推行，用漢儒、行漢制，此風至北魏孝文帝臻於極盛。觀此「夷夏之別」，緣於文化之差異，非關血統；是以，察諸史傳所載，胡主屢引先賢典籍之夷夏觀念，所謂「夷狄符於道德則中國之，漢族悖於道德者則夷狄之。」欲承漢正統以躋華夏之列，不以自身政權爲「夷」；此種觀念衍至北魏，乃視南方爲僭晉、島夷。

〔註20〕見黃雲鶴〈北魏時期對經籍整理與著述概說〉頁9。
〔註21〕頁9。

　　浸染學術之文雅胡主，乃漢化之具體象徵。綜史傳所載五胡君主之治學，讀史、明經、重博學、尚經世乃常見特點，迨至北朝之學術，其宗旨亦大抵如此。

　　察五胡學術與種族關係，從簡略之史傳載文中，難以發現異族間之治學趨向；惟諸胡政權之學術喜好，或可得其二三特點。就前趙言，治《左傳》或兼及《孫子兵法》，乃出於軍事所好；就前秦言，宗室研習玄學、善於談論，此五胡罕見者；就後秦、後燕言，皆習於談論，前者殆因姚興好佛學，朝野盛於講經說法之故。

　　十六國因處於時局不靖、攻伐動蕩之時，國祚大都短淺，儒學之推行本屬不易，成效自難彰顯。惟好學尊儒之主時而可見，雖於兵馬倥傯之際，仍手不釋卷；苻堅尤能兼文武，篤學、好文、尊孔、重儒，於即位三十餘載，統一北方之際推行儒學，其傳承學術之功自是當代中原諸國所難比況。

　　今考諸史傳所載，大抵以戰事爭奪為主，儒學之事往往僅限片語，查後燕、西秦、後涼、夏、北燕五國俱闕於文獻。觀五涼因地處偏遠，罕受中原戰事之摧殘，而足以長養生息、發展文教，影響北朝之學術頗深；成漢亦如涼州之獨居一隅，國祚四十餘年，文教之推行應具成效；然而，五涼與成漢之載文皆不足。又，各國於爭奪互併之際，學制沿襲與儒者攬用，在文獻不足下，其興學特點亦難以突顯。

　　如上所述，史傳記載雖簡略或闕無；然而，結集片語短文，猶可見其推行儒教之一端。茲分述數點：其一，諸國之推行教育，除立太學、設博士等措施，尤重視宗室朝臣之學養，苻堅且及於後宮、降將，此風衍至北魏孝文帝，乃有「皇宗學」之設立。其二，君主不僅利用覽政之暇親臨太學，劉曜、石勒、慕容德尚能躬自策試，慕容皝乃至於講授學徒千有餘人，且著書以為教材；尤見胡主之用心。其三，諸國學術雖難以明其特色及影響，然而，前秦統禦北方之一統政權，與河西五涼之承傳中原文化，其影響必有及於北朝者。再者，自十六國據都地點觀之，前趙、前秦、後秦據長安為都，前涼、後涼、南涼、北涼據姑臧為都，後趙、前燕、後燕、南燕據鄴一帶為都，可推定長安、鄴、姑臧為北方官學重心。

　　河西五涼因地僻而保存漢魏文化之傳統，於太武帝平北涼、建立統一政權後，河西儒者之學術確有功於北魏；由崔浩之延攬任用，可見涼州儒士之受器重。察儒者之學術事蹟，可推河西學術之中心，除姑臧（武威）外，酒

泉、敦煌之學風當亦興盛。

　　綜河西學術之影響北朝者，由涼入魏之儒者學術為其主要關鍵，除史學、佛學外，儒家典章禮教之落實政治乃屬首要。就當代學術之本質言，確屬薄弱，而無以建構主體人格之修養體系，深化哲理思維而具延續學術上之價值；然而，「通經致用」觀念所形成之學風，亦足以代表北方學術之時代精神。

第三章　北方經學以鄭玄爲主之原由探討

　　自五胡亂華，晉室遷徙江左以來，隨著政經型態之差異與觀念態度之不同，南北學風之發展趨向亦具各自特色；相較以言，南方重哲理玄思而約簡，北方重典章訓詁而繁深。據《北史·儒林傳》載儒者學術之所宗，曰：

> 漢世，鄭玄并爲衆經注解，服虔、何休各有所說，玄易、詩、書、
> 禮、論語、孝經；虔左氏春秋；休公羊傳。大行於河北。……大抵
> 南北所爲，章句好尚，互有不同，江左：周易則王輔嗣，尚書則孔
> 安國，左傳則杜元凱。河洛：左傳則服子慎，尚書、周易則鄭康成。
> 詩則並主於毛公，禮則同遵於鄭氏。（卷八一）

由載文明顯可知，北方主要以鄭玄之漢學爲宗，南方則兼漢晉之學。據史文所載，河西大儒劉昞即承傳漢學，弟子索敞乃承其學而顯揚師門於京師（《魏書》卷五二）；北魏、刁沖「學通諸經，偏修鄭說。」（《魏書》卷八四）即宗鄭學；北齊儒生多出自魏末大儒徐遵明，其治易、書皆宗鄭學，所習服氏春秋亦與玄相關（《北齊書·儒林傳》卷四四）。足見鄭學對北人之影響。

　　經漢末至於三國，鄭玄學術向爲北方儒者所宗。至西晉之時，王肅以椒房之親，立其說於學官，駁斥鄭學，遂使鄭學隱沒。迨司馬氏退於江左，王學隨之南遷，鄭學遂復盛於胡漢共處之北地。察胡政權初統中原，何以「玄學化經學」、「鄭學」、「王學」，三者之中仍以鄭學爲主，自五胡十六國至北朝，延續近三百餘年，此下文將論述者。

第一節　玄學誤國之借鑒

　　玄學之論理高妙，本有引人入勝者，然而，一旦淪爲達官顯貴藉以沽名

釣譽之資，而放蕩不羈、藐視禮法；或具才學，卻有虧職守，終日侈談玄理而罔顧國事，則國危矣！西晉之所以易主於胡人，胡人之所以排拒玄學，玄學之所以予後人亡國之口實；實導於不知節制，而貽誤邦國者也。茲引《晉書‧儒林傳》對當朝玄學之評議，曰：

> 學者皆以老莊為宗，而黜六經；談者以虛蕩為辨，而賤名檢；行身者以放濁為通，而狹節信；當官者以望空為高，而笑勤恪；仕進者以苟得為貴，而鄙居正。擯闕里之經典，習正始之餘論，指禮法為流俗，目縱談以清高。（卷九一）

將足以經世濟民之儒家經典視為無物，敗壞禮法、不重名節、為官苟且、士人無恥，此即玄學誤國之實證。若夫深得玄學要旨者，尚須圓通以應世，況游於玄學之末以自鳴清高？此風若成習染，遍於宗室朝野，社稷豈有不亡之理？殷鑒在前，北方所以流行鄭學者，「玄學誤國」實為要因。查諸史籍，玄學不為時人接受而見拒者，往往可見，茲引《晉書‧王戎傳》附〈王衍傳〉記載王衍囚於石勒，二人對話一事，曰：

> 衍自說少不豫事，欲求自免，因勸石勒稱尊號。勒怒曰：「君名蓋四海，身居重任，少壯登朝，至於白首，何得言少不豫事，破壞天下，正是君罪。」……使人夜排牆填殺之。（卷四三）

石勒對玄學害政之痛惡，明顯地表露於義正辭嚴之語。查劉義慶《世說新語》引《晉陽秋》載王衍將為石勒所殺，臨死，謂人曰：「吾等不祖尚浮虛，不至於此。」玄學不利於國亦甚明矣！觀河西儒者程駿提出「本老莊抱一性本之旨要」，則「至順」之境可臻之說，﹝註1﹞仍失於不切實際；誠如北齊顏之推《顏氏家訓‧勉學篇》所言：「直取其清談雅論，剖玄析微，賓主往復，娛心悅耳，非濟世成俗之要也。」（卷三）倘依玄理治國，欲國之不亡亦難矣！

故前秦苻堅「禁老莊圖讖之學」（《晉書‧苻堅載記》卷一一三），後秦黃門侍郎古成詵因韋高法阮籍而違背禮法，欲刃之以崇風教（《晉書‧姚興載記》卷一一七），北魏崔浩性不好老莊之學，斥為「敗法之書」（《魏書‧崔浩傳》卷三五），羊深上書廢帝曰：「夫先黃老而退六經、史遷，終其成蠹。」（《魏書‧羊深傳》卷七七）魏末大儒李業興與梁武帝論經傳，謂之曰：「少為書生，

﹝註1﹞　按：程駿謂其師劉昞曰：「今世名教之儒，咸謂老莊其言虛誕，不切實要，弗可以經世，駿意以為不然。夫老子著抱一之言，莊子申性本之旨，若斯者，可謂至順矣！」（《魏書》卷六〇）

止習五經，……素不玄學，何敢仰酬？」（《魏書‧李業興傳》卷八四）大抵皆因玄學不利世務，遭禁見斥之例。

除「玄學誤國」外，鄭學之博通，裨益於世務，相較於玄學之空談名理，皆北地以鄭學為宗之要因。章權才《魏晉南北朝隋唐經學史》論鄭學、玄學於北方之消長原由，曰：

> 「漢學」和「玄學」這兩種意識型態，代表著封建社會發展的前後兩種不從階段。魏晉玄學的出現，一般說來，跟世家豪族的發展和沒落有直接關聯。……鄭服的漢學有兩個顯著的特點，一是重章句訓詁，對經典的解釋比較樸素；二是重視「三禮」。這兩個特點，對剛剛進行封建化的北朝，特別是北魏來說，適應性是比較強的，滿足社會的需要程度是比較高的。相反，玄學重本體，與世家豪族相結合，玄學中的一派，甚至推出虛無主義。這種主義，可以成為南朝統治者的思想基礎。北朝選擇鄭服之學，其根本原因實本于此。〔註2〕

章氏從經世觀點論述北方所以接受鄭學而排斥玄學，見解頗為可採。就玄學與世族之關係言，自西晉以來，玄學大抵盛於宗室公卿、世家大族之間，迨晉室南遷，洛陽玄學亦隨往江左，世族留滯北方者縱有善玄談者，豈敢侈言於胡族積極建國之初？

惟玄學之超俗清妙，確有引人入勝者，察十六國至北朝，傾慕名理清談，學養可媲美漢族之胡宗室亦見其人。觀《晉書‧載記》《魏書》所載，前秦苻融之聰辯明慧，「談玄論道，雖道安無以出之。」（卷一一四）、苻朗之「超然自得，志陵萬物，所與悟言，不過一二人而已。」（卷一一四）、南燕慕容鍾之「機神秀發，言論清辯。」（卷一二八）北魏獻文帝「好老莊」，每引談玄之士與論理要（卷六）、孝文帝之「善談老莊」（卷七），東魏靜帝且將老莊之書，藏諸館閣，《北齊書‧杜弼傳》載其事曰：

> 弼性好名理，探味玄宗，自在軍旅，帶經從役，注《老子道德經》二卷，表上之曰：……詔答曰：「……卿才思優洽，業尚通遠，習棲儒門，馳騁玄肆，……朕有味二經，倦於舊說，歷覽新注，所得已多，多嘉尚之，良非一緒。已敕殺青，編藏之延閣。」（卷二四）

然而，胡宗室貴族雖偶見好玄者，亦屬個人喜好，胡政權所欲推興之學，仍

〔註2〕　頁192～193。

不離儒家經典。

　　查諸史載，除東魏靜帝處政局危盪之時、猶好玄學外，餘皆不因之貽誤國事；孝文帝尤屬文武兼備、才優學洽，積極漢化之主。

　　至於北儒好談玄理者，大抵歸心自然而落實世務，罕見侈談名理、違背禮法而受物議者，且談者仍寡；苻堅之禁老莊，殆因宗室儒士間之玄風較盛，除此，則罕見禁絕老莊玄學之記載。茲舉北魏李騫，北齊祖鴻勳，北周崔彥穆，數例以明：

> 攬老子之知足，奉炯誡以周旋，……願全真而守朴。(《魏書‧李順傳》附〈李騫傳〉「釋情賦」、卷三六)

> 企莊生之逍遙，慕尚子之清曠，……道素志論，舊款訪舟，法語玄書，斯亦樂矣！(《北齊書‧祖鴻勳傳》「與陽休之書」、卷四五)

> (彥穆使齊) 風韻閑曠，器度方雅，善玄言，解談謔，甚爲江陵所稱。(《周書‧崔彥穆傳》卷三六)

大抵而言，北人之好玄學者尚屬少數，或縱傾心於此，仍能不廢人事；與南人醉心於此，放浪形骸之普遍現象，迥然不同。相較以言，北人內斂近於老子，南人放曠近於莊子。

　　是以，鄭學雖樸而無華，不及玄學之誘人心靈；然而，治其學以經營世務，則俾益甚大，尤以三禮爲然。又鄭學雖重章句訓詁，實已融通今古文，成一家之言，簡化漢代經學之繁瑣；〔註31〕雖至北朝末年，儒者之治學已重義疏而漸趨南學，鄭學仍具影響力。鑒玄學之誤國，北方之探鄭學亦勢所必然。

第二節　重視禮教之利國

　　鄭學之利於經世，乃北地宗其學之主因，尤以三禮爲然；不惟北方，南人對禮之重視亦逾於他經。〔註4〕據《魏書》所載，儒者引鄭玄禮於政事者屢

〔註31〕　按：《後漢書‧鄭玄傳》：「漢興，諸儒頗修藝文；及東京，學者亦各名家。而守文之徒，滯固所稟，異端紛紜，互相詭激，遂令經有數家，家有數說，章句多者或乃百餘萬言。學徒勞而少功，後生疑而莫正。鄭玄囊括大典，網羅眾家，刪裁繁蕪，刊改漏失，自是學者略知所歸。」(卷二五) 鄭玄會同今古，遍注群經，師法家法自此終焉，下開學者兼通群經之風。

〔註4〕　按：據南北史〈儒林傳〉記載，南北朝儒生六十人，精通禮者四十名；又據《隋書‧經籍志》所載，禮之著作計三一一部、二一八六卷，尚存一三六部、一六二二卷，爲六經之冠 (卷三二)。茲舉北人之著作數例：河西索敞《喪服

屢可見，清河王懌表修「明堂、辟雍」，封軌即數引鄭玄之說（卷三二）。袁
翻論「明堂、辟雍」，亦引鄭說而深贊之，曰：

> 鄭玄之訓詁三禮，及釋五經異義，並盡思窮神，故得之遠矣。覽其
> 明堂圖義，皆有悟人意，察察著明，確乎難奪，諒足以扶微闡幽，
> 不墜周公之舊法也。（卷六九）

又據《北齊書・儒林傳序》所載：「三禮並出遵明之門，徐傳業於李鉉，……
其後生能通禮經者，多是安生門人，諸生盡通《小戴禮》，於周、儀禮兼通者
十二三焉。」（卷四四）徐遵明講學以鄭注爲主，影響北齊甚深，則鄭玄注禮
大行於河北之情形亦明矣！

　　北方執政者與儒士之所以重視禮教者，係因禮具有「示儀軌、別貴賤、
明人倫、重綱常」之功能，足以穩固國本、維繫秩序、規範風俗；誠如《魏
書》所論：

> 夫在天莫明於日月，在人莫明於禮儀。先王以安治民，用成風化；
> 苟或失之，斯亡云及。（《魏書・禮志》卷一〇八）

而北方重禮，實有其時代背景；陳金木論南北朝之「禮盛」原由，曰：

> 南北朝時，長年戰亂，社會丕變，先秦兩漢之禮儀不能適應於當代。
> 加以世族於政治、社會與家族諸方面，遭遇甚多特殊而複雜之問題。
> 時禮文不周，解釋不一，緣是君臣議禮，以爲永制，更且頒行天下，
> 研究禮學者遂盛。〔註5〕

茲就陳氏所言，論述三點於下：

　　其一，就君主重視而論：制定典章儀軌，使朝政運作有序，社會秩序井
然，乃胡主建國之首當要務，觀前趙劉淵、劉曜、後趙石勒、前秦苻堅、後
燕慕容垂之即帝位，皆曾登壇郊祀，祭天地祖先以明正朔，即禮之一端；故
博通禮義之儒者遂爲上者所用。據《魏書》所載，道武帝天興元年，即詔儀
曹郎中董謐「撰郊廟、社稷、朝覲、饗宴之儀。」（卷二）文成帝則強調婚姻
之合貴賤，詔曰：「今制皇族、師傅、王公侯伯及士民之家，不得與百工、伎

要記》、北魏劉獻之《三禮大義》、北齊李鉉《三禮義疏》、北周沈重、熊安生
之三禮義疏。然而，南北禮學是否同遵鄭氏，仍須商榷；據《魏書・李業興
傳》所載，李業興使齊，與梁散騎常侍朱异論「郊丘」之義，异曰：「比聞郊
丘異所，是用鄭義，我此中用王義。」業興曰：「然，洛京郊丘之處，專用鄭
解。」（卷八四）則與《北史・儒林傳》「同遵鄭氏」之說有異。

〔註5〕見陳金木《皇侃之經學》，頁20。

巧、卑姓爲婚、犯者加罪。」（卷五）至於北魏孝文帝之積極漢化，直指「營國之本，禮教爲先。」（卷一九中）即視禮教爲本質所在。茲舉孝文帝引陸叡、元贊等於前，所言之內容，曰：

> 北人每言北人何用知書，朕聞此深用憮然，今知書者甚眾，豈皆聖人？朕自行禮九年，置官三載，正欲開導兆人，致之禮教，朕爲天子，何假中原，欲令卿等，博見多知，若永居恒北，值不好文主，卿等子孫，不免面牆也。（卷二一上）

自其愷切之言，可知禮教之要。再舉孝文帝重禮一事，《魏書・彭城王傳》載云：

> 高祖親講喪服於清徽堂，李彪曰：「自古及今，未有天子講禮，陛下聖叡淵明，事超百代，臣得親承音旨，千載一時。」（卷二一下）

君主之親臨講禮，實屬難得；觀漢化運動對北朝之影響深遠，禮學因君主重視而盛，亦可知矣！

其二，就維繫門第而論：北方禮教之推行，漢儒爲其主要關鍵，尤以出身名門士族者，其政治職權，往往足以影響典章禮儀之制定。就禮法之經世言，又與士族之門第關係密切，錢穆〈略論魏晉南北朝學術文化與當時門第之關係〉論曰：

> 禮法實與門第相終始，惟有禮法乃始有門第，若禮法破敗，則門第亦終難保。〔註6〕

故漢士族爲標榜宗族血統之優越，使士庶、貴賤分明，而注重禮之研究；尤以喪禮之具家族凝聚力，特受重視。此亦禮盛之一由。

其三，就切合實用而論：禮之經世效用，本非囿於前代儀軌而不知變通，且三禮爲經書中最具現實意義者：故以鄭玄注禮爲主，乃治學所本而援引爲治國參酌，非全襲前典。是以，因革損益、切於實用乃時勢所趨；誠如孝文帝所言：

> 今古時殊，禮或隆殺。專古也，理與今違；專今也，大乖曩意。當斟酌兩途，商量得失。（《魏書・公孫表傳》卷三三）

蓋五胡十六國以來，由於戰亂頻仍，先秦兩漢之禮儀，未必適應於當代；然而，過份「專今」卻違背人情，亦難行之久遠，故須斟酌以合時用。〔註7〕緣

〔註6〕 見錢穆《中國學術思想論叢》第三冊頁174。
〔註7〕 按：後趙石勒、南燕慕容垂臨死遺令，皆令喪禮從簡，「三日而葬」，即屬顯

胡君臣之議禮，亦使禮學研究因之而盛。

第三節　質樸守舊之個性

　　鄭學既因博通實用而爲胡族所重，然而，盛於西晉之王學亦非虛浮無可用者，〔註8〕何以胡主統治中原，遂捨王學而探鄭學？察其原由，其一，出於反晉立場，而排斥王學；其二，北人因質樸守舊而探鄭學。茲論述於下。

　　觀晉室淪喪以來，正統地位已移至江左，胡人政權因奪自晉室，爲求其合理性，自與東晉探敵對立場，否定其正統地位，而將胡政權之相承脈絡溯及兩漢，乃至先秦；觀《魏書・劉淵傳》即載其語，曰：「漢有天下，世長恩德，結於民心。吾又漢氏之甥，約爲兄弟，兄亡弟紹，不亦可乎？」（卷九五）即攀附漢代以爲正統，異於東晉之承西晉正統。此種觀念衍至南北朝之敵對狀況，亦復如是，《魏書》卷九六〈僭晉司馬叡傳〉，卷九七〈島夷桓玄傳〉、〈島夷劉裕傳〉等，對南方政權皆採否定態度。此種「反晉」之政治立場，對學術發展殆具影響焉。

　　就前文所述，西晉王肅之學術因政治而顯，一旦政權易於胡人之手，亦隨之南移，在玄學盛行下勉強地佔一席之地。觀南方儒學宗王肅、杜預，以晉學爲主，與北方宗鄭玄、服虔、何休，盡屬漢學，實有明顯好尚之不同。然而，王肅之學雖刻意與玄對立、并有僞造典籍之嫌，其學仍不失簡樸實用，杜預則傾心左傳，治學謹嚴而有功於左氏學之研究；故北方之所以專宗鄭、服者，若就胡政權「反晉」之政治立場釋其原由，殆亦可通。

　　察北人質樸傳統之個性，實影響治學之主由；清、甘鵬雲《經學源流考》即論此曰：

　　　　江左餘風，淵源典午，學者説易，務析名理，故王學盛。北方學者
　　　　樸實，不事浮華，故專宗鄭氏。〔註9〕

又，皮錫瑞《經學歷史》論北學勝南學之原因，亦述及此義曰：

　　　　北學反勝於南學者，由於北人俗尚樸純，未染清言之風、浮華之習，

　　　　例（《晉書・載記》卷一〇四、一二四）。

〔註8〕汪惠敏《三國時代之經學研究》，頁242論鄭、王學之特點，曰：「鄭玄、王
　　　　肅二人皆遍注群經。鄭玄注經，著重章句訓詁，兼亦有兩漢陰陽讖緯之迷信
　　　　思想；而王肅則著重義理之解釋，説經較平實，合理而近人情。」

〔註9〕卷一頁14。

故能專宗鄭、服,不爲偏孔所惑;此北學所以純正勝南也。〔註10〕

按:王肅經學基於反鄭立場,以彰顯其說,實開新學先聲,而與北方守舊傳統相違,自易受學者非議。惟王肅倚政治背景,足使其說立於學官;一旦晉室南遷,胡人復以傳統樸純爲尚,雖王學不失平實,仍不免掩於鄭學之下。

綜上所述,北地政權「反晉立場」固屬北人接受鄭學之原由,然而,基於北人質樸守舊之個性係爲主由。

第四節　讖緯思想之信仰

儒家經典固屬五胡漢化之根本所在,採鄭學之目的即欲達經世效益;然而,北方學術之思想本質,係與胡人迷信性格相近之讖緯思想,即繼承兩漢以來之陰陽五行、災異學說,並非儒家心性修養之學。鄭玄雖融通今古文,學識淵博而成爲一代宗師,亦不免沾染讖緯之習,〔註11〕惟此習染反成爲胡人採鄭玄之一由,此亦王學所關者。察北朝中期以前之春秋學發展,服虔左傳注之所以盛於杜注者,係因服學本同於鄭玄,內容含讖緯成份殆亦一由。茲就服、杜注之比較,舉數例以爲佐證。

> 「(隱公)經元年,春,王正月。」杜注:「隱公之始年,周王之正月也。凡人君即位,欲其體元以居正,故不言一年一月也。」服虔云:「孔子作春秋於春,每月書王以統三王之正。」正義:「鄭康成依據緯候以正朔,三而改。」

按:服虔「三統」之說係引公羊之義,公羊與讖緯之關係本爲密切,察正義所引鄭玄據緯候以釋其義之例,正可作爲鄭、服注左傳相近之佐證;相較於杜注從「史學立場」加以詮釋之平實觀點,顯然可見其差異。茲再舉二例:

> 「(僖公十六年)君失問,是陰陽之事,非吉凶所生也。」杜注:「言石隕鶂退,陰陽錯逆所爲,非人所生。襄公不知陰陽而問人事,故曰:君失問。」服虔云:「鶂退風咎,君行所致,非吉凶所從生。襄公不問己行何失而致此變,但問吉凶焉在,以爲石隕鶂退,吉凶何

〔註10〕 頁194。

〔註11〕 按:鄭箋《詩經·大雅》「厥生初民,時維姜嫄。……載生載育,時維后稷。」曰:「姜姓者,炎帝之後,有女名嫄,當堯之時,爲高辛氏之世妃。……祀郊禖之時,時則有大神之跡。姜嫄履之,足不能滿,……於是遂有身,而肅戒不復御,後則生子而養長,名之曰棄。」(卷十七)

從而生，故云：君失問。」

「（哀公）經十有四年，春，西狩獲麟。」杜注：「麟者仁獸，聖王之嘉瑞也。時無明王出而遇獲，仲尼傷周道之不興，感嘉瑞之無應，故因魯春秋而脩中興之教。絕筆於獲麟之一句，所感而作，固所以爲終也。」正義：「（服虔）以爲孔子自衛返魯，考正禮樂，脩春秋，約以周禮，三年文成致麟，麟感而至。」

按：上例服虔、杜預係就「天人相應」之讖緯觀念與「陰陽」之自然觀點，解釋鶂之所以「向後飛」之原由。下例服注就孔子作春秋「文成致麟，麟感而至。」釋「西狩獲麟」之原由，杜注則就孔子因「西狩獲麟」，遂「所感而作」，成爲春秋經之終。

　　如上所述，杜注顯較服注平實，然而，服注之具讖緯觀念正符合北人之性格。考諸史書載籍，北方政權下之君臣儒士，崇信讖緯之狀，蓋盛矣！觀酈道元《水經注》載前趙、劉曜之事跡曰：

曜嘗隱居於管涔之山，夜中，忽有二童子入跪曰：「管涔王使小臣奉謁趙皇帝。」獻劍一口置前，再拜而去。以燭視之，劍長二尺，光澤非常，背有銘曰：「神劍，服御除眾毒。」曜遂服之，劍隨時變爲五色也。後曜遂爲胡王矣。（卷四）

作爲帝王「應天順民」，官方鞏固政權之工具，讖緯之「天人因果」思想確有其效用。觀《魏書・天象志》之載異象感應，《魏書・靈徵志》之載徵兆報應，皆就人事善惡所感上天福禍而論其因果之事實。〔註12〕

　　據史籍所述，北朝諸帝中、除孝文帝爲少數不迷於讖緯者之外，大都信此思想。據《魏書・孝文帝紀》十二年詔曰：

日月薄蝕，陰陽之恆度耳。聖人懼人君之放怠，因之以設戒，故稱曰：日蝕脩德，月蝕脩刑。（卷七下）

可見孝文帝之理性思想，且自太和九年詔之嚴禁讖緯：「留者以大辟論」（卷七上），足見讖緯之盛。惟胡主信之者眾，乃勢之所趨。

〔註12〕按：〈天象志〉述其要旨曰：「日月五星，象之著者，變常舛度，徵咎隨焉。然則，明晦暈蝕，……或皇靈降臨，示譴以戒下；或王化已虧，感達於天路。」（卷一〇五之一）即籍天象以明社稷之良惡，乃政治之常態，亦具警戒惕屬之效。又〈靈徵志〉亦明其義曰：「化之所感，其徵必至；善惡之來，報應如響。斯蓋神祇眷顧，告示禍福，人主所以仰瞻俯察，戒德愼行。」（卷一一二上）人主若能見微知著，化凶兆爲良機，則靈徵之理實俾益於政。

據《魏書‧太祖紀》所載，道武帝天興三年即因「太史屢奏天文錯亂」，而寢食不安，遂「數革官號，欲以防塞凶狡，消弭災變。」（卷二）明元帝亦甚好陰陽術數之學，《魏書‧崔浩傳》載曰：

> （明元帝）聞浩說易及洪範五行，善之。因命浩筮吉凶，參觀天文，考定疑惑。浩綜天人之際，舉其綱紀，諸所處所，多有應驗。（卷三五）

至於北齊、北周諸帝，亦深信讖緯，國政甚且因之而改，茲舉數事以明。《北齊書‧武成帝紀》載云：（大寧四年）太史奏天文有變，其占當有易主，景乃使太宰假詔兼太尉，持印奉皇弟璽綬，傳位於皇太子，大赦，改元為天統元年。百官進級降罪，各有差。又詔皇太子妃斛律氏為皇后。（卷七）

後主（景子）於隆化元年，亦依望氣者言，以為「當有革易」，乃依天統故事，授位幼主（卷八）。又據《周書》所載：

> （孝閔帝）五月癸卯，歲星犯太微上將，太白犯軒轅；己酉，槐里獻白燕，帝欲觀魚於昆明池，博士姜須諫，乃止。（卷三）

明帝武成元年，大雨霖，乃詔曰：

> 諒朕不德，蒼生何咎，刑政所失，罔識厥由。公卿大夫，爰及牧守黎庶等，今宜各上封事，讜言極諫，罔有所諱，朕將覽察，以達天譴。（卷四）

又宣帝大象元年，亦因災異屢見而下詔曰：

> 上瞻俯察，朕實懼焉。將避正寢，齋居克念，惡衣減膳，……用消天譴。（卷七）

胡主之於讖緯，或戒惡以修德，或知兆以避凶，或引以為順天應民之依據；大抵深信此思想。

至於朝臣、儒士之習讖緯者，比比皆是，此種觀念不僅符於胡人迷信性格，漢儒亦好此學，見諸典籍，歷歷可見，《魏書》即特立〈術藝傳〉，記述晁崇、張淵、僧化、殷紹、王早、耿玄數人之善於陰陽術數（卷九一）。崔浩雖反佛教，對災異之事乃深信之，觀其所言：

> 夫災異之生，由人而起；人無釁焉，妖不自作。故人失於下，則變見於上。（《魏書‧崔浩傳》卷三五）

崔光即將此學運用於政治上，《魏書‧崔光傳》載其上表宣武帝之事曰：

> 臣謹按：漢書五行志，宣帝黃龍元年，未央殿輅軨中，雌雞化為雄

> 毛，變而不鳴，不將無距。……劉向以爲雞者小畜，小臣執事爲政
> 之象也。竟寧元年，石顯伏辜，此其效也。……臣聞災異之見，皆
> 所以示吉凶，明君睹而懼，乃能招福，闇主視之彌慢，所用致禍。（卷
> 六七）

此種藉徵兆之預測結果，因明闇而得福禍之觀念，乃讖緯思想之影響。又，北魏、酈道元歷職多方，爲學謹嚴，於名著《水經注》中亦屢引圖讖緯候之書，觀卷五「河水條」注「河水又東，右逕渭台城。」曰：

> 《春秋麟》不當見而見，孔子書以爲異。河者，諸侯之朝；清者，
> 陽明之徵，豈獨諸侯有窺京師也。明年，宮車晏駕，徵解瀆侯爲漢
> 嗣，是爲靈帝。建寧四年二月，河水又清也。

可見當代之讖緯思想，胡漢皆習以爲常。至於其他學者，如常爽之「明習緯候」、李業興之精於「圖緯風角」（《魏書·儒林傳》卷八四），沈重綜「陰陽圖緯」之學、熊安生與「千餘人討論圖緯，發先儒所未悟者。」（《周書·儒林傳》卷四五）皆反映北朝漢儒之喜讖緯，故經學具讖緯觀念乃在所難免。

據《魏書·儒林傳》所載，劉蘭治左傳，係「推經傳之由，本注者之意，參以緯候及先儒舊事。」（卷八四）又，李業興出使南朝，與朱异論「明堂」，引《孝經援神契》以解；北齊、賈思伯論「明堂」之制，亦引《孝經援神契》；又周末隋初、劉炫於《春秋左氏傳述義》論「（僖公十六年）是陰陽之事，非吉凶所生也。」一事，亦就人事之善惡與異象之徵兆，加以闡述曰

> 石隕鷁飛，事由陰陽錯逆；陰陽錯逆乃是人行所致。襄公不問己行
> 何失，致有此異，將來始有吉凶，故答云：是乃陰陽之事，非將來
> 吉凶所生，言將來若有吉凶，協此石鷁之異耳，非始從石鷁而出也。

承上所述，可見北儒治經之讖緯化。至於《易經》一書，因具卜筮意義，尤能與讖緯相結合，茲舉數例以明：

據《魏書》所載，鄧淵「博覽經書，長於易、筮。」（卷二四）高謙之「天文、算曆、圖緯之書，多所該涉，……留意老易。」（卷七七）；據《北齊書》所載，宋景業「明周易，爲陰陽緯候之學。」（卷四九）許遵「明易，善筮，兼曉天文、風角、占相。」（卷四九）；據《北周書》所載，陸旭「性雅澹，好老易緯候之學，撰《五星要訣》及《兩儀眞圖》，頗得其指要。」（卷二八）

甚爲顯明地，學者治易、讖緯，往往兼涉天文，由此現象觀之，雖無翔實資料斷定《易經》必已讖緯化，然自北人之觀念性格、學風承傳以論，殆

近此矣！而趨吉避凶、著重天象、靈徵之影響人世，乃其治易主旨；此異於南方治易之著重義理。觀林登順〈魏晉南北朝胡人漢化之探析〉論及《易經》讖緯化形成之原由，曰：

> 北方承東漢讖緯之舊，其因爲戰亂迭起，儒生無暇更深入探
> 索其義理，再者，占卜預言之讖緯化的《易》學，更易爲剛
> 入主之外族所接受，並爲其政權提供合理性的依據。〔註13〕

林氏就《易經》讖緯化之政治意義論其形成，頗爲可採。

綜上所述，北儒治易之兼善讖緯，而鄭注《易經》又爲北地所宗；可見，鄭學之爲北人接受，具讖緯色彩實爲一由。

第五節　結　語

鄭玄學術之所以爲北地所宗，具經世價值爲其主要原由，尤以三禮爲然。然而，北人治學亦不盡以鄭玄爲本，若河西闞駰注王朗《易傳》即屬晉學；北魏崔浩治《左傳》「或異於鄭玄」（《魏書》卷三五），陳奇「所注《論語》，矯之傳掌，未能行於世，其義多異鄭玄，往往與司徒崔浩同。」（《魏書》卷八四）蓋學術本難獨尊，此乃自然之勢。茲就鄭學爲北地所宗之原由，依前文所論，綜述如下：

西晉之所以亂自蕭牆，予胡人可趁之機，終致沉淪遁逃，原因雖非一端；然而，君臣朝野之侈談玄言、沉浸名理，實乃亡國之一大主因。胡人生性本較樸實無文，不適於談玄說妙；且初統中原，自須運用儒教經典以營世務，豈容閒散論議；又睹晉室清談亡國，縱傾心於玄理之高妙、塵談之美姿，自亦不許玄風之誤國與玄學化經學之陷溺人心。然而，玄學之高妙，亦足以引人入勝，北方胡政權下之君臣儒士亦見傾心於此者；惟北人大抵歸心自然而不廢世務，與南人侈談玄理，引以爲美者不同。可作如是言，北人玄學近於老子，尚得內斂之旨；南人玄學傾於莊子，終流於放曠浮虛。至於鄭學之樸實博通、利於經世，實流行於北方之主因，而朝野儒士宗之，亦屬必然趨勢。

禮教之明人倫、別貴賤、導邦國社稷秩序於井然，乃治國之本，前賢已備言之矣！察北人重禮之原由，一則因胡人之文化本較薄弱，武力足以得中原，卻不足以治中原，亟須禮儀典章以營世務。再者，北地漢士族乃胡主制

〔註13〕頁266。

定儀軌之主力，爲維繫門第尊貴與姓氏優越之故，遂積極研究禮法，以尋求依據。且因漢魏以來，屢經戰亂，禮法本須隨世風而因革損益；緣此，經由議禮、研禮以謀變通之途，更爲勢之必然。鄭注三禮因樸實淵通，遂成爲胡政權之依據，儒者治禮之所宗，而流行於北地。

　　方胡政權進入北方，盛於西晉之王學所以不受重視，而採鄭學爲經世依據者，「反晉立場」固具影響，然因南人好求新、北人守傳統之差異方爲主因；此北方所以重漢學，而南方重晉學之故。

　　在近三百年之胡人政權下，由於胡人性格本較迷信，漢儒仍受兩漢以來陰陽災異之說甚深，緣是，讖緯觀念乃成爲主要之學術思想，讖緯化經學遂亦可見。惟北人治學，重於實用，未能將讖緯觀念深化爲系統思想，僅重災異現象之臆測，而引爲政治之用；影響及於經學者，尤以《易經》爲然。蓋觀念性格與思惟模式之差異，此玄學化經學難以存於北方之要因；而鄭學之具讖緯內容，實爲北地宗其學之一由。

第四章　北朝「夷夏觀」與學術文化之關係

　　鮮卑拓跋氏憑其武勇統一北方，據中原之地，固其自豪者；然而，得天下於馬上，卻文化薄弱，典章不足，欲建立一穩固政權亦甚難。觀中原文化之斐然，典章制度之完備，皆剽悍胡風所闕者；是以，胡族面臨現實之文化高低，確令其不得不以華夏文化爲正統。

　　察胡主欲臻正統之積極作法，係藉政治上之漢化，冀達文化之同化；[註1]而攏絡漢世家大族，善用其政治、學術影響力，乃屬必要途徑。然而，於落實漢化之過程中，因若干胡主於文化認同、心態適應上之歧異，及胡族舊有勢力之阻撓，亦非順利無阻。惟風氣既定，民心所趨，此固勢之必然也。觀北人元頊之墓誌銘所載：

　　　　昔張華振聲于京洛，王導羽翼于揚都，山濤以清猷而後結，周顗以
　　　　素德而來踐。[註2]

係舉漢人之賢才雅士比況。又，北朝民歌曰：「我是虜家兒，不解漢兒歌。」反映北人欣慕中原文化之情。

〔註1〕　章權才《魏晉南北朝隋唐經學史》，頁188，論「民族之同化」曰：「落後民族
　　　　對先進民族、先進地區的征服，終歸要適應比較發達的經濟基礎，文化上會
　　　　被先進民族反征服。這樣的過程，就是低勢文化向高勢文化靠攏的過程，就
　　　　是民族同化和民族融和的過程。」
〔註2〕　見周一良《魏晉南北朝史論集》，頁383所引。

第一節　胡政權之漢化措施及其崇儒政策

　　北朝自道武帝以來，即甚爲重視華夏文化，〔註3〕至孝文帝遷都洛陽，積極漢化，更屬具體；而北周文帝復周禮古制，亦見用心。觀胡政權採中原典章爲經世依據，漢儒實屬主力；尤以世家大族備受胡主之倚重。

一、漢化之具體措施

　　據《魏書·咸陽王禧傳》所載，孝文帝欲斷北語，語禧曰：

> 今欲斷諸北語，一以正音，年三十以上，習性已久，容或不可猝改；三十以下，見在朝廷之人，語言不聽仍舊，若有故爲，當降爵黜官，各宜深戒。如此漸習，風化可新；若仍舊俗，恐數世之後，復當成披髮之人。（卷二一上）

此乃積極「化夷爲夏」之作法。蓋胡人同化於漢文化則爲「夏」，漢人悖此淪爲「夷」，此孝文帝融胡俗於中原文化而欲躋正統之所由。又孝文帝禁「同姓不婚」亦屬顯例，據《北史·魏本紀》記載：

> 夏殷不嫌同姓之婚，周人始絕同姓之娶，斯亦教隨時設，政依俗改者也。皇運初基，日不暇給，古風淳樸，未遑釐改，自今當禁絕。（卷三）

北朝漢化，係採周孔以來之典章爲實踐依據；察北周文帝之仿成周建立官制，即緣於先秦制度。〔註4〕據《周書·文帝紀》所載：

> 初，太祖以漢魏官繁，思革前弊，大統中，乃命蘇綽、盧辯依周制改創其事，尋亦置六卿官。（卷一）

《周書·盧辯傳》亦載此事曰：

> 初，太祖欲行周官，命蘇綽專掌其事，未幾而綽卒，乃令盧辯成之。於是，依《周官》建六官，置公、卿、大夫、士，並撰次朝儀、車

〔註3〕　《魏書·賀狄干傳》載道武帝因胡人染戎習而殺之一事曰：「太祖見其言語衣服有類羌俗，以爲慕而習之，故忿焉，既而殺之。」（卷二八）

〔註4〕　陳寅恪《陳寅恪魏晉南北朝史講演錄》，頁357曰：「《周禮》一書的眞僞及著作年代，古今論者甚多，大致爲儒家依據舊資料加以系統理想化，欲行托古改制之作。……宇文泰、蘇綽等人並非拘泥於周官的舊文，而爲利用周官的名號，以適應鼎立時期關隴胡漢的特殊需要。故能收到模仿的功效，少見滯隔不通的弊病。」胡主重視中原文化之用意大抵出自政治需求，著眼於外在形制之建立，而非文化精神之提昇。

　　　　服、器用，多依士禮。（卷二四）

可見，文帝「托古改制」之政策，不僅在於應世經務，且有繼周爲正統之用
意。〔註5〕至於北周明帝、宣帝則以漢文化爲正統，明帝武成元年詔曰：

　　　　昔漢世巴郡洛下閎善治歷云：後八百歲當有聖人定之。自火行至今
　　　　木德，應其運矣，朕何讓焉。（《周書》卷四）

此乃胡主冀承漢統之顯例。宣帝大象元年則「受朝於露門，帝服通天冠、絳
紗袍，群臣皆服漢魏衣冠。」（卷七）儼然華夏儀貌。又北齊雖胡漢衝突較深，
胡主朝臣排漢者多，亦見採擇中原禮樂之事；《北齊書·孝昭帝》載云：

　　　　（皇建元年）有司奏太祖獻武皇帝廟宜奏武德之樂，舞昭烈之舞；
　　　　世宗文襄皇帝廟宜奏文德之樂，舞宣政之舞；顯祖文宣皇帝廟宜奏
　　　　文正之樂，舞光大之舞。詔曰：可。（卷六）

觀胡主漢化，實朝野之積極努力者，雖亦見胡漢衝突而排斥中原儒士；然而，
漢文化與胡文化漸趨融合，實大勢所趨。在此過程中，漢世族之投入乃主要
因素。

二、漢儒與胡政權之關係

　　　　查北魏建國之初，即採兼容並包之崇儒政策，除拓跋氏宗室與鮮卑貴族外，
凡征服地區之漢族世族及各族人才，皆能廣招任用，尤以漢人爲然。而南人北
投，甚受重用者亦不乏其人，顏之推、庾信皆是。觀《北史·張袞傳》載張恂
說道武帝曰：「宜收中土士庶之望，以見大業。」（卷二一）即欲利用士族之政
治影響力，期「以漢統漢」。又《魏書·世祖紀》明載太武帝求才之殷曰：

　　　　辛初招中原，留心慰納，諸士大夫詣軍門者，無少長皆引入賜見，
　　　　存向周悉，人得自盡，苟有微能，咸蒙敘用。（卷四）

蓋統一之初，需才孔急，漢人之才學乃胡主深欲倚重者。觀〈世祖紀〉所載，
太武帝廣招碩儒賢雋，盛極一時之狀，載曰：

　　　　神麚四年九月壬申，詔曰：「訪諸有司，咸稱范陽盧玄、博陵崔綽、
　　　　趙郡李靈、河間邢穎、勃海高允、廣平遊雅、太原張偉等賢雋之冑，

〔註5〕傅樂成主編《魏晉南北朝史》，頁95，論述北周文帝以蘇綽爲謀主，設法建立
　　　　關中地區爲文化正統地位，其辦法爲「一、附會中國古代的歷史，把關中地
　　　　區稱爲漢族文化的發源地，因爲中國古代文物昌盛的周朝便興起於關中。二、
　　　　利用關中世族蘇綽等，根據周禮建立官制，表示繼周而興起。」

冠冕州郡，有羽儀之用，敕州郡以禮發遣。」遂徵玄等及州郡所遣，
至者數百人，皆差次敘用。（卷四）

自太武帝、孝文帝以來皆知運用漢儒以謀國經務，據《魏書‧李順傳》記載，
李順一族即因博學者眾而受胡主重用；李順「博涉經史，有才策，知名於世。」
拜中書博士，歷任將軍，進爵為侯。李敷拜中書教學，任散騎常侍。李式學
業知名，歷任將軍、刺史。李希宗「涉獵書傳，有文才。」歷任將軍、刺史。
李騫「博涉經史，文藻富盛。」歷任中書舍人、將軍、刺史（卷三六）。

北齊雖胡漢衝突為烈，楊愔、邢邵、魏收、崔㥁等漢世族仍當朝輔政；
據《齊書》記載，神武帝時，「軍國務廣，文檄教會，皆楊愔及崔㥁出。」（卷
一）文襄帝曾贊魏收曰：「在朝今有魏收，便是國之光彩，雅俗文墨，通達縱
橫。」（卷四）邢邵博覽群籍，「吉凶禮儀，公私資稟，質疑去惑，為世指南。
每公卿會議，事關典故，邵授筆立成，証引該洽，帝命朝章，取定俄頃。」（卷
三六）北齊若無漢儒之建立制度軌儀以穩定政權，欲與北周相爭，亦甚難矣！
至於北周蘇綽、盧辯，更屬漢化之棟樑而為胡主所重，觀《周書‧蘇綽傳》
所載，蘇綽制定六條詔書：先治心、敦教化、盡地利、擢賢良、卹獄訟、均
賦役，奏施行之而受文帝之尊崇，載曰：

太祖甚重之，常置諸座右。又令百官司習誦之，其牧守令者，非通
六條及計帳者，不得居官。（卷二三）

可見蘇綽之受器重與禮遇。蓋崇儒政策乃胡人入主中原，欲躋漢正統之關鍵
因素。

然而，胡主崇儒，大抵以經世為意，罕以儒德為衷；觀漢儒居胡人之統
治下，所以能安身苟存而不卑賤者，才學足以應世也。蓋胡統治階層重視儒
士，端在其才；然而，基於民族血統之情感，雖以漢文化為正統，亦見胡族
因自卑而排擠漢化，或因不瞭解漢文化而加以排斥；查西魏文帝於大統十五
年即曾「詔諸代人太和中改姓者并另復舊。」並非所有胡主皆傾心於華夏文
化，尤以北齊為然。據《北齊書‧神武紀》記載：「神武既累世北邊，故習其
俗，遂同鮮卑。」（卷一）神武帝雖血統屬漢人，因習於環境風俗，反同化於
胡族，《北齊書》載高德政、杜弼二人即因輕視胡文化，主張排胡用漢而被殺。
〔註6〕又文宣帝「每言太子（廢帝）得漢家性質，不似我，欲廢之。」（卷五）

〔註6〕據《北齊書‧高德政傳》記載，文宣帝誅高德政後，謂臣曰：「高德政常言宜
用漢人，除鮮卑，此即合死。」（卷三〇）

然而，北朝胡主多能以中原文化爲正統而重視漢儒。

　　至於南朝儒士北投者，苟其才可用，皆胡主欣於錄用者，觀《南史‧劉峻傳》所載：「時孝文盡選物望，江南人士，才學之徒，咸見申擢。」（卷三九）查《魏書》所錄：司馬休之、司馬楚之、司馬景之、司馬叔璠、司馬天助、刁雍、王慧龍、韓延之、袁式、諸人皆是（卷三七、三八）。觀《北史‧王肅傳》載孝文帝禮遇王肅一事：

　　　　太和十七年，肅自建業來奔。孝文方幸鄴，聞其至，虛己待之，引
　　　　見問故事，肅詞義微妙，弟促席移景，不覺坐之疲也。（卷四二）

又如北齊顏之推，北周王褒、庾信皆北投而受重用者。胡主既因經世目的而以漢文化爲正統，崇儒乃勢在必行；既崇儒，則須重其所學，儒學即其所宗者，故提倡學術實必經之途。

第二節　崔浩與北地漢儒「以夏變夷」之觀念

　　北朝胡主爲利於治國而積極攏絡中原人族，予以尊重禮遇，漢世族雖不至有衣食之困、屈膝之卑，然身居異邦，不免有寄人籬下、緬懷故國之情。爲謀生存且維持尊顏，惟表面採合作態度，冀復文化傳統而實踐理想政治；是故，須積極投入胡人政權，博得胡主信任，乃勢在必行，崔浩即當時中原世族之代表。觀多數漢士族雖輕視胡文化之粗鄙，存有「非我族類」之意識，仍須周旋於政權鬥爭之間，處境頗爲艱困。〔註7〕孔毅〈北朝的經學和儒者〉一文論當代漢儒與胡人政權之關係，言儒者破除思想上「胡漢之別」曰：

　　　　北朝儒者摒棄民族偏見，主動地與北朝政權結合，熱情傳播儒家文
　　　　化，……儒家經義有「夷狄」若有禮義，則可進爵而王、而有天下的
　　　　說法，這也使得他們解除了思想上「胡漢之別」的警戒。……基於生
　　　　存的本能和恢復昔日榮耀的夢想，他們開始小心翼翼地沖破「胡漢之
　　　　別」的藩籬，走出塢堡，而與鮮卑政權結合了。在北朝政權漢化不斷
　　　　加深的背景下，更多的儒者完全打消了對鮮卑政權的輕視和隔閡的觀
　　　　念，參政輔政，挾儒家之道「以夏變夷」；習禮誦經，操周公之業，

〔註7〕　《北齊書‧顏之推傳》「觀我生賦」抒發其仕於異族之苦悶心理曰：「予一生
　　　　而三化，備荼苦而蓼辛，鳥焚林而斷翮，魚奪水而暴鱗，嗟宇宙之遼曠，愧
　　　　無所而容身。」（卷四五）

推行文教。〔註8〕

察孔氏之言，漢儒雖能實際參政，推行中原文教，以謀「用夏變夷」，於政權上能沖破「胡漢之別」，然而，若就思想上之摒除「夷夏區別」，打消民族間之隔閡而論，實非多數儒者所能接受。

一、漢儒「重夏輕夷」之態度

自五胡亂華，中原淪喪以來，滯留北地之漢人或受胡主之倚重，然其鄙夷之念仍存，觀《晉書・盧欽傳》載「盧湛」事曰：

> 值中原喪亂，（湛）與清河崔悅、穎川荀綽、河東裴憲、北地傅暢，
> 並淪陷非所，雖俱顯於石氏，恒以爲辱，湛每謂諸子曰：「吾身沒之
> 後，但稱晉司空從事中郎耳。」（卷四四）

盧氏之意，係不恥爲異族之臣，實以晉正統爲其出身。縱至北魏孝文帝之廣納漢儒、特重文教，仍不免爲漢儒所輕，《魏書・高祖紀》述孝文帝與朝臣論海內姓地人物，薛聰曰：

> 臣遠祖廣德世仕漢朝，時人呼爲漢。臣九世祖永隨劉備入蜀，時人
> 呼爲蜀。臣今事陛下，是虜非蜀也。（卷七）

又據《北齊書・陽休之傳》記載，後主封陽休之爲燕郡王，休之言此事於親友，曰：

> 我非蠻奴，何意忽有此授，凡此諸事，深爲時論所鄙。（卷四二）

漢儒不諱言地稱胡主爲虜、爲蠻奴，反映當時仍存「重夏輕胡」之觀念；章權才分析彼此之心態曰：

> 其一、當時漢族的頭面人物對漢文化有著根深蒂固的優越感，有些
> 人雖然投降了少數民族統治者，但文化心態上仍自認高對方一籌。
> 其二、少數民族統治者在漢文化面前，仍然感到某種程度的自卑。
>
> 〔註9〕

章氏所論是也。惟此自卑感使然，乃有胡族統治階層因之而對漢文化產生排斥，歧視漢世族，終演爲胡漢抗爭，下文將述及。觀《顏氏家訓・教子篇》載顏之推「教子」一事，曰：

> 齊朝有一士人嘗謂吾曰：「吾有一兒年已十七，頗曉書疏，教其鮮卑

〔註8〕 見孔毅〈北朝的經學和儒者〉頁80。
〔註9〕 見章權才《魏晉南北朝隋唐經學史》，頁187。

語及彈琵琶，稍欲通解，以此伏事公卿，無不寵愛，亦要事也。」

　　若由此業自致卿相，亦不願汝曹爲之。（卷二）

顏氏對於過分委屈求全，甚至奴顏卑膝以事胡主之行徑，甚感不滿，此乃中原世族之儒者氣節。蓋仕於異族以謀生存，固屬權宜之事，踐踩儒格以寅緣求祿，殆非多數漢人所願行者。

二、崔浩「以夏變夷」之文化意義

　　崔浩乃北魏初統中原，漢士族被胡主倚重之代表人物，其「以夏變夷」之理想政治，反映漢人爲求生存尊嚴，與承傳中原文化，悉心所付之努力。茲舉《魏書・崔浩傳》所載崔浩之行誼曰：

　　初，浩父疾篤，乃剪爪截髮，夜在庭中仰禱，爲父請命，求以身代，叩頭流血，歲餘不息，家人罕有知者。乃父終，居喪，時人稱之。浩能爲雜文，不長屬文，而留心於制度、科律及經術之言。作家祭法、次序五宗，蒸嘗之禮，豐儉之節，義理可觀。性不好老莊之言，每讀不過數十行，輒棄之，曰：「此矯誣之說，不近人情，必非老子所作，老聃習禮，仲尼所師，豈設敗法之書，以亂先王之教。」（卷三五）

此種重倫常、尚禮法，明經術、務實用，具儒家積極精神、不好老莊玄言之特質，正屬當時北方世族之代表。相較於同時期南方世族自恃門第精神，享有殊榮，處於順境逸樂中養尊處優，侈談玄言而闕應世之心，甚且貪權奪利、斯文掃地；北方儒士對於傳統儒風之維繫，及對固有學術文化之發揚，貢獻甚大。漢儒「以夏變夷」之措施，臻胡漢文化之相融，更屬歷史功績；崔浩又爲此理想之實踐表率。《魏書・崔浩傳》載云：

　　天興中，幾秘書轉著作郎，太祖以其工書，常置左右。太祖季年，威顏頗峻，宮省左右多以微過得罪，莫不逃隱，避目下之變，浩獨恭勤不怠，終日不歸，太祖知之，輒命賜以御粥。其砥直任時，不爲窮通改節，皆此類也。（卷三五）

可見崔浩「恭勤不怠」之積極態度，終得道武帝肯定，爲其「以夏變夷」之理想奠下基礎。而胡主對崔浩之日漸倚重，至太武帝時尤甚；觀〈崔浩傳〉載其語浩之言，曰：

　　卿才智淵博，朕故延卿，近來其思，盡規諫予弼予，勿有隱懷，朕雖當時遷怒，若或不用，久久可不深思卿言也。（卷三五）

又同傳載云：

> （太武帝）又敕諸尚書曰：「凡軍國大計，卿等所不能決者，先諮浩，
> 然後施行。」（卷三五）

崔浩受倚重之程度乃漢儒之罕見者。藉此政治權勢，遂積極從事其理想，欲建立以「中原世族」爲中心之政治團體，即採「儒家思想」爲根本之文化改革。《魏書‧盧玄傳》載崔浩維持門第精神之作法曰：

> （浩）欲齊整人倫，分明族姓，玄勸之曰：「夫創制立事，各有其時，
> 樂爲此者，詎幾人也，宜其三思。」（卷四七）

此事固屬必要，然與胡族利害有衝突，浩雖位顯權重，畢竟身居異族之下，有其窒礙難行者。又〈崔浩傳〉載其文化措施曰：

> 浩又上五寅元曆，表曰：「太宗即位元年，敕臣解急就章、孝經、論
> 語、詩、尚書、春秋、禮記、周易……是以專心思書，忘寢與食，
> 乃夢共鬼爭議，遂得周公、孔子之要術。（卷三五）

又載云：

> 浩乃著書二十餘篇，上推太初，下盡秦漢變弊之跡。大旨皆以復五
> 等爲本。

可見崔浩對傳統文化之熱忱，欲變夷易俗而歸華夏之正統。其用心固在保存文化菁華，維持儒者尊嚴；然而，因其作法缺乏客觀可行性，不僅與胡世族產生衝突，亦見漢人與之發生嫌隙。據《魏書‧高允傳》所載，崔浩嘗推薦「盧玄等四十二人皆冠冕之冑」（卷四八），此四十二人皆北方之世家大族，對於貫徹以漢文化爲中心之理想政治有重大助益；然而，據〈崔浩傳〉所記：

> 始浩與冀州刺史頤陽太守模等年皆相次，浩爲長、次模、次頤，三
> 人別祖而模頤爲親，浩恃其家世，常侮模頤。（卷三五）

門第觀念固爲當時所重者，〔註10〕然因崔浩過份強調門第觀念，往往忽略實際人情，本足以爲助力之漢人勢力，卻因此反爲阻力。且崔浩爲實踐其理想，竟不顧與胡統治階級對立；據〈李訢傳〉所載一事：

> 初，李靈爲高宗博士諮議，詔浩選中書學生，器業優者爲助教，浩

〔註10〕北朝之門第觀念甚重，非惟北魏時期漢儒於胡人政權下仍以名門貴第爲榮，甚且倚之以受胡主重用，至北齊時此風猶存。據《北齊書‧樊遜傳》記載：「僕射楊愔辟遜爲其府佐，遜辭曰：『門族寒陋，訪第必不成，乞補員外司馬督。』愔曰：『才高不依常例』，特奏用之。」（卷四五）

> 舉其弟子箱子與盧度世……恭宗（太子晃）以爲浩不平，聞之於世
> 祖。（卷四六）

以漢人身份而敢與魏太子爭舉才，此種不顧政治現實，一味我行我素之態度，
埋下其株族之厄運。誠如逯耀東所論：

> 他對中國傳統文化，有廣泛的興趣與熱忱；對沒落的門第社會，懷
> 有濃厚的感情；對世族政治，更充滿無限的懷念與憧憬。可是，他
> 卻忽略了在現實社會中的複雜客觀因素，這正是他日後引發悲劇的
> 主要原因。〔註11〕

崔浩被株之由，據《魏書》記載係因刊載國史，揭魏之惡而得罪當朝，然因
載文之模稜不明，遂有他說；或以爲出自滅佛之舉而與信佛之魏太子有間接
衝突。然而，誠如逯氏所言，崔浩致禍之由，與忽略客觀政局有必然關係。
觀崔浩欲以夏變夷之積極舉措，除上述「齊整人倫，分明族姓」，明顯與胡人
相衝突，不切實際外，探「經義決獄」之斷獄方式，亦不免流於理想。

　　綜上所論，處於胡人統治下之漢儒，雖大都懷有「重夏輕夷」之態度，
然於胡政權下，亦能抱持「以夏變夷」之熱忱，對胡人漢化確有重大貢獻；
且於長時期之政治合作下，亦拉近胡漢間距離。觀北齊魏收、邢邵之重視儒
教，北周蘇綽、盧辯依周禮爲北周改制，確臻漢化之效。至於崔浩雖不顧利
害、忽略現實，而難致其功，然其積極引漢儒於胡政權中，加速漢化之腳步，
實具影響焉。

第三節　當世史書之夷夏觀

　　自魏晉以來，史學已脫離經學附庸，成爲獨立學術而普遍流行，且因具有
經世價值；以是之故，胡宗室往往讀史以明借鑒，命儒士修史以定正統。觀北
朝修史，大抵出於漢儒之手，而漢儒向來鄙視胡文化，具「重夏輕夷」之態度；
然而，查諸史書，莫不稱揚胡政權爲正朔。惟《水經注》一書，既成於北魏，
酈道元又任職胡朝，其撰作態度竟「重夏輕胡」。下文將探究其原由。

一、《十六國春秋》、《魏書》以北魏爲正統之史觀

　　就北朝史書中之夷夏觀而言，大抵就政治立場與文化內涵立論，由於南

〔註11〕見逯耀東《從平城到洛陽》，頁75。

北朝始終處於敵對狀態,自彼此「稱謂」可知。查沈約《宋書》稱北朝爲「索虜」,蕭子穎《南齊書》稱爲「魏虜」,皆視北胡爲化外之邦;魏收《魏書》則稱南朝爲「島夷」。蓋漢人仕於胡政權,所撰史書,爲避咎於胡主,必得以正統仰誦之;觀《魏書·崔光傳》附「崔鴻傳」載崔鴻撰《十六國春秋》,呈北魏胡主之「上表文」曰:

> 太祖道武皇帝以神武之姿,接金行之運,應天順民,龍飛受命。……
> 耳文身之長,卉服斷髮之酋,莫不請朔率職,重譯來庭,隱愍鴻濟
> 之澤,三樂擊壤之歌,百姓始得陶然蘇息,欣然於堯舜之世。(卷一
> ○二)

表文內容不僅贊北朝之正統地位,且躋於堯舜之世,此殆仕於胡人之朝,撰史者不得不稱頌也;查魏收之仕北齊,撰《魏書》亦見如是情形。茲就魏收撰《魏書》以魏爲正統,論述其觀點於下:

其一,《魏書》之所以稱東晉司馬叡政權爲「僭」者(卷九六),係因五胡滅西晉,東晉遂偏安江左,南朝乃繼之於後。而北魏統一十六國,獨霸北方,與南方對峙之際,自以正統爲名,貶東晉政權爲僭僞。觀《魏書》稱桓玄、劉裕爲「島夷」(卷九七),評其爲「窮凶極迷,爲天下笑,其夷楚之常性乎。」亦貶南朝蕭道成、蕭衍爲「島夷」(卷九八),此乃南北對立下,修史者基於政治立場必要之措詞。又《魏書》評劉淵「夷狄不恭,作害中國,帝王之世,未曾無也。」(卷九五)十六國雖與北魏大都同屬胡人,然魏收所以仍稱夷狄者,緣匈奴等族與鮮卑於十六國時期屬交戰關係,故亦從政治立場著眼也。

關於魏收以胡爲正統之觀點,劉知幾《史通·稱謂篇》議曰:

> 夫歷觀自古,稱謂不同,緣情而作,本無定準。……沈《宋》之〈二
> 凶〉、〈索虜〉即其事也。惟魏收遠不師古,近非因俗,自我作故,
> 無所憲章,其撰《魏書》也,及以平陽爲出帝,司馬氏爲僞僭,桓
> 劉以下,通曰島夷。夫其詔齊則輕關右,黨魏則深江外,愛憎出于
> 方寸,與奪由其筆端,語必不經,名惟駁物。〔註12〕

魏收撰《魏書》之善惡褒貶,確有其私心而遭群議,被貶爲「穢史」;然其稱司馬氏爲僭、桓劉爲島夷,「詔齊則輕關右,黨魏則深江外。」殆恐見禍於胡

〔註12〕頁271～272。

主，〔註13〕不宜以此議之也。蓋劉知幾所以同沈宋之說、而貶魏收者，實傳統漢儒「重夏輕夷」，以中原文化爲正統之故也。

其二，《魏書》稱邊疆外族爲夷狄，則就文化觀點立論。蓋魏收本爲漢人，頗具才學，對於文化優劣自能判別，觀其評高麗之辭，顯將北魏提昇爲華夏正統之國，載云：

> 夷狄之於中國，羈縻而已。高麗歲修貢職，東藩之冠；榮哀之禮，致自天朝，亦爲優矣。其他碌碌，咸之款貢，豈牛馬內向，東風入律者也。（卷一〇〇）

蓋北魏積極漢化後之文化程度，實非高麗所能比擬。查《魏書·朱長生傳》載朱長生、于提出使高車國，以正統天子之使者自居而拒拜高車主，並稱之爲夷，即基於文化立場。〔註14〕

二、《水經注》「重漢輕胡」之觀念

《水經注》列於史部地理類，乃酈道元仕於北魏，遊歷多方，憑藉「實際調查、引用眾書」之謹嚴態度撰作而成。在其考證水域，引用東晉、十六國史實之撰辭中，「尊漢輕胡」之觀念甚爲彰顯；茲條列其文以明：

> 卷四注河水「又西逕陝縣」條曰：「石虎取（金人十二）置鄴宮，符堅又徙之長安。」〔註15〕

> 卷五注河水「又東北，通謂之延津。」條曰：「石勒之襲劉曜，途出於此。」

> 卷六注汾水「出太原汾陽縣」條曰：「劉淵族子曜嘗隱居避於管涔之山。」

酈道元對十六國胡主皆直呼其名，稱劉淵而不稱爲「高祖光文皇帝」，稱石虎而不稱爲「太祖武皇帝」，稱苻堅而不尊爲「世祖宣昭皇帝」；然而，其對南朝君主之稱謂則不然，茲舉例以明：

〔註13〕按：《魏書·文宣帝紀》載帝任魏收修魏史，而敕之曰：「好直言，我終不作魏太武誅史官。」（卷四）其語意雖似客觀，然而，崔浩被誅尚爲時不遠，何況文宣之言，豈無示警之意？

〔註14〕按：高車主令二人下拜，朱等拒曰：「我天子使，安肯拜下土諸侯。」高車主復迫其降，朱等又云：「豈有天子使人拜汝夷，我寧爲魏鬼，不爲汝臣。」（卷八七）

〔註15〕本文引用《水經注》原文皆採王國維《水經注校》本，以下引文不另作註。

> 卷七注濟水「又東合滎澤」條曰:「義熙十三年,劉公西征。」卷十
> 五注洛水「又北,陽渠水注之」條曰:「戴延之從劉武王」,卷二六
> 注淄水「又東過利縣東」條曰:「劉武帝伐慕容超於廣固」。

稱南朝劉裕爲「劉公」、「劉武王」、「劉武帝」,既尊且親。

> 又卷三五注江水「左得中陽水口」條曰:「宋景平二年,迎文帝於江
> 陵,法駕頓此,因以爲名。」卷三二注肥水「北入於淮」條曰:「州
> 上有西昌寺,寺三面阻水,……是蕭武帝所立也。」

亦不直呼其名爲「劉義隆」、「蕭衍」,而以廟號稱之,由酈道元對南北君主之稱謂可見其尊重文化之觀念。蓋道元本爲漢人,雖仕於北魏,仍不失對中原君主之尊重,在其任職期間,遊歷多方,涉及江淮,又嘗擔任招待南方使者之官,對華夏文化仍具尊重之心,而反映於《水經注》中。

第四節　結　語

　　北魏自拓跋氏兼併北方,已奠定統一之基業,然而,以胡人文化內涵之薄弱,實難以建立制度穩定之政權,故吸取漢文化以治國乃勢在必行。然而,胡族所重者,在於華夏文化之典章形式,所謂漢化,係以經世致用之政治目的爲主,文化內涵中之道德精神,實非胡人所重,此固亂世建國之常軌也。惟政治力量之漢化,實兼具文化融合之影響,「儒教」即胡族融於中原文化之主由;蓋儒家經典所提供之統治方術及精神,確有助於胡人建立穩定政權。觀北朝之積極漢化,於政治方面仿漢制、定官位,於習俗方面改胡姓、禁胡語、胡服,皆因「重夏輕夷」之態度所致,其目的即在躋胡於中原文化之正統。

　　察胡族政權「以夏變夷」之措施,與北地漢儒之投入密不可分,可如是言,若無漢世族之參與胡政權,便無漢化之舉,遑論其成效。

　　惟漢儒本具正統優越感,輕鄙胡人之不文;之所以積極參與胡政權者,端在自尊自保,欲維持固有門第之尊嚴,以求生存於胡政權下。而漢族在胡主倚重下,漸具政治權勢,於漢化政策過程中,得以將傳統精神融入胡文化中,漢文化亦得以不墜。在胡漢長期合作下,漢人漸具政治理想,而不僅於自保,其心態雖仍以正統自居,已漸能接納胡政權。然而,胡族之既有權勢掌握者,或因實際利害之考量,難容漢人坐大而不顧,故抗衡鬥爭亦不罕見;漢人在胡政權下動輒得咎者亦非罕見,崔浩即犧牲於權利鬥爭下之顯例。

就當代史書而言，史家基於政治立場，莫不尊胡政權為正統所在，而詆斥南朝、外邦為夷狄，以愜胡主之意。惟《水經注》非官方史書，且所載史事未及當朝，故能持文化立場，表達其「重夏輕胡」之夷夏觀。

第五章　儒學在漢化中之重要發展

　　北魏自道武帝建國稱帝以來，便積極吸收漢人以建置政體，至孝文帝而全盤漢化（494～496 年）；改官制、禁胡服、禁胡語、改姓氏、倡國學，皆以漢文化爲依歸，期躋於華夏正統。而諸政策中，儒學尤爲漢化之內在精神、治國本源；觀陳朝暉論北朝「崇儒興學」之目的曰：

　　　　一是希望通過興儒復禮躋身于華夏正統帝王之列，使其統治傳之久
　　　　遠；二是在于加速自身的漢化，提高民族的文明程度；三 是在于爭
　　　　奪知識份子，以便與南朝作更有效的較量。〔註1〕

可見儒學在漢化中之重要地位，誠如章權才所言：「沒有經學的推崇，就絕不會有北朝少數民族較爲徹底的漢化。」〔註2〕觀《北史‧儒林傳》之贊儒教曰：

　　　　儒者，其爲教也大矣！其利物也博也，以篤父子，以正君臣，開政
　　　　化之本原，鑿生靈之耳目，百王損益，以一貫之。（卷八一）

蓋儒教爲治國之源，經書即爲儒學之本，孔子即爲儒教之宗。查《魏書‧李先傳》載道武帝問李先曰：「天下何書最善，可以益人神智？」答曰：「唯有經書，三皇五帝治化之典，可以補王者神智。」（卷三三）故道武帝於天興四年，「集博士儒生，比眾經文字，義類相從，凡四萬餘字，號曰眾文經。」（卷二）可知對經書之重視。又，東漢蔡邕所寫石經五十二枚，流傳至北朝，成爲國學教授之重要教材；崔光於北魏肅宗時即奏請修繕石經，胡主准其所奏而下詔曰：「此乃學者之根源，不朽之永格，垂範將來，憲章之本。」（《魏書‧崔光傳》卷六七）北齊文宣帝天保元年詔「移文襄皇帝所建蔡邕石經五十二枚，即移置學館，

〔註1〕　見陳朝暉〈北朝儒學教育及其影響〉頁 877
〔註2〕　見章權才《魏晉南北朝隋唐經學史》，頁 191。

依次修立。」（《北齊書・文宣帝紀》卷四）。至北周宣帝大象元年詔「徙鄴城石經於洛陽。」（《周書・宣帝紀》卷七）可見經學深爲胡主所重。

　　孔子以經書教育弟子，集文化大成而爲萬世師表，是以，「尊孔」乃漢化運動中崇揚士風、推興儒學之所當行。查諸史傳，北朝胡主頗知祭孔之重要而屢行此禮。據《魏書》記載，孝文帝太和十六年，親至魯城祠祀孔子廟，改諡孔子爲「文聖尼父」（卷七下）；孝明帝正光二年，「幸國子學，祠孔子，以顏淵配。」（卷九）。北齊文宣帝天保元年、北周宣帝大象二年皆下詔尊孔，茲錄其詔文於下：

> 詔封崇聖侯邑一百戶以奉孔子之祀。并下魯郡，以時修治廟宇，務盡褒崇之至。（《北齊書・文宣帝紀》卷四）
>
> 聖德之後，是稱不絕，功施於民，義昭祀典。孔子德惟藏往，道實生知。以大聖之才，屬千古之運，載弘儒業，世敘彝倫。……可追封爲鄒國公，邑數准舊，并立後承襲，別於京師置廟，以時祭享。（《周書・宣帝紀》卷七）

儒教之經世價值既爲胡主所知，而能秉持重儒學、尊孔聖之態度，乃漢化運動中，經學發展之重要因素。

第一節　胡政權推行儒學之政策

　　推興儒學、尊崇儒者乃胡主鞏固國本之重要政策，而以好爵利祿攏絡儒士又爲振興儒學之必要措施。觀《魏書・李孝伯傳》記載：

> （孝伯姪）安世幼而聰悟，興安二年，高宗引見侍郎、博士之子，簡其秀儁者欲爲中書學生。安世年十一，高宗見尚小，引問之，安世陳說祖父，甚有次第，即以爲學生。高宗每幸國學，恒獨被引問；詔曰：「汝但守此至大，不慮不富貴。」（卷五三）

可見研讀儒學甚受重視。茲據史書所載，就北朝胡主對學術之提倡論述之。

一、北魏時期

　　北魏政權對儒學之重視，其態度若宣武帝正始元年之詔書所言：

> 古之哲王創業垂統，安民立化，莫不崇建膠序，開訓國胄，昭宣三禮，崇明四術，使道暢群邦，風流萬宇。自皇基徙構，光宅中區，

軍國務殷，未遑經建，靖言思之，有慚古烈。可敕有司，營繕國學。
（《魏書》卷八）

實有心於文教之推行，而爲多數胡主所致力者。據《魏書・儒林傳》記載，
北魏國子學始立於道武帝，明元帝改爲中書學，至孝文帝復定爲國子學，載
云：

> 太祖初定中原，雖日不暇給，始建都邑，便以經術爲先。立太學，
> 置五經博士，博士生員千有餘人。天興二年春，增國子太學，生員
> 至三千。……太宗世改國子學爲中書學，立教授博士。世祖始光二
> 年春，別起太學於城東，後徵盧玄、高允等，而令州郡各舉才學。
> 於是人多砥尚，儒林轉興。……（高祖）太和中，改中書學爲國子
> 學，建明堂辟雍，尊三老五更，又開皇子之學。及遷都洛邑，詔立
> 國子太學、四門小學。高祖欽明稽古，篤好墳籍，坐輿據鞍，不忘
> 講道，劉芳、李彪諸人以經書進，崔光、邢巒之徒以文史達，其餘
> 涉獵典章詞翰，莫不縻以好爵，動貽賞眷。於是斯文鬱然，比隆漢
> 周。世宗時詔營國學，樹小學於四門，雖黌宇未立而經術彌顯。……
> （肅宗）神龜中，將立國學，詔以三品以上，及五品清官之子以充
> 生選，未及簡置，仍復停寢。正光三年，乃釋奠於國學，命祭酒崔
> 光講《孝經》，始置國子生三十六人。（卷八四）

綜〈儒林傳〉所述當時推行國學之狀況，參酌史傳記載，並就當時地方學術
之發展，論其要點如下：

其一，國子學興於太武帝，盛於孝文帝、宣武帝，衰於孝明帝。據《魏
書・太武帝紀》所載：「自王公已下皆詣太學。」（卷四）太武帝不僅廣徵漢
儒於太學，對胡族親貴之子弟亦要求受此教育，可見重視之程度。孝文帝尊
儒興學而「比隆周漢」。至宣武帝時倡學而「經術彌顯」，地方學術亦蓬勃發
展：「州舉茂異，郡貢孝廉，對揚王庭，每年逾眾。」然而，據《魏書・南安
王傳》記載，南安王之子英「性識聰敏，博聞彊記。」曾上表宣武帝論「遣
使就郡練考學生」一事，以爲「四門博士明通五經者，道別校練，依令黜陟。」
宣武詔曰：「學業墮廢，爲日已久，非一使能勸，比當別敕。」（卷一九下）
可見自孝文學術昌盛以來，曾停滯一時，後始恢復。迨至孝明帝，雖以皇太
子嗣位，因年幼由母胡太后臨朝，於國勢混亂之際，雖下崇學之詔，〔註3〕實

〔註3〕 孝明帝正光元年詔曰：「建國緯民，立教爲本，尊師崇道，茲典自昔。」（《魏

難發展，所置國子生三十六人、相較於道武帝始立國學之生員三千，乃百倍之差，地方學術自「孝昌之後，海內淆亂，四方校學，所存無幾。」可見學術之衰微。據《北齊書‧邢邵傳》記載，魏末孝武帝時，楊愔、魏收、邢邵請置學及修明堂，上表言曰：「今國子雖有學官之名，無教授之實。」（卷三六）顯見國學係已名存實亡。迨至西魏，政令淪於權臣之手，雖有出帝之好學，亦難有作爲矣！〔註4〕

其二，自道武帝登國年間至宣武帝延昌之時，其間歷明元帝、太武帝、文成帝、獻文帝、孝文帝，儒學之發展約百三十年，胡人漢化在此間亦有長足進展。然據史料所示，文成帝至孝文帝太和中，約四十年，相較於太武帝及孝文帝太和十一年後儒學之昌盛，此時期之發展雖未廢止，卻呈遲緩狀態；〈儒林傳〉未載文成帝之興學舉措，獻文帝則僅「詔立鄉學，郡置博士二人、助教二人、學生六十人。」未見盛學之風。探其由，係因太武帝末發生儒佛之爭，以崔浩爲首之集團結合道教寇謙之，對抗佛教「轉輪王思想」之勢力，終導致太武毀佛之下場。然而，隨崔浩遭太武帝所誅，晃子文成帝即位後爲繼太子晃崇佛之志，乃復佛教，並尊爲國教；且成爲轉輪王之理想乃文成帝、獻文帝、孝文帝之努力追求者，〔註5〕此乃儒學之所以未能興盛之原由。惟佛教思想固足以安定人心，欲建立社會秩序仍須藉儒家禮制，孝文帝能思及此，遂於太和十一年下詔，以推重賢德及儒家倫常爲要，詔曰：

> 孟冬十月，民閑農隙，宜於此時導以德義。可下諸州，黨里之內，
> 推賢而長者，教其里人，父慈、子孝、兄友、弟順、夫和、妻柔。(《魏
> 書‧高祖紀》卷七)

孝文帝確具通達見識。其所以能融合儒佛，推行北朝文教臻於至盛，而具大功於胡漢同化者，實緣於此。

在興學過程中，建黌宇、立博士，固屬要事；禮尊儒者、賞以爵祿乃提振士風，使其爲國效力之要途。觀太武帝之倚重崔浩，其契合程度乃胡主與漢儒間罕見者。茲再引數事以明。《魏書‧孫惠蔚傳》載孝文帝與孫惠蔚之事，曰：

書》卷九)

〔註4〕 按：出帝永熙三年春，「詔延公卿學官於顯陽殿，敕祭酒劉親廞講《孝經》、
　　　黃門李郁講《禮記》、中書舍人盧景宣解《大戴禮‧夏小正篇》。時廣招儒學，
　　　引令預聽。」《魏書‧李同軌傳》卷八四)

〔註5〕 參見古正美〈北魏初期儒學發展的問題〉頁917～941。

惠蔚與李彪相知，及彪位至尚書，惠蔚仍太廟令。高祖曾從容言曰：
「道固既登龍門而惠蔚猶沉涓，朕常以爲負矣，雖久滯小官，深體
通塞，無孜孜之望。」儒者以是尚焉。（卷八四）

儒者受帝王之贊賞，實有助於士風之興。又據《魏書・崔光傳》載宣武帝幸
東宮，召崔光一事，曰：

詔光曰：「卿是朕西臺大臣，今當爲太子少傅。」光起拜固辭詔，不
許。即命肅宗出，從者十餘人，敕以光爲傅之意，令肅宗拜光，光
又拜辭，復不蒙許。肅宗遂南面再拜，於是宮臣畢拜，光北面立，
不敢答拜，唯西面拜謝而出。（卷六七）

崔光所受之尊崇可謂大矣！榮矣！觀《魏書・儒林傳》之儒者受胡主賜「諡」
者，即有張偉、平恒、孫惠蔚、董徵、刁沖、李同軌數人，胡主重儒之影響，
實具風行草偃之功。

　　至於博士之優厚出路，乃推興學風之具體政策。博士猶今之教授，乃儒
者任職朝廷之起家官。查《魏書・儒林傳》所載，拜爲博士而未任官者僅張
吾貴一人，其餘儒者皆得出路，曾拜官職：梁越任上大夫、張偉進爵建安公、
梁祚任濟陽太守、平恒任祕書丞、孫惠蔚任光祿大夫、董徵任安州刺史、盧
景裕任中書郎、李同軌任直散騎常侍、李業興任光祿大夫。至於未拜博士而
任職河內太守者，亦僅盧醜一人。可見朝廷對博士出路之重視，此乃落實學
術推行之要術；惟此禮遇往往享之於朝廷重臣、世家大族、或孚於名望者，
非有才學者盡可得之。

　　據鄭欽仁《北魏官僚機構研究續篇》研究，起家爲博士之途逐有三；其
一，以名聞遐邇爲當時所稱者。其二，以貢舉出身。其三，由中書生起爲博
士。〔註6〕據《魏書》記載，道武帝至太武帝，博士出於徵召者頗多，如李
順、盧玄、高允等人，雖以才學聞名，實爲留置北方之世家大族，與胡人入
主中原須大量倚重世族實力相關，此博士起家之一途。文成帝、獻文帝時罕
見徵召之事，蓋其時極崇佛教故也；惟獻文帝時起州郡鄉學，漸有秀才、孝
廉之貢舉措施，若封琳、李長仁諸人。至孝文帝時貢舉大盛，郭祚、李彥、
李彪、孫惠蔚等人皆以此進，由中央徵召至地方薦才，學術確有普及之勢；
然而，觀《魏書・孫惠蔚傳》載其人：「除光祿大夫，魏初以來，儒生寒官，
惠蔚最爲顯達。」（卷八四）以惠蔚之寒微，若非中書監高閭之推薦，雖其

〔註6〕見鄭欽仁《北魏官僚機構研究續篇》，頁132。

才「周流宏肆，有名於冀方。」恐難憑孝廉起家爲博士。而李彪之寒微，亦因高閭、李沖之力薦，方得博士之職（卷六二）。可見，經貢舉出身之寒門，欲拜博士仍非易事。至於以中書生起家爲博士，亦非平民可得，大凡入中書學者，其家族官職大都居中品以上，乃貴族門第之專享者。上述三種博士起家之途，〔註7〕大致爲重臣世族所設，終得利祿之路；然藉此尊儒之途徑，所得興學之效實亦匪淺。

綜上所述，北魏胡主之推行儒學，雖有四十餘年之遲緩，然儒者之研究亦未就此停止；所尊儒者雖多屬世族，亦具推興之效。北魏近九十年之積極興學，確有大功於漢化。

二、北齊時期

北齊諸帝對儒學之重視，遠不及北魏，中央國學猶如虛設，地方官學則士風頹廢。雖文宣帝天保元年詔書、孝昭帝皇建元年詔書，皆見興學之意，惟整體國政既不重此，亦難得其功。茲舉詔文於下：

> 詔郡國脩立黌序，廣延髦雋，敦述儒風。其國子學生亦仰依舊詮補，服膺師說，研習禮經。（《北齊書・文宣帝紀》卷四）

> 詔國子寺，可備立官屬，依舊置生講習經典，歲時考試，其文襄帝所運石經宜即列於學館外，州大學亦仰典司，勤加督課。（《北齊書・孝昭帝》卷六）

北齊自神武帝以來，對漢文化之接受度淺，不重學術，其後嗣主除文宣帝外概承此習。上既不好學，博士遂僅得虛名，而學子遊惰無術；《北齊書・儒林傳》載當時學術狀況曰：

> 國學博士，徒有虛名，唯國子一學生徒，數十人耳。欲求官正國治，其可得乎？胄子以通經仕者，唯博崔子發、廣平宋遊卿而已，自外莫見其人。……齊制，諸郡並立學，置博士、助教授經，學生俱差，逼充員。士流及豪富之家皆不從調，備員既非所好，墳籍固不關懷，又多被州郡官人趨使，縱有遊惰，亦不撿治，皆由上非所好之所致也。（卷四四）

〔註7〕鄭欽仁《北魏官僚機構研究續篇》，頁 145，論中書生之性質曰：「中書生之性質非爲平民之學校，乃王公大臣子弟之學府，……雖有貯才養士之性質，無疑是門閥思想與官僚主義之制度化的成果，又何嘗非貴族官僚制度之培養所。」

茲就引文所述，論北齊政權下之學術推行：

其一，雖見黌宇，仍見學制，然成效不彰，學風頹喪，中央、地方皆然，此胡主不重之故。查《北齊書·儒林傳》中之儒者無一人受詔封「諡」以爲榮寵，僅李鉉卒贈「廷尉少卿」。又查諸儒，拜博士者不乏其人，李鉉、刁柔、張買奴、劉軌思、熊季祥、刑峙、馬敬德、張思伯、張雕、孫靈暉，居〈儒林傳〉三分有其二矣！然曾任官朝廷者僅三人：刑峙任清河太守、張雕任平原太守、孫靈暉任潼郡太守；未拜博士而任官者且有三人：張景仁任儀同三司、權會任中散大夫、石曜任袞州刺史。觀北魏博士所受禮遇，至北齊則寡矣！據《北齊書·儒林傳》所載：

> 諸郡俱得察孝廉，其博士、助教、及游學之徒通經者，推擇充舉，射策十條，通八條已上，聽九品出身，其優異者，亦蒙抽擢。（卷四四）

博士與游學之徒躋升祿途相同，無怪乎僅徒有虛名，國子生僅數十人；州郡生員則質差品劣，不學無術。此皆上不重視，無好爵利祿以縻儒者之故。茲再舉神武帝七子一事以明，《北齊書·剛肅王渙傳》載云：

> （渙）雖在童幼，恒以將略自許，神武壯而愛之，曰：「此兒似我」。及長，力能扛鼎，材武絕倫，每謂左右曰：「人不可無學，但要不爲博士耳。」故讀書頗知梗概而不甚耽習。（卷一〇）

北齊以武勇精神爲尚，漢化本淺，故博士不爲皇室所重固其宜也。〔註8〕

其二，由於北齊政權不重儒教，徵賢才爲博士之舉殆已罕見，而國子學既非興盛，生徒數寡，欲得博儒碩士亦難；查諸史傳，經貢舉選才之途，往往可得大儒通才，若李鉉、馬敬德皆舉秀才而遷太學博士。

北齊學術之推行既乏成效，承傳儒學之任，惟賴私人講學耳。

三、北周時期

北周自文帝掌權，即以漢文化爲正統，仿周制、尊漢儒、重文教，嗣主承業而推興儒學，遂令興盛若北魏然；尤以武帝之尊儒禮賢，放諸中原帝王亦難以比況。《周書·儒林傳》盛贊其時之學風，曰：

〔註8〕《北齊書·高乾傳附昂傳》載曰：「（昂）父爲求顏師，令加捶撻，昂不遵師訓，專事馳騁，每言：男兒當橫行天下，自取富貴，誰能端坐讀書，作老博士也。」（卷二一）此種武勇精神，與北齊國風相符。

太祖受命，雅好經術，求闕文於三古，得至理於千載，黜魏晉之制度，復姬旦之茂典，……由是朝章漸備，學者向風。世宗纂曆，敦尚學藝，內有崇文之觀，外重成均之職，……執經負笈之生，著錄於京邑，濟濟焉，是以逾向時矣。高祖保定三年，乃下詔尊太傅燕公爲三老。帝於是服袞冕，乘碧輅，陳文物，……固一世之盛事也。其後命輶軒以致玉帛，徵沈重於南荊；及定山東，降至尊而勞萬乘，待熊生以殊禮，……雖遺風盛業，不逮魏晉之辰，而風俗移變，抑近代之美也。（卷四五）

北周歷文帝、孝閔帝、明帝，儒學之發展漸至佳境，武帝之時已令天下嚮慕文教矣！觀其「崇儒重學」之行誼，若保定三年「幸太學，以太傅燕國公于謹爲三老而問道焉。」（卷五）即是。查《周書・于謹傳》所載：

保定二年，謹以年老，上表乞骸骨，……三年四月，詔曰：「樹以元首，主乎教化，率民孝悌，置之仁壽。是以古先明后，咸若斯典，立三老五更，躬自袒割。朕以眇身，處茲南面，何敢遺此黃髮，不加尊敬。太傅燕國公謹，執德淳固，爲國元老，饋以乞言，朝野所屬。可爲三老，有司具茲禮，擇日以聞。」（卷一五）

此尊師重道之典範，實具上行下效、移風易俗，倡導儒風之正面意義。

至於武帝興學之舉，據天和元年之詔書載「國子學」之規定曰：

詔諸胄子入學，但束脩於師，不勞釋奠；釋奠者，學成之祭，自今即爲恒式。（《周書・武帝紀》卷五）

又於天和二年「立露門學，置生七十二人。」其生員係「選良家子任大學生，以勤苦著稱者召入露門學。」（同上）由國子人選之標準可知，實非權貴子帝及世家大族之所專有，其目的在於勸學勵士。

又據〈儒林傳〉所載，武帝嘗徵南方大儒沈重至北方，其禮賢態度，實儒者之光，載曰：

高祖以重經明行修，迺遣宣納上士柳裘至梁徵之，仍致書曰……又敕襄州總管衛公直，敦喻遣之在途供給，務從優厚。……建德末，重自以入朝既久，且年過時制，表請還梁，高祖優詔答之曰：「……不忘戀本，深是嘉尚，而楚材晉用，豈無先哲，方事求賢，義乖來肅。」重固請，乃許焉。遣小司門上士楊汪送之。（《周書・沈重傳》卷四五）

帝王之惜才如此，亦屬難得。武帝於建德六年平齊，即詔「東土諸州儒生，明一經已上，並舉送州郡，以禮發遣。」（《周書・武帝紀》卷五）推行文教之心甚切；《北史・房暉遠傳》即載武帝「搜訪儒俊」之事：

> 房暉遠，自崇如恒山眞定人，世傳儒學。暉遠幼有志行，明三禮、春秋三傳、詩、書、周易，兼善圖緯，恒以教授爲務，遠方負笈而從者，動以千計。……周武帝平齊，搜訪儒俊，暉遠首應辟命，授小學下士。（卷八一）

又武帝滅北齊後，親臨熊安生所居，待以殊禮，以示尊崇，乃儒林之美談也。《周書・熊安生傳》載其事曰：

> 及高祖入鄴，安生遽令掃門，家人怪而問之，安生曰：「周帝重道尊儒，必將見我矣。」俄而高祖幸其第，詔不聽拜，親執其手，引與同坐，……高祖大悅，賜帛三百匹，米三百石，宅一區，并賜象笏及九環今帶，自餘什物稱是。又詔所司，給安車駟馬，隨駕入朝，并賜所在供給。（卷四五）

武帝重道尊儒對士風之提振，影響甚鉅。查《周書・儒林傳》載儒者六人，惟盧光有「諡」；然而，盧誕卒於西魏恭帝，沈重、樂遜卒於隋初，熊安生雖無諡而武帝待以殊禮。又此六儒，除盧誕、盧光外，皆經博士起家而任職於朝廷，所受禮遇，亦非差矣！

　　在北周政權下，歷文帝至武帝，約四十年，儒學之推行甚受重視；不僅官學如此，私人講學亦然，此乃上之所好故也。惟其後嗣主在位既短，且宣帝之荒淫無道，縱有興學之詔亦難得其功。〔註9〕靜帝則幼齡即位且享年不永；又值朝代興替，欲得儒學之功，惟待隋朝矣！

第二節　胡宗室之治學狀況

　　儒學之裨益國家，對北方胡主而言，大多知悉而能「重道崇儒」，且文質彬彬、浸染經史而善於辭章者，亦不乏其人。上既好此道，則非僅臣僚儒士從之，皇族亦在胡主督導下習染此風。就胡主好學之動機而論，雖嚮往文化之美善亦屬要因；然而，出自現實需求係爲主由，故「通曉儒經」乃所在必

〔註9〕　《周書・宣帝紀》載宣帝宣政元年詔書，曰：「州舉高才博學者爲秀才，郡舉經明行修者爲孝廉。」（卷七）

行。茲就史傳所載胡主學識，及與儒者之承傳關係論述於下。

一、北魏時期

北魏君主之好學博覽，重視皇室子弟教育，與其推興儒學相應，皆卓然有成，茲引史傳所載胡主之學識以明。

> （明元帝）禮愛儒生，好覽史傳，以劉向所撰《新序》、《說苑》於經典正義多有所闕，乃撰《新集》三十篇，採諸經史，該洽古義，兼資文武焉。（卷三）

> （太子晃）明慧彊識，聞則不忘，及長，好讀經史，皆通大義，世祖甚奇之。（卷四下）

> （孝文帝）雅好讀書，手不釋卷，五經之義，覽之便講，學不師受，探其精奧，史傳百家，無不該涉。善談老莊，尤精釋義，才藻富贍，好爲文章，詩賦銘頌，任興而作。（卷七下）

又宣武帝「雅愛經史」，嘗爲諸王「講《孝經》於式乾殿」（卷八）。由載文可知，胡主大都「雅愛經史」。

至於胡宗室中好學博文者，若昭成子孫中「觚、壽、暉」皆是，據《魏書·昭成子孫傳》所載，觚：「留心學業，誦讀經書數十萬言，垂之國人，咸稱重之。」壽：「聰慧好學。」暉：「頗涉文史」，曾招集崔鴻等撰錄百家要事，以類相從，名爲《科錄》，凡二百七十卷（卷一五）。又《魏書》載安豐王之子延明「博極群書，兼有文藻，鳩即圖書，萬有餘卷。……所著詩賦讚頌銘誄三百餘篇，又撰《五經宗略》、《詩禮別義》、注《帝王世紀》及《列仙傳》。」（卷二〇）查諸史傳，若上述博學者實所在多有。

觀胡宗室之學識，與儒者傳授及侍讀之關係甚切。據《魏書》記載，道武帝因梁越「好學博綜，經傳無所不通。」命授諸皇子經書（卷八四）。盧醜「以篤學博聞，入授世祖經。」（卷八四）太武帝以李靈、李訢「學優溫謹」，選授文成帝經（卷四九）。孝文帝「開皇子之學」（卷八四），於太和十六年「幸皇宗學，親問博士經義；孫惠蔚即任皇宗博士一職，並於太和二十二年侍讀東宮（卷七下）。其後，皇宗學曾一度廢弛，宣武帝從而復修，〔註10〕儒者與

〔註10〕《魏書·任城王傳》載任城王上表「修復皇宗學」一事，宣武帝詔曰：「冑子崇業，自古盛典，國均之訓，無應久廢，尚書更可量宜修立。」（卷一九中）

此學之關係仍甚密切；觀崔光之備受禮敬，拜為太子少傅即是。至孝明帝之時，學術已隳墮矣！

察胡宗室學術與儒者之承傳關係及其涵養，與前述北魏興學之消長，有其相應者，一者，北魏儒學之推行，歷道武帝至太武帝而興，值孝文帝而昌盛，宣武帝時尚可稱盛；其間文成帝、獻文帝呈停滯狀況。觀皇室教育之情形大抵如是，道武、太武、孝文、宣武諸帝頗為重視，且多屬博雅儒者，尤以孝文為然；而文成、獻文二帝則俱闕載文。二者，孝明帝以來，因政局不安，儒學自此衰頹；皇室教育之成效及諸帝學養亦罕見記載。

綜上所述，北魏胡主之雅好學術，重視皇室子弟之教育，對提升胡族文化，有甚大裨益。

二、北齊時期

北齊皇室之學術，與儒者之承傳關係甚密，且逾於北魏、北周；然而，皇室之不學無術及儒學推行之廢弛，亦最顯著者。探其由，上既不慕華夏文化，或具排斥之心，對漢儒又缺禮敬，邪僻淫逸、縱欲聲色；職是之故，縱引名儒碩士，亦難以主動向學而增長學養。

據《北齊書·儒林傳》所載，神武帝令李鉉、刁柔教授諸子，使張雕講讀；文宣帝詔李鉉、邢峙授皇太子經書；武成帝擇馬敬德為後主師；後主以孫靈暉為南陽王師；張思伯以左傳、毛詩教齊安王。北齊君主雖胡化較深，仍不免受漢文化影響，亦知儒學利益，故能引進名師；惟其觀念既偏，所行非是，如何冀望胡族之通經致用？〈儒林傳〉載曰：

> 魏天平中，范陽盧景裕同從兄禮於本郡起逆，高祖免其罪，置之賓館，以經教授太原公以下。及景裕卒，又以趙郡李同軌，繼之二賢，並大蒙恩遇，待以殊禮。同軌之亡，復徵中山張雕、渤海李鉉、刁柔、中山石曜等，遞為諸子師友。及（文宣帝）天保、（武成帝）大寧、（後主）武平之朝，亦引進名儒，授皇子諸王經術。然爰自始基、暨於季世，唯（廢帝）濟南之在儲宮，性識聰敏，頗自砥礪以成其美；自餘多驕恣傲狠，動違禮度，日就月將，無聞焉耳，鏤冰雕朽，迄用無成，蓋有由也。夫帝子王孫，稟性淫逸，況義方之情不篤，邪僻之路競開，自非得自生知、體包上智；而內有聲色之娛，外多犬馬之好，安能入便篤行、出則友賢者也。徒有師傅之資，終無琢

磨之實，下之從化，如風靡草，是以世冑之內，罕聞強學。（卷四四）
載文論述頗詳，蓋「徒有師傅之資，終無琢磨之實。」皇室教育亦無所成；
觀北魏孝文帝「學不師受」，而能博學深究，又何患無師？此乃存心故也。至
於北齊之儒學推行不彰，唯文宣帝略具成效；而文雅之主，殆廢帝（濟南王）
一人，文宣帝差是。至於宗室中、文襄二子尚具文采，餘皆不足觀也。據《北
齊書·廢帝紀》所載，廢帝「貫綜經業，省覽時政」，又載一事云：

> （天保）七年冬，文宣召朝臣文學者及禮學官於宮宴會，令以經義
> 相質，親自臨聽，太子手筆措問，在坐莫不歎美。（卷五）

惟其在位既淺，廢而被殺，未能造就功業。至於文襄長子康舒王孝瑜「謙慎
寬厚，兼愛文學。」次子寧王珩「學涉經史，好綴文。」（卷一一）乃北齊宗
室中學養較佳者。

三、北周時期

北周政權欣慕漢文化之程度遠較北齊為深，故成效亦彰。重用漢儒，依
《周官》從事文化改革，可見儒經之受重視；尤以文、武二帝之興學尊儒為
然。茲述史籍所載周主學術，及與儒者之傳承關係。

文帝崇尚儒術，雅好經典，〈儒林傳〉言其「求闕文於三古，得至理於千
載。」（卷四五）明帝亦具文采，於武成二年詔書曰：「朕雖不德，性好典墳，
披覽聖賢餘論，未嘗不以此自曉。」（《周書·明帝紀》卷四）以其好學，終有
所成，〈明帝紀〉載曰：

> 帝寬明仁厚，敦睦九族，有君人之量。幼而好學，善屬文，詞彩溫
> 麗。及即位，集公卿已下有文學者八十餘人於麟趾殿，刊校經史。
> 又捃採眾書，自羲農以來，訖於魏末，敘為世譜，凡五百卷。（卷四）

武帝於天和元年正月幸露寢，「令群臣賦古詩，京邑耆老並預會焉。」又於五
月「御正武殿，集群臣，親講禮記。」（卷五）其學養之浸染朝廷可見一般。

至於皇族宗室中、好學儒雅者亦往往可見，茲引《周書》數例以明：邵
惠公顥之子廣：「少方嚴，好文學。」（卷一○）齊煬王憲：「少與高祖俱受詩
傳，咸得機要，得其指歸。」（卷一二）宋獻公震：「幼而敏達，年十歲，誦
孝經、毛詩，後與世宗俱受禮記、尚書於盧誕。」（卷一三）趙僭王招：「博
涉群書，好屬文。」（卷一三）滕文王逌：「少好經史，解屬文。」（卷一三）
宇文神舉：「偉風儀，善辭令，博涉經史，性愛篇章。」（卷四○）

北周宗室中之所以不乏深於學養者，與胡主重視皇室教育之關係甚切。據〈儒林傳〉所載，文帝「置東館，以樊深為博士，教諸弟子。」又召樂遜為諸子師。武帝少時嘗受業於盧誕，即位後，以沈重為師，授皇太子於露門館（卷四五）。皆受業於博學通儒。

自胡主之才學及對皇室教育之重視而論，大抵符於北周儒學之推行，興於文帝、盛於武帝、衰於宣帝。

第三節　整理典籍與儒學之著述

胡主於重視儒經、推行儒學之際，亦見整理典籍之舉；儒者除研經與教授外，亦具撰述之志，二者皆有助於儒學之發展。據《隋書‧經籍志》記載：

> 後魏始都燕代，南略中原，粗收經史，未能全具。孝文徙都洛邑，借書於齊秘府之中，稍似充實。暨於爾朱之亂，散落人間。後齊遷鄴，頗更收聚，迄於天統、武平，校寫不輟。後周始基關右，外逼彊鄰，戎馬生郊，日不暇給，保定之時，書止八千，後稍加增，方盈萬卷。周武平齊，先封書府，所加舊本，纔至五千。（卷三二）

由於戰亂，經籍散佚損毀，北朝所存未豐；惟胡主尚重書籍之價值，經蒐集、整理、校寫，對於保存典籍亦具貢獻。茲依隋志與史傳所載，陳述各期狀況。

一、蒐書與校書

據《魏書‧李先傳》記載，道武帝至代，嘗問李先「天下書籍，凡有幾何？朕欲集之，如何可備？」李先對曰：

> 伏羲創制，帝王相承，以至于今。世傳國記、天文秘緯不可計數，陛下誠欲集之，嚴制天下諸州郡縣搜索備送，主之所好，集亦不難。
>
> （卷三三）

李先對應之語，遂開北魏收集經籍之先。經官方下詔，令地方收集散佚書籍，遂有儒者獻書以為縉升之途，江式即「獻經史諸子千餘卷」，而擢拜中書博士（《魏書‧江式傳》卷九一）。此時雖「粗收經史，未能全具」，歷明元帝、太武帝、文成帝，至獻文帝、孝文帝時已漸充實，《魏書‧高湖傳附謐傳》載云：

> （獻文帝）天安中，除中散，專典秘閣，肅勤不倦，高宗深重之，拜秘書郎。謐以墳典殘缺，奏請廣訪群書，大加繕寫，由是代京圖

籍，莫不審正。（卷三二）

迨孝文帝遷都洛陽，愈利於書籍之收集，太和十九年下詔「求天下遺書，秘閣所無，有裨益時用者，加以優賞。」（《魏書‧孝文帝紀》卷七）採從優講勵方式以集書；又借書於南齊，書籍始漸充實。〔註 11〕宣武帝永平三年，亦下詔「重求遺書於天下」（《魏書‧宣武帝紀》卷八）。然自孝明帝以還，因政局混亂，爾朱榮作亂，經籍非惟未增，反散佚減損。

方胡主於搜索圖籍之際，亦重用才學碩儒作整理校寫之事，孫惠蔚即上疏宣武帝，校書東觀；莊帝亦命高道穆整理書籍。《魏書‧孫惠蔚傳》載曰：

> 惠蔚既入東觀，見典籍未周，乃上疏曰：「……觀閣舊典，先無定目，
> 新故雜糅，首尾不全，有者累帙數十，無者曠年不寫。或篇第褫落，
> 始末淪殘；或文壞字誤，謬爛相屬，篇目雖多，全定者少。臣請依前
> 丞臣盧昶所撰《甲乙新錄》，欲裨殘補闕，損併有無，校練句讀，以
> 爲定本，次第均寫，永爲常式。其省無先本者，廣加推尋，搜求令足。
> 然經紀浩博，諸子紛亂，部帙既多，章篇紕謬，當非一二校書歲月可
> 了。今求令四門博士及在京儒生四十人，在秘書省專精校考，參定字
> 義。如蒙聽許，則典文允正，群書大集。」詔許之。（卷八四）

自孫惠蔚之詔文可知，東觀校書之規模必大。雖盧昶撰《甲乙新錄》在前，可據爲底本；然卷帙之雜糅闕誤，欲校正以成定本，所須時日必非旬月可致。又《魏書‧高崇傳》附〈高道穆傳〉載莊帝之詔曰：

> 秘書圖籍，所在內典，（下文闕）書又加繕寫，緗素委積，蓋有年載。
> 出內繁蕪，多致零落。可令御史中尉兼給事黃門侍郎道穆總集帳目，
> 并牒儒學之士，編比次第。（卷七七）

莊帝雖有心於書籍整理，惟北魏氣運將盡，板蕩隨至，書籍不免又一損毀矣！

北齊雖儒學不興，蒐書、校寫仍未中輟，辛術即鳩集南朝善本萬餘卷，《北齊書‧辛術傳》載其事曰：

> （術）雖在戎旅，手不釋卷，及定淮南，凡諸資物，一毫無犯，唯
> 大收典籍，多是宋齊梁時佳本，鳩集萬餘卷。（卷三八）

此萬餘卷善本，雖未知其內容，然對當代典籍之保存，助益必大。又宋孝王嘗就鄴下文士之著作撰成《朝士別錄‧墳籍志》一篇，爲地方目錄之始，影

〔註 11〕按：《隋書‧經籍志》載《魏缺書目錄》一卷，殆當時借書所示之目錄。

響後代地方志中「藝文志」，惟此書亦已亡佚。〔註12〕

　　至於北齊之校書成效，文宣帝天保七年「詔令校定群書，供皇太子。」據《北齊書‧樊遜傳》記載：

> 遜與冀州秀才高乾和、瀛州秀才馬敬德、許散愁、韓同寶、洛州秀才傅懷德、懷州秀才古道子、廣平郡孝廉李漢子、渤海郡孝廉鮑長暄、平郡孝廉景孫前、梁州府主簿王九元、前開府水曹參軍周子深等十一人，同被尚書召共刊定，時秘府書籍紕謬者多，遜乃議曰：「按漢中壘校尉劉向受詔校書，每一書竟，表上輒言：臣向書、長水校尉臣參書、大夫公太常博士書，中外書合若干本以相比校，然後殺青。今所讎校，供擬極重，出自蘭臺，御諸甲館，向之故事，見存府閣，即欲刊定，必藉眾本。太常卿邢子才、太子少傅魏收、吏部尚書辛術、司農少卿穆子容、前黃門郎司馬子瑞、故國子祭酒李業興，并是多書之家，請牒借本，參校得失。秘書監尉瑾移尚書都坐，凡得別本三千餘卷，五經諸史，殆無遺闕。（卷四五）

由載文可知，其一，受詔校書者以秀才、孝廉為主；此二職係經州郡貢舉出身，率皆學養俱佳之士，乃起家為博士之途徑，故詔以校書，自是卓然有功。其二，校書之方式取法劉向，博採眾本以相校讎，且刊定書籍三千餘卷，經史皆備，可見其成效。

　　關於私人校書，據《北齊書‧李鉉傳》所述，李鉉嘗刪正經書謬字，撰成專書，載曰：

> 鉉以去聖久遠，文字多有乖謬，感孔子必也正名之言，乃喟然有刊正之意。於講授之暇，遂覽說文，爰及倉雅，刪正六藝經注中謬字，名曰字辨。（卷四四）

　　至於北周之書籍狀況，明帝時集八十學者於麟趾殿刊校經史（卷四），〔註13〕武帝於平齊後蒐集典籍，藏書略豐。而私人之雅好典籍者，如寇儁「選置令史，抄集經籍，四部群書，稍得周備。」（《周書‧寇儁傳》卷三七）亦具保存書籍之功。

　　綜上所述，北朝時期因戰亂相間，對書籍之蒐集雖未充實；然其校正保

〔註12〕參見喬好勤《中國目錄學史》，頁121。

〔註13〕據蔣元卿《校讎學史》考證，當時參與校書者，可考者有元偉、韋孝寬、蕭大圜、宗懍、王褒、姚最等人。

存之功則未可輕忽，且書籍數經儒者之整理分類，實爲隋唐經籍之歸類基礎。

二、北朝學者之經學著述

此時期學者之儒學著述，亦有其可觀者，茲就《魏書》、《北齊書》、《周書》之〈儒林傳〉所載，列表以明。

朝代	姓 名	儒學著述	朝代	姓 名	儒 學 著 述
北魏	陳奇	論語注、孝經注	北齊	李 鉉	三傳異同、周易義例、孝經、論語、毛詩、三禮義疏
北魏	常 爽	六經略注	北齊	張思伯	左氏刊例
北魏	劉獻之	三傳略例、三禮大義毛詩序義	北周	沈 重	周禮義、儀禮義、禮記義、毛詩義、喪服經義、周禮音、儀禮音、禮記音、毛詩音
北魏	徐遵明	春秋義章	北周	樊 深	孝經問疑、喪服問疑、七經異同說、義經略論并月錄
北魏	盧景裕	注易、書、禮記、孝經、論語、毛詩、春秋左氏	北周	熊安生	周禮義疏、禮記義疏、孝經義疏
			北周	樂 遜	孝經、論語、毛詩、春秋諸序論、春秋序義

上表所引北朝儒者，多兼通諸經而好儒學者，惟其儒學著述殆皆亡佚無存。然由儒者著述可知，三禮、三傳、毛詩、論語、孝經、乃當代所尚，正符《北史・儒林傳》記載：「詩、禮、春秋，尤爲當時所尚，諸生多兼通之。」「論語、孝經諸學莫不通講。」（卷八一）禮經中之典章、禮法乃胡人建立國家制度之依據；春秋提供歷史經驗，具有借鑒及敦厚政治倫理之價值；孝經、論語則具教化社會之功能。可知儒者治學與上位者之觀念政策甚爲密切。

第四節　私人之講學

北魏、北周之儒學因胡主支持而推興，不僅中央、地方官學如此，私人講學亦因之而盛。據《魏書・儒林傳》記載，經道武帝至宣武帝之興學，學風已臻大盛，載曰：

> 時天下承平，學業大盛，故燕齊趙魏之間，橫經著錄不可勝數，大者千餘人，小者猶數百。（卷八四）

查當時儒者，張偉、梁祚、常爽、劉獻之、張吾貴、劉蘭、孫惠蔚、徐遵明、
董徵，皆一代大儒，門徒動輒百千；「中山張吾貴與獻之齊名海內，皆曰儒宗。」
徐遵明之聲名尤盛，天下莫不宗仰，北齊學術即在其影響下發展。

北齊之官學不興，私學則盛，李鉉教授生徒，「恒至數百，燕趙間能言經
者，多出其門。」張買奴「門徒千餘人」。馬敬德「教授於燕趙間，生徒隨之
者眾。」（《北齊書・儒林傳》）皆當代儒宗。《北齊書・儒林傳》載其時私學
狀況云：

> 橫經受業之侶，遍於鄉邑；負笈從官之徒，不遠千里。伏膺無怠，
> 善誘不倦，入閭里之內，乞食為資；憩桑梓之陰，動逾千數。燕趙
> 之俗，此眾尤甚。（卷四四）

北齊官學既弛，私學何能盛行？此殆北魏學風之影響使然，而徐遵明之影響
尤深，皮錫瑞《經學歷史》即譽之曰：「北學以徐遵明為最優，擇術最正。
鄭注周易、尚書、三禮、服注春秋，皆遵明傳。」〔註14〕茲引〈儒林傳〉所
載：

> （北齊）凡是經學諸生，多出自魏末大儒徐遵明門下。河北講鄭康
> 成所注《周易》，遵明以傳盧景裕及清河崔瑾，景裕傳權會，權會傳
> 郭茂。……齊時儒士罕傳《尚書》之業，徐遵明兼通之，遵明受業
> 於屯留王聰，傳授浮陽李周仁及渤海張文敬及李鉉、權會，並鄭康
> 成所注。……三禮並出遵明之門，徐傳業於李鉉、祖儁、田元鳳、
> 馮偉、紀顯敬、呂黃龍、夏懷敬，李鉉又傳授刁柔、張買奴、鮑季
> 祥、邢峙、劉晝、熊安生，安生又傳孫靈暉、郭仲堅、丁峙德。……
> 河北諸儒能通《春秋》者，並服子慎所注，亦出徐生之門，張買奴、
> 馬敬德、邢峙、張思伯、張雕、劉晝、鮑長暄、王元則、並得服氏
> 之精微。（卷四四）

茲就徐遵明學術與北齊之傳承關係、列表如下：

《周易》：徐遵明│崔瑾
　　　　　　　　│盧景裕→權會→郭茂

《尚書》：徐遵明→　李周仁、張文敬、李鉉、權會

〔註14〕頁 203。

《禮經》：徐遵明

| 馮偉、紀顯政、田元鳳、呂黃龍、夏懷敬諸人 |
| 李鉉 |

李鉉：刁柔、張買奴、刑峙、劉晝、鮑季祥

熊安生→孫靈暉、郭仲堅、丁恃德

《春秋》：徐遵明→ 張買奴、馬敬德、刑峙、張思伯、張雕、劉晝、鮑長暄、王元則

〈儒林傳〉所錄儒者十五，由上表可知：李鉉之書、禮，刁柔之禮，馮偉之禮，張買奴之禮、春秋，鮑季祥之禮，刑峙之禮、春秋，劉晝之禮、春秋，馬敬德之春秋，權會之易、書，張思伯之春秋，張雕之春秋，孫靈暉之禮，皆出自徐氏之門，凡十二人，可見徐遵明對北齊學術之影響。

北周儒學經文、武二帝之經營，已令天下嚮慕文教，《周書‧儒林傳》載私人講學之盛況曰：

> 天下慕嚮文教，遠覃衣儒者之服，挾先王之道，開黌舍、延學徒者比肩，從師之志，守專門之業，辭親戚，甘勤苦者成市。（卷四五）

可見學風之盛。沈重、熊安生皆「學業賅博、為世儒宗」，安生之門徒頗有擅名於後者，尤以劉焯、劉炫為然。

綜上所述，北魏、北周之儒學因胡主提倡而興盛，私學亦受其影響。北齊上位者雖無好爵利祿以縻儒者，惟學風既已形成，私人講學亦不因之衰微。

第五節　北學與南學之比較

北朝儒學經胡主之有心推行下，建黌宇、重儒術、禮遇儒者、校讎經籍，歷百數十年之發展，其成就實有南朝所不及者；清、趙翼《二十二史札記》「南北朝經學」條論曰：

> 北朝雖偏安竊據之國，亦知以經術為重，在上者既以此取士，士亦爭務于此，以應上之求；故北朝經學反較南朝稍盛。（卷一五）

又，江藩《經解入門》、焦循《雕菰樓集》亦論及江左學風，江氏曰：

> 夫江左儒風，淵源典午，專尚浮華，務析名理。其去繁就簡，理固宜然，若謂經籍英華盡在於是，是以漢學為糟粕也。蓋已隱隱開駕空立說之端矣。（卷三）

焦氏曰：

> 正始以後，人尚清談。迨晉南渡，經學盛於北方，大江以南，自宋

及齊，遂不能爲儒林立傳。梁天監中，漸尚儒風，於是《梁書》有儒林傳。《陳書》嗣之，仍梁所遺也。(卷一二〈國史儒林文苑傳證〉)

南方雖儒學不廢，終掩於玄學之下而難以彰顯。反觀北方之文教典章，率以儒經爲本，終臻學風禮教之盛。長此以往，遂見北人自許、南人自抑之情事。楊衒之《洛陽伽藍記》記載北方世族楊元愼與梁、陳慶之對話，載曰：

（慶之）曰：「魏朝甚盛，猶稱五胡；正朔相承，當在江左。秦朝玉璽，今在梁朝。」（元愼）正色曰：「江左假息，僻居一隅，……卿沐其遺風，未沾禮化，所謂陽翟之民不知癭之爲醜。我魏膺籙受圖，定鼎嵩洛，五山爲鎮，四海爲家，移風易俗之典，與五帝而並跡；禮樂憲章之盛，凌百王而獨高。豈卿魚鼈之徒慕義來朝，飲我池水，啄我稻粱。(卷二城東景寧寺」條)

梁、陳慶之雖就正統抑北魏「猶曰五胡」，然由「魏朝甚盛」與楊元愼尊仰北魏禮樂憲章之語，可見北方儒教當有凌於南朝者。

　　觀北方儒學之盛於南方，貢獻才學之漢儒自是學術主體；然而，胡人經漢化後，不僅皇室貴冑習於詩書禮樂，其他好學者亦屢見不鮮。據《魏書》記載，賀狄干爲一武將，乃能「習讀書史，通論語、尚書諸經。舉止風流，有似儒者。」(卷二八)。據《北齊書》所載，元韶「好儒學禮」，元暉業更具文采，載曰：

涉子史，亦頗屬文，而慷慨有志節。嘗賦詩云：「昔居王道泰，濟濟富群英，……」撰魏藩王家世，號爲辯宗錄，四十卷，行於世。(卷二八)

其弟昭亦「頗有學問」。又據《周書》記載，賀拔勝爲一勇將，猶能「招引文儒，討論義理。」(卷一四)，侯莫凱「頗好經史」(卷一六)，獨孤信任職州官，且能「示以禮教」(卷一六)，賀蘭祥「雖在戎旅，常博延儒士，教以書傳。」(卷二〇)

　　如上所述，胡人之非儒者出身者，尚能好學識禮，足見北方儒學之發展確已普及，就此點論「北學盛於南學」實符於史傳記載；然而，若就整體學術文化斷其高下，南學則未遜於北學也。周一良《魏晉南北朝史札記》論曰：

北朝文化，與東晉南朝相較，終有遜色。南朝時期，文學藝術之發達到一定高度，能出現對文學寫作及詩書畫等藝術加以理論分析概括之專門論述，如繼晉、陸機《文賦》之後而有劉勰之《文心雕龍》，

以及鍾嶸之《詩品》、謝赫之《古畫品錄》，而王僧虔等人論書法之
作尤多。至於北朝則寂焉無聞，……以自然科學之成就言，數學方
面之祖沖之，醫藥學之葛洪、陶弘景，皆出于南朝。〔註15〕

南朝雖偏居一隅，文化內涵之多元豐富，實非胡政權下之文化所及。觀南方
學術之發展，玄思之馳騁、文學之綺麗、藝術之豐美、佛學之精深，皆非北
朝可比。蓋胡主以利於經世之儒學為先，何暇論及玄學、藝術、思想之提倡？
茲就史書〈儒林傳〉所載，引南北朝儒者治學、講學與任官狀況，以為論述。

朝代	姓 名	皇室講學	曾任官職	私人講學狀況	著 作
北魏	梁 越	授諸皇子	博士、上大夫		
北魏	盧 醜	授太武帝	河內太守		
北魏	張 偉		博士、進爵建安公	受業者常數百人	
北魏	梁 祚		博士、濟陽太守	常以教授	國統
北魏	平 恒		博士、秘書丞		略注
北魏	陳 奇				論語注、孝經注
北魏	常 爽			元贊等七百餘人	六經略注
北魏	劉獻之			數百通經之徒、當代儒宗	三傳略例、三禮大義、毛詩序義、涅槃經注
北魏	張吾貴		博士	門徒千數、當代儒宗	
北魏	劉 蘭		國子助教	門徒成業者眾	
北魏	孫惠蔚	侍讀東宮	博士、光祿大夫	周流儒肆、有名冀方	東觀校書
北魏	徐遵明			海內景仰、一代儒宗	春秋義章
北魏	董 徵		博士、安州刺史	講授生徒	
北魏	刁 沖			學徒數百	
北魏	盧景裕		博士、中書郎	不聚徒教授	注易、書、禮記、孝經、老子、論語、毛詩、春秋左氏
北魏	李同軌		博士、直散騎常侍		修國史

〔註15〕見周一良《魏晉南北朝史札記》「江氏世傳家業與南方文化」條頁384。

北魏	李業興		國子祭酒、光祿大夫		
北齊	李　鉉	教授東宮	博士	徒恒數百、當代儒宗	三傳異同、周易義例、孝經、論語、毛詩、三禮義疏、字辨
北齊	刁　柔	教授皇子	博士		修史
北齊	馮　偉				
北齊	張買奴		博士	門徒千餘、當代儒宗	
北齊	劉軌思		博士		
北齊	鮑季詳		博士	有徒眾	
北齊	刑　峙	授皇太子	博士、清河太守		
北齊	劉　晝				高才不遇傳
北齊	馬敬德	教授後主	博士、光祿大夫	生徒甚眾、當代儒宗	
北齊	張景仁		儀同三司		
北齊	權　會		中散大夫	授徒未嘗懈怠	修史
北齊	張思伯	授齊安王	博士		左氏刊例
北齊	張　雕	教授皇子	博士、平原太守	就業者以百數	
北齊	孫靈暉	授南陽王	博士、潼郡太守		
北齊	石　曜		袞州刺史		石子
北周	盧　誕	教授武帝	國子祭酒	（儒宗學府）	
北周	盧　光		虞州刺史		道德章句
北周	沈　重	授皇太子	博士、驃騎大將軍	（當世儒宗）	周禮義、儀禮義、禮記義、毛詩義、喪服經義、周禮音、儀禮音、禮記音、毛詩音
北周	樊　深	教授皇子	博士、中大夫		孝經問疑、喪服問疑、七經異同說、義經略論并月錄
北周	熊安生		博士、下大夫	劉炫眾徒、學爲儒宗	周禮義疏、禮記義疏、孝經義疏
北周	樂　遜	教授皇子	博士、開府儀司		孝經、論語、毛詩、春秋諸序論、春秋序義

梁朝	伏曼容	太子侍讀	司徒參軍	生徒常數十百人	周易、毛詩、喪服集解、老莊、論語義
梁朝	何佟之	太子侍讀	博士、尚書左丞	常集諸生、孜孜不倦	禮義百篇、文章
梁朝	范 縝		博士、尚書左丞		神滅論
梁朝	顏植之		博士、右常侍	聽者千餘人	禮儀注
梁朝	賀 瑒		博士、太常丞	生徒常百數	禮義老莊講疏、朝廷博議、賓禮儀注
梁朝	賀 革	侍湘東王	博士、江陵令	生徒常數百	
梁朝	司馬筠		尚書祠部郎		
梁朝	卞 華		博士、參軍	聚徒教授	
梁朝	崔靈恩		博士、明威將軍	徒常數百人	左氏經傳義、左氏條例、公羊穀梁文句義、毛詩；周禮集注、三禮義宗
梁朝	虞僧誕			數百人	申杜難服
梁朝	孔 僉		博士、山陰縣令	生徒亦數百人	
梁朝	盧 廣		博士、潯陽太守		
梁朝	沈 峻		博士、華容令	聽者常數百人	助撰梁官
梁朝	太史叔明		國子助教	聽者常五百餘人	
梁朝	孔子袪		國子助教、通直正員郎	聽者常百餘人	助撰梁官、尚書義、尚書集注、周易集注、集禮論
梁朝	皇 侃		國子助教、員外散騎侍郎	聽者數百人	禮記講疏、論語義
陳朝	沈文阿	東宮講經	博士、散騎常侍		經典大義、儀禮
陳朝	沈 洙	侍讀東宮	博士、員外散騎常侍		
陳朝	戚 袞	授簡文帝	博士、散騎常侍		三禮義記、禮記義
陳朝	鄭 灼		博士、中散大夫		
陳朝	張 崖		博士、丹陽令		五禮
陳朝	陸 詡		博士、尚書祠部郎		
陳朝	沈德威		博士、太常丞	道俗受業者數百人	

陳朝	賀德基		尙書祠部郎		
陳朝	全 緩		國子助教、司義郎		
陳朝	張 譏		博士、左常侍	陸元朗等傳其業	周易、尙書、毛詩、孝經、論語、老子、莊子內外雜篇等義、玄部通義、遊玄
陳朝	顧 越	侍讀東宮	博士、中書舍人		
陳朝	龔孟舒		國子助教、潯陽郡丞		
陳朝	沈不害		博士、散騎常侍		五禮儀、文集、遊玄桂林、玄部通義
陳朝	王元規	教授後主	國子祭酒、散騎侍郎	請道者常數十百人	經典大義、左傳音、禮記音、春秋發題辭及義記、孝經義記
陳朝	陸 慶		婁令	傳業者鮮	

茲依上表內容，并參酌史傳，論述要點於下：

其一，南朝四史中，僅梁、陳列「儒林傳」，宋、齊雖以「禮學」著稱，而有雷次宗、何承天、王儉、劉巘諸家，然亦僅此一端；且自宋元嘉十五年所立「儒、玄、史、文」四館可知，儒學之地位已遜於漢晉甚遠。又宋、齊二書不載「儒林傳」，由《宋書・隱逸傳》、《齊書・高逸傳》中所載諸人，可見談玄隱逸風氣之盛，雖仍見治儒經者，終究少數，且大都歸心佛老。〔註16〕據《梁書・儒林傳》所述：

> 中原橫潰，衣冠殄盡，江左草創，日不暇給，以迄于宋齊，國學時或開置，而勸課未博，建之不及十年，蓋取文具廢之多歷世祀，其棄也忽。諸鄉里莫或開館，公卿罕通經術，朝庭大儒，讀學而弗肯養眾，後生孤陋，擁經而無所講習，三德六藝，其廢久矣。（卷四八）

自《梁書》載文，可見宋齊儒學之不受重視。且沈約、蕭子顯皆屬當代史家，所述史實，更足徵信。

其二，就梁、陳儒者之任官及皇室講授而論，所受禮遇大抵與北朝相當；

〔註16〕據《宋書・隱逸傳》所載，除戴顒、周續之、孔默之、雷次宗諸人學涉儒學外，餘皆專研佛老，尤歸心佛法；《齊書・高逸傳》所載概亦如是，除關康之、沈驎士、吳苞諸人外，大都傾心老莊佛法。

私人講學雖罕見儒宗大家，亦略可觀；著述方面，老莊玄學乃北魏所闕者，儒學著作堪稱豐富，尤以梁朝爲然。《梁書·儒林傳》載梁武帝之推興儒學曰：

> 高祖有天下，深愍之，詔求碩學，治五禮、定六律，改斗歷，正權衡。天監四年詔曰：「二漢登賢，莫非經術，服膺雅道，名立行成。魏晉浮蕩，儒教淪歇，風節罔樹，抑此之由。朕日昃罷朝，思聞俊賢，收士得人，實惟酬講。可置五經博士各一人，廣開館宇，招內後進。……十數月間，懷經負笈者雲會京師。……於是皇太子、皇子、宗室王侯始就業焉。高祖親屈輿駕，釋奠於先師先聖，申之以讌語，勞之以束帛，濟濟焉！洋洋焉！大道之行也。（卷四八）

武帝在位四十八年，幾與梁朝國祚相終始，既具興學之志而躬親踐行，雖玄、佛盛行當代，儒學亦可推興不輟。迨至陳朝，儒學之發展則遠遜於梁；觀《陳書·儒林傳》所載：

> 高祖創業開基，承前代離亂，衣冠殄盡，寇賊未寧。既日不暇給，弗遑勸課。世祖以降，稍置學官，雖博延生徒，成業蓋寡，今之綴綴，蓋亦梁之遺儒云。（卷三三）

可見南朝儒學亦僅興盛於蕭梁一代。

綜上所述，南朝之學術文化仍非北朝可及；然而，「北學盛於南學」之說若就「儒學之推行與發展」而論，實得其宜。

第六節　結　語

北朝儒學在胡政權下之發展，雖以實用爲主，缺乏義理思想之深入研究；在學術史上仍有其時代意義：其一，胡主爲求鞏固政權而積極實行漢化，儒家經典即漢化之主要依據。在經世致用之需求下，雖交戰紛擾，儒學仍得以推行，儒者猶受尊重，私人講學著述仍盛，書籍經搜訪整理而保存；尤以北魏、北周爲然。其二，胡族本居邊塞，以馳騁爲務，雖漸與漢族接觸而提升文化，文教學養仍屬不足；迨入主中原，以推興學術爲重之實踐下，胡宗室亦浸染儒學，博雅君主屢見，胡人學術日益提昇；北齊政權雖不甚重視儒學，儒者之私人講學仍受崇高景仰，學風亦盛。其三，北方文化經百餘年之胡漢融合，典章文教之盛，南方漢族亦有所不及者，故「北學盛於南學」之說生矣！

就北學與南學之比較而論，若就整體學術發展而言，未能作如是論斷，

南朝之玄學、佛學、文學、藝術，即非北朝可比；然而，誠如錢穆所言：「當時的北方社會對於中國傳統文化精神之發揚與衍進，有些處尚超於南方社會之上。」〔註17〕就儒學推行與傳統文化之發揚而言，北確盛於南。觀北朝諸史皆列〈儒林傳〉，除《魏書》錄〈逸士傳〉四人外，皆不載隱逸中人，正可反映胡政權推行儒學，綜經術、政術爲一之宗旨，與儒者重經世以謀生存尊嚴，與實踐理想之抱負。且儒者治學、任官兼重，朝廷既重視儒學又浸染其中，自利於官學、私學之發展。南朝則不然，魏晉餘風迷漫朝野上下，縱心清談、馳騁老莊，又顓意佛理，治學重於才情玄思，自不願拘於名法禮教。上既好此道，不務經世、不以儒家治典爲本，學者又重玄思、不重國事，隱逸之風成習，如是，儒學焉能興盛？觀宋齊所列隱逸之人甚眾，而闕〈儒林傳〉可知。惟梁朝儒者致力於儒經、尤以三禮爲業者多，其成就尚有逾越北朝之勢，然僅一朝之功，未足與北方儒學抗衡，就此點論「北學盛於南學」，可矣！此乃胡主推行漢化，以儒學爲先，所得之成效，亦此一時代在學術史上之重要意義。

〔註17〕見錢穆《中國文化史導論》，頁146。

第六章 北朝「儒釋融合」之趨向與影響

　　中國傳統文化以儒家思想爲內在精神，經學尤爲主流，深爲知識份子所重。基於正統立場，對外來文化雖能融合其長處，卻視之爲「夷狄蠻貊」。漢末以來，佛教屢經西域傳入中國，由於思想深邃，對堅守華夏正統之儒者產生甚大沖擊。由於佛法重視因果輪迴，對長期處於亂世之社會賦予心靈寄托，經三國、西晉、十六國、北朝，在排擠、接納過程中，儒釋義理於入世、出世，不同理念之矛頓下漸趨調和，爲傳統文化注入豐富之內容與思惟理路。在北方胡政權下，胡漢民族對此異域文化之接受途徑有所差異；胡族雖重視漢化，卻不加以排擠而崇信之，漢族則經排斥、調和而漸泯「夷夏之防」，乃臻「儒釋融合」之趨向。

第一節　胡主崇佛之原出及目的

　　自五胡亂華，中原易主以來，北方政權爲謀建國稱帝，長治久安，積極結合漢人，實行漢化，提倡儒學，尤以北魏孝文帝之遷都洛陽，用夏變夷爲然。佛教非屬中原正統之學，就具體之經世價值而言，不及儒學之落實；然而，佛教所以能大盛於北方，實有其時代背景。

一、胡主尊「佛爲戎神」

　　據《梁書・佛圖澄傳》所載，後趙石虎君臣議論是否「祀佛」一事，漢臣王度主張「佛出西域，外國之神，功不施民，非天子諸華所應祀奉。」石虎卻以本族亦出自邊壤，而君臨諸夏，主張「佛是戎神，正所應祀。」明顯

反映胡漢態度之異同，漢儒視佛爲外國神，係基於華夏立場；胡主則以同出邊壤而感親切，既爲「戎神」，理當奉祀。觀十六國至北朝之胡主，其尊佛態度大抵如此。

據《魏書‧釋老志》記載，北魏建國之初，「與西域殊絕，莫能往來，故浮圖三教，未之得聞，或聞之而未信也。」（卷一一四）至道武帝時，乃「漸究南夏佛法之事。」而能禮敬佛教。自太武帝以來，胡主因受到佛教轉輪王思想之影響，欲藉佛法統治國家，乃崇之愈甚；惟日後引發儒佛之爭，導致太武帝滅法，儒學亦因之停頓四十年，下文將論述之。

二、胡主盛崇佛教

胡主之所以崇信佛教，緣於政權之利於統治，與自身之福報，猶提倡儒學之重於「經世致用」；其目的在「實用」，而不以探究佛理與修養心性爲其要務。章權才《魏晉南北朝隋唐經學史》即就「神道設教」論其目的曰：

> 一是神秘的聖光把自己裝扮起來，使下屬人民相信君臨于他們頭上的
> 政權是神授的，是不可侵犯的；一是端出諸如佛教因果報應的學說，
> 把下層人民束縛在對來世的追求當中，而不敢起來犯上作亂。〔註1〕

章氏就政權統治論其目的，固爲主因，胡主之深信宗教以求修福庇佑亦一要因，茲論述於下：

其一，就佛教利於政權鞏固言：自東漢末年，外戚干政、軍閥交戰以來，歷三國鼎立、八王之亂、十六國混戰、乃至於北魏太武帝統一北方，百姓流離失所，朝不保夕，身心無所安頓。胡主初入中原，欲降服漢人之心甚難，而胡人之交相混戰，亦自蒙殃害，是以胡主欲安定民心，亟須一套統治之根據，足以令國家秩序步上軌道，人民得以安身立命。除實施漢化，籠絡漢士族以提升文化，俾於治道外；倡導佛教，藉其因果報應之切合民心，使心靈有所寄托，而轉輪王又爲胡主理想政治之所在，是皆穩固政權之重要途徑。此胡主不因漢化而排斥佛教，從而加以提倡之目的。

其二，就胡主之深信宗教因果言：由於北方屢經戰事，殺戮慘烈，統一之後，政局亦非穩定，臣弒其君、子弒其父；〔註2〕胡主生性本較殘暴，然又

〔註1〕 見章權才《魏晉南北朝隋唐經學史》，頁208。

〔註2〕 按：北朝篡弒相尋，茲舉數例以明。北魏道武帝因性情殘暴，被其子拓拔紹所弒，同年拓拔嗣又誅紹。太武帝被太常侍宗愛所弒。孝明帝被鄭儼等弒。

重迷信，恐得報應而不安，遂求諸重視因果輪迴之佛教，廣建佛寺、開鑿石窟以祈福消災，此亦崇佛之目的。下文就《魏書・釋老志》所載（卷一一四）以明胡主之崇信。

　　（道武帝）平中山，經略燕趙，所逕郡國佛寺，見諸沙門道士，皆致精敬，禁軍旅無有所犯。

　　（明元帝）踐位，遵太祖之業，亦好黃老，又崇佛法，京邑四方，建立圖像，仍令沙門，敷導民俗。

　　（太武帝）初即位，亦遵太祖、太宗之業，每引高德沙門與共談論。於四月八日輿諸佛像行於廣衢，帝親御門樓臨觀，散花以致禮敬。〔註3〕

　　（文成帝）踐極，下詔曰：「夫為帝者，必祇奉神明，顯彰仁道，……釋迦如來，功濟大千，惠流塵境，等生死者歎其達觀，覽文義者貴其妙明，助王政之禁律，益仁智之善性，排斥群邪，開演正覺，故前代已來，莫不崇尚，亦我國家常所尊重也。

　　（獻文帝）即位，敦信尤深，覽諸經論，好老莊，每引諸沙門及能談玄之士論理要。

　　（孝文帝）又有沙門……深為高祖所敬信，詔於少室山陰，立少林寺而居之，公給衣供。

　　（宣武帝）篤好佛理，每年常於禁中親講經論，集名僧標明義旨。

可見北魏胡主之崇信佛教，而宗室中城陽王徽、廣陵王恭、高陽王雍、彭城王勰、北海王詳、清河王懌、汝南王悅、廣平王懷等諸王皆信之甚切。

　　查魏初宗室之崇信佛教，大抵以宗教福報為目的，至孝文帝時，佛教義學始漸流行，若《成實》、《涅槃》等皆源於此時。觀孝文帝之師道登即善《成實》、《法華》、《涅槃》等經，孝文帝常與之談論；又曇度亦因善《涅槃》諸經而受重於孝文帝。〔註4〕觀《廣弘明集》載孝文帝〈聽諸法師一月三入殿詔〉曰：

　　　孝莊帝被爾朱兆所弒，立節閔帝；高歡又廢節閔帝，立孝武帝。孝武帝討高
　　　歡不成，西奔宇文泰，尋即被弒，而另立文帝，是為西魏。

〔註3〕　按：《魏書・釋老志》載文成帝詔，亦贊太武帝之崇佛曰：「世祖太武皇帝，
　　　開廣邊荒，得澤逮及沙門道士，善行純誠，惠始之倫，無遠不至，風義相感，
　　　往往如林。」

〔註4〕　參見湯用彤《漢魏兩晉南北朝佛教史》，頁503。

先朝之世，經營六合，未遑内範，遂令皇庭闕高逸之容，紫闥簡
超俗之儀，于欽善之理，福田之資，良爲未足。將欲令懿德法師，
時來相見，進可餐稟道味，退可光飾朝廷，其敕殿中聽一月三入。
可見孝文帝對佛教義理之重視。

北齊之崇佛仍盛，文宣帝天保元年「詔法常入内，講涅槃經，稱爲國師。」
（卷四）又於末年幸遼陽甘露寺，深居禪觀，不理政事。後主則興佛寺、護
生命，據《北齊書・後主紀》所載：

天統五年春正月，詔以金鳳等三臺未入寺者，施大興聖寺。……二
月乙丑詔，應宮刑者普免刑爲官口。又詔禁網捕鷹鷂及畜養寵之
物。……四月甲子詔，以并州尚書省爲大基聖寺，晉祠爲大崇皇寺。
（卷八）

至於北周佛教之發展，始於文帝之時，即立佛寺，尊道臻爲魏國大統，
又命沙門曇顯依大乘經撰《菩薩眾經要》、《百二十法門》；據《周書・薛善傳》
附〈薛愼傳〉記載：

太祖雅好談論，并簡名僧深識玄宗者一百人於第内講説。又命愼等
十二人兼學佛義，使内外俱通，由是四方競爲大乘之學。（卷三五）

明帝亦下詔建大陟岵、大陟屺二寺。武帝雖滅法，然據唐法琳〈辯正論〉記
載，於建德三年下令滅法前，武帝曾「造錦釋迦像高一丈六尺，並菩薩、聖
僧、金剛獅子、周回寶塔，二百二十軀。」又於「京下造寧國、會昌、永寧
三寺」，「度僧尼一千八百人，所寫經論一千七百餘部。」（卷三）亦甚崇信。

據〈釋老志〉記載，孝文帝太和元年，京内寺數達百所，僧尼數達二千
餘人；至魏末寺數已達三萬多所，僧尼數超過三百萬，楊衒之《洛陽伽藍記》
「序」載其時盛況曰：

逮皇魏受圖，光宅嵩、洛，篤信彌繁。王侯貴臣，棄象馬如脱屣；
庶士豪家，捨資財若遺跡。於是，招提櫛比，寶塔駢羅，爭寫天上
之姿，競模山中之影，金刹與靈台比高，廣殿共阿房等壯。

至於北齊佛寺僧眾之數，不下於北魏，京内大寺約四千、僧尼將八萬，天下
佛寺曰四萬、僧尼將二百餘萬。〔註5〕可見佛教經北朝君主積極提倡後之興
盛。

〔註5〕 參見湯用彤《漢魏兩晉南北朝佛教史》，頁 523。

第二節　「守儒反佛」與「援儒入釋」之現實意義

　　佛教傳入中國，雖經胡主提倡而日漸盛行；然而，無論南北，在以華夏文化爲正統之社會中，欲使異域文化紮根苗壯於此，必須從觀念之歧異加以調和會通。誠然，以中原文化爲優越之心態，往往視他種文化爲夷狄而輕賤之；觀南朝顧歡〈夷夏論〉所言「佛非東華上道，道非西戎法，魚鳥異淵，永不相關。」（《南齊書‧顧歡傳》卷五四）即嚴守儒佛之防。《宋書‧天竺迦毗黎國傳》亦云：「唯浮圖爲教，反經提傳，拘文蔽道，在末彌扇。」（卷九七）乃自許於中原文化正統而貶抑之。猶有甚者，乃視奉佛者必屬蠻夷，中原必尊道教，觀〈三破論〉所言：「尋中原人士，莫不奉道；今中國有奉佛者，必是羌胡之種，若言非邪，何以奉佛！」（《弘明集》卷八）此種以中原文化爲「夏」，視西域所傳之佛教爲「夷」，乃自我優越之偏執；〔註6〕不惟南方有此觀念，北地漢儒亦然。

一、漢儒反佛之意義

　　留置北地之世族因身處異族統治，對固有文化深具承傳之使命感，是以守儒反佛、信道詆佛者不乏其人，北魏裴延雋、崔浩、李瑒，北齊樊遜，北周章仇子陁皆是。據《魏書‧裴延雋傳》記載，裴因宣武帝專心釋典，不事墳籍，乃上疏諫曰：

> 陛下道悟自然，淵鑒獨得。昇法座於宸闈，釋覺善於日宇，凡在聽矚，塵蔽俱開。然五經治世之模，文籍軌俗之本，……伏願經書互覽，孔釋兼存，則內外俱周，眞俗斯倡。（卷六九）

觀其言辭委婉，未見激烈之語；李瑒則詆佛教之缺禮滅倫，斥爲「鬼教」曰：

> 孔子云：未知生，焉知死。斯言之至，亦爲備矣。安有堂堂之政而從鬼教乎！（卷四一）

李氏持華夏正統而論，若北齊樊遜所云：「二班勤史，兩馬製書，未見三世之辭，無聞一乘之旨。」（《北齊書‧樊遜傳》卷四五）二者雖皆排佛，然亦僅於觀念；崔浩則採激烈方式，藉道教以排佛。蓋道教出於中國，佛教傳自西域，

〔註6〕按：名僧僧祐於《弘明集‧後序》就「地域」論「夷夏」，評其不當，曰：「若疑教在戎方，化非華夏者，……夫禹出西羌，舜生東夷，孰云地賤而棄其聖？丘欲居夷，聃適西戎。道之所在，寧選於地？……伊洛本夏，而鞠爲戎墟；吳楚本夷，而翻成華邑。道有運流，而地無恒化矣。

雖胡主深崇佛教，基於夷夏之防，儒者仍不免「攻佛衛道」，崔浩即北魏極力反佛、護道、崇儒者，太武帝之滅佛，與其關係甚切；《魏書·崔浩傳》即載浩對佛教之不敬，曰：

> 浩既不信佛道，（族弟）模深所歸向，每雖糞土之中，禮拜形象，浩
> 大笑云：持此頭顱不淨處跪，是胡神也。（卷三五）

由於崔浩執著理想政治，衷心儒教，對佛教本存排斥態度；然而，在北方胡主推行漢化之同時，佛教轉輪王思想已深切進入太武帝之心。《魏書·釋老志》載僧法果之言「太祖明叡好道，即是當今如來。」所謂「如來」，即佛教轉輪王，亦佛教之護法法王，乃傳統中之理想王，係獨尊最勝之王中王；猶儒家聖王，能以正法治國，具積極入世精神，重視倫理道德，符合現世價值。此種情形對崔浩欲實踐儒教治國之理想確有重大威脅，故崔浩不僅聯合道教攻佛，且於太武帝未能成為轉輪王，又發生疑似沙門叛亂之際，慫恿太武帝滅佛以成。此儒佛之爭對佛教之打擊甚重，在崔浩被株，太子晃長子文成帝即位後，因崔浩與其父敵對，且自身欲成轉輪王，乃積極崇佛，儒學遂因之而停滯，歷獻文帝至孝文帝太和十三年，始又積極提倡儒教。〔註7〕

北周武帝時，章仇子陀上疏文中，亦嚴守儒佛華夷之別，文曰：

> 帝王上事昊天，下字黎庶，君臣夫婦，綱紀有本。魏晉以來，胡妖
> 亂華，背君叛父，不妻不夫。

其意在勸武帝從儒棄佛，竟指沙門爲「胡妖」。察武帝本即崇儒，後又信仰道教，乃有興儒道而去佛之意，惟其不欲藉殘殺禁佛，乃召集群臣、沙門、道士，大興辯論，《周書·武帝紀》載此事曰：

> （建德二年）集群臣及沙門、道士等，帝升高座，辨識三教先後，
> 以儒教爲先，道教爲次，佛教爲後。（卷五）

論辯之後，雖因沙門不服，引起劇烈駁斥，武帝遂禁斷二教；然而，在此儒佛華夷之爭中，佛教實受重創。迨至宣帝大象元年，始恢復佛像與天尊像（《周書·宣帝紀》卷七）。

如上所述，佛教雖經北魏太武帝、北周武帝之禁滅而影響其發展，然因佛法所論因果之理，切合廣大民心之所需，教義之深奧精微又能啓發儒者之思維；是以，佛教之盛行乃必然之勢，會通儒釋之異同實大勢所趨，縱漢儒

〔註7〕 按：佛教轉輪王思想對北魏「儒佛相爭」之影響，在古正美〈北魏初期儒學
　　　　發展的問題〉一文中闡釋深入，足資參考。

存反佛之心而堅持「夷夏之防」亦不可禦之也。

二、儒釋融合之相關問題

　　觀「儒釋融合」之過程中，無論南北，皆有高僧、儒者悉心於二教之融通，東晉之釋慧遠即致意於此：「常以爲道法與名教，如來之與堯、孔，發致雖殊，瘠相影響；出處誠異，終期則同。」（《晉書》卷六一）而南朝蕭子顯亦於《南齊書‧高逸傳》「論贊」中極言佛法之益於儒教曰：

> 顧歡論夷夏，優老而劣釋；佛法者，理寂乎萬古，跡兆乎中世，淵源浩博，無始無邊，宇宙之所不知，數量之所不盡，盛乎哉！眞大士之立言也。探機扣寂，有感必應，以大苞小，無細不容。若乃儒家之教，仁義禮樂，仁愛義宜，禮順樂和而已。今則慈悲爲本，常樂爲宗，施舍惟機，低舉成敬，……史臣服膺釋式，深信冥緣，謂斯道之莫貴也。（卷五四）

佛法之深於義理、益於教化，不惟南人所知，北方亦然。胡政權大力提倡佛教固有其政治目的；然而，衷心教理、儒釋并通之胡主亦不乏其人。孝文帝既篤於墳籍，又「善談老莊，尤精釋義。」（卷七下）宣武帝「雅好經史，尤長釋氏之義。」嘗爲諸僧朝臣講《維摩詰經》。孝靜帝召名僧於顯德殿講說佛理，杜弼、魏收等文士并侍法筵。至於融合儒釋之漢儒，查諸史籍，所在多有。查北朝、顏之推即深通此二教者，觀《顏氏家訓》中處處載其以儒教勸勉子弟進德修業之文，對於佛教，不僅深切崇信而有甚於儒教，亦勸其子歸心於此，〈歸心篇〉載曰：

> 三世之事，信而有徵，家世歸心，勿輕慢也。其間妙旨，具諸經論，不復於此，少能贊述；但懼汝曹猶未牢固，略重勸爾。……歸周孔而背釋宗，何其迷也。……汝曹若觀俗計，數立門戶，不棄妻子，未能出家：但當兼修戒行，留心讀誦，以爲來世津梁，人生難得，無虛過也。（卷五）〔註8〕

又曰：

> 六舟三駕，運載群生；萬行歸空，千門入善，辯才智惠，豈徒《七經》、百氏之博哉？明非堯、舜、周、孔所及也。內外兩教，本爲一

〔註8〕　本文引用《顏氏家訓》原文皆採程小銘譯注本，臺灣：古籍出版社印行，以下不另作註。

體，漸極爲異，深淺不同。（卷五）

可見，在胡人積極漢化，漢儒固守傳統之際，雖有胡主滅法、漢人嚴辨「夷夏」之舉，然而，佛法之漸入民心，泯除夷夏之固執，乃大勢所趨，其影響所及，非僅文化之愈益豐博，學術思維亦日轉精深。惟此「大勢所趨」，須調適儒釋之矛盾，會通其觀念，并釋除對佛理之疑慮，方能融合二教，達互通互補之功，雖非一蹴可幾，實儒釋二眾所注力於此者。茲就儒佛融合過程中之重要問題，依「人倫承嗣」、「道德綱常」、「治國要道」、「因果報應」、「修行境界」論述之。

（一）就人倫承嗣而論

佛門僧眾以修行爲務，不可婚娶，而儒家社會之承嗣觀念甚重，孟子曰：「不孝有三，無後爲大。」（〈離婁篇〉上）無論南北漢人，對佛教皆有質難之辭，觀南朝蕭齊之世，即有道士作〈三破論〉攻擊佛教，曰：

> 入家而破家，使父子殊事，兄弟異法，遺棄二親，孝道頓絕。……
> 入身而破身，人身之體，一有毀傷之疾，二有髡頭之苦，三有不孝
> 之逆，四有絕種之罪，五有亡身之體。」（《弘明集》卷八）

即就儒家孝道攻擊佛教之悖離倫常。又梁、范縝〈夷夏論〉所謂：「家家棄其親愛，人人絕其嗣續。」（《南齊書》卷四八）「絕嗣」就儒家社會而言，誠屬不孝。范氏又詆佛教徒但知自修得利，不知敦厚親族，禮敬宗廟，有違倫常曰：

> 不恤親戚，不憐窮匱者何？良由厚我之情深，濟物之意淺。……故
> 捨逢掖，襲橫衣，廢俎豆，列瓶缽。（《南齊書》卷四八）

至於北地政權下之漢族同具孝道觀念，對佛教「不取無子」之教條屢見質難之辭。查《魏書·李孝伯傳》附〈李瑒傳〉所載，李瑒嘗上書靈太后，謂出家之弊曰：

> 一身親老，棄家絕養，既非人理，尤乖禮情，堙滅大倫，且闕王貫，
> 交缺當世之禮，而求將來之益。（卷五三）

又據《廣弘明集·滯惑篇》所載，北齊、劉畫嘗質難出家損胎之患曰：

> 今僧尼二百餘萬，并俗女，向有四百餘萬。六日一損胎，如是則年
> 族二百萬戶矣！（卷六）

李瑒、劉畫所難，確屬廣大民眾對佛教之質疑；然究其實，信佛學佛未必出家，在家亦可，顏之推即告喻其子曰：「若觀俗計，樹立門戶；但當兼修戒行，留心讀誦，以爲來世津梁。」又云：「內教多途，出家自是一法耳。若能誠孝

在心，仁惠爲本，須達、流水，不必剃落鬚髮。」（《顏氏家訓・歸心篇》卷五）
即調適儒釋矛盾，取得方便之途。

（二）就道德綱常而論

　　儒家重心性修養，行事以道德倫常爲依歸；佛教對於修行持守之要求，
其嚴謹更有甚於儒者。觀佛法言五戒：不殺生、不偸盜、不邪淫、不飲酒、
不妄語，使身、口、意、三業清淨，乃修行之要；儒家重五常：仁、義、禮、
智、信，乃立身處世、道德修養之根本。二者雖有出世、入世，所求境界之
異；儒家重「親親而仁民」之義，與佛家以「慈悲普渡」爲懷，不執於眷屬
宗族，雖見歧異之處，若就修養身心之趨善而言，則同歸也。《魏書・釋老志》
曰：「五戒，去殺、盜、淫、妄言、飲酒，大意與仁、義、禮、智、信同，名
爲異耳。」（卷一一四）即藉「格義」以融合二教之理，〔註9〕此意於《顏氏
家訓・歸心篇》中言之甚詳，曰：

> 內典初門，設五種禁；外典，仁、義、禮、智、信，皆與之符。仁
> 者，不殺之禁也；義者，不盜之禁也；禮者，不邪之禁也；智者，
> 不酒之禁也；信者，不妄之禁也。（卷五）

觀其比附「不殺生」與「仁」，曰：

> 儒家君子，尚離庖廚，見其生不忍其死，聞其聲不食其肉。高柴、
> 折像，未知內教，皆能不殺，此乃仁者自然用心。含生之徒，莫不
> 愛命；去殺之事，必勉行之。（卷五）

顏氏之說，中肯入理，無牽強攀附之處。然而，五戒固僧衆修行之要，猶五
常爲儒者修養之本；明理之當然，所行未必得其中道，儒者非皆君子，僧衆
容有過失，惟世人但見沙門之過，若《顏氏家訓》所載俗謗「以僧尼行業多
不精純爲奸慝也。」（卷五）實以嚴格道德規之，對此，顏之推辨俗之誤，曰：

> 開闢以來，不善人多而善人少，何由悉責其精潔乎？見有名僧高行，
> 棄而不說；若睹凡僧流俗，便生非毀。且學者之不勤，豈教者之爲
> 過？俗僧之學經律，何異世人之學《詩》、《禮》？以《詩》、《禮》
> 之教，格朝廷之人，略無全行者；以經律之禁，格出家之輩，而獨
> 責無犯哉？且闕行之臣，猶求祿位；毀禁之侶，何慚供養乎？其於

〔註9〕　按：格義之說，非始於南北朝，晉代即有。《高僧傳・晉高邑竺法雅傳》載云：
　　　　以經中事，擬配外書，爲生解之例，謂之「格義」。（卷四）大都引老莊之義
　　　　以釋佛理，此就「五常」釋「五戒」，係引儒學之義以爲比附。

－97－

戒行，自當有犯。（卷五）

此顏氏的當之言，蓋僧眾亦出自凡夫，本有世俗惡習，須經年累月之修行，積習方可漸除，是以過犯實所難免，若執出家即入圓滿境界之念，則僧眾受謗議者多矣。顏氏就儒者略無全行立論，以辨俗見之偏執，實利佛教之融於社會。

（三）就治國要道而論

「禮敬王者」乃社稷倫常之要者，佛門僧眾能否履行此義，關係佛法盛衰之政治因素。觀儒家言「君臣有義」，臣善於盡禮乃義道所重，忠君之表現，不僅胡主受此觀念影響，以正統自居之南朝亦存此問題；觀《宋書・天竺迦毗黎國傳》所載：

夫佛以謙卑自牧，忠虔爲道，寧有屈膝四岸而簡禮二親，稽顙耆臘而直體萬乘者哉？（卷九七）

內容雖似贊佛，然觀其意，僧眾以戒律爲依，不以五倫爲念，豈願尊禮君、親？北方政權對此君、民之禮則不似南方著意，蓋胡主視佛爲「胡神」，對僧徒較禮遇，且沙門亦能採方便之塗；據《魏書・釋老志》記載，沙門法果謂人云：「太祖明叡好道，即是當今如來，沙門宜應盡禮。」又云：「能鴻道者人主也，我非拜天子也，乃是禮佛耳。」其言甚佳，將賢明善道之君比爲如來，理當守禮；拜天子即禮佛，乃方便之法，既尊社稷之禮，又不失佛門精神，實調和儒釋之要道也。

「佛法害政」乃君主朝臣視佛法爲治國障礙之首要，梁、范縝之〈夷夏論〉，北朝、顏之推《顏氏家訓》中所提「俗之謗者」有五，皆言及「浮圖損國」之事。茲再舉范縝之論曰：

浮圖害政，桑門蠹俗，風驚霧起，馳蕩不休，吾哀其弊，思拯其溺。夫竭財以赴僧，破產以趨佛，……使兵挫於行間，吏空於官府，粟罄於惰遊，貨殫於泥木。（《南齊書》卷四八）

范氏之意，若朝野注其心力於佛事，則政事墮惰，財源窮匱，終致弱國損兵。《顏氏家訓・歸心篇》所述「俗謗」亦以佛教「糜費金寶，減耗課役爲損國也。」（卷五）係就財政立論。關於「佛教耗財」之由與因應態度，顏氏論之曰：

皆由爲政不能節之，遂使非法之寺，妨民稼穡；無業之僧，空國賦算，非大覺之本旨也。抑又論之：求道者，身計也；惜費者，國謀也。身計國謀，不可兩遂。誠臣殉主而棄親，孝子安家而忘國，各

有行也，儒有不屈王侯高尚其事，隱有讓王辭相避世山林；安可計
其賦役，以爲罪人？（卷五）

顏氏之意，若使佛寺設立有節，則不擾民；若僧人自食其力，自無損耗國費
之弊。惟在家、出家，各有其事，盡其份則可，無須責以賦役之任，此乃顏
氏崇佛、護佛，所提融通之法。且「佛教傷財」一事，胡主之大肆奢華，亦
屬要因，據《魏書・張普惠傳》記載，孝明帝因崇佛法而不視朝政，普惠乃
上疏諫之曰：

殖不思之冥業，損臣費於生民，減祿削力，近供無事之僧，崇飾雲
殿，遠邀未然之報，……愚謂縱朝夕之因，求祇劫之果，未若萬國
之忻心，以事其親，使天下和平，災害不生者也。（卷七八）

又《北齊書・幼主紀》載幼主之揮霍舉措曰：

鑿晉陽西山，爲大佛像，一夜然油萬盆，光照宮內。又爲胡昭儀起
大慈寺，未成，改爲穆皇后大寶林寺；窮極工巧，運石填泉，勞費
億計，人牛死者，不可勝紀。（卷八）

若君主不勞民傷財，造成民怨，佛教所受之謗毀則輕矣！

（四）就因果報應而論

三世輪迴、因果報應乃佛法之基本要義，《魏書・釋老志》論佛法之要旨
云：

凡其經旨，大抵言生生之類，皆因行業而起，有過去、當今、未來，
歷三世識神常不滅，凡爲善惡，必有報應。……奉持之則生天人勝
處，犯則墜鬼畜諸苦。（卷一一四）

由於東漢以來陰陽讖緯之觀念流行不息，至北朝時，無論胡漢，皆深受此迷
信學說之影響，胡人性格又本較迷信；因果之說易爲統治階層與民眾接受。
是以，雖有疑其吉凶善惡之理而謗毀者，透過天人感應之讖緯思想，往往與
因果之理相應而得廣大群眾之認同。

據典籍記載，胡人之信讖緯，十六國時即然，後趙時僧人佛圖澄即嘗以
天象吉凶勉胡主石勒行德化，曰：

王者德化洽于宇內，則四靈表瑞；故弊道消，則慧孛見于上。恒象
著見，休咎隨行，斯乃古今之常徵，天人之明誡。〔註10〕

〔註10〕見《高僧傳》卷九

可見當時僧人爲使佛法傳佈中國，亦採方便之途，藉天人感應以明德行之必修。〔註11〕

緣天人感應與三世輪迴同具因果之理，使儒釋之會通益爲方便，然於會通過程中，仍有疑義謗毀生於其間。《顏氏家訓・歸心篇》載當時俗謗「以吉凶禍福或未報應爲欺狂也。」對行善招禍、做惡得福之現象有所質疑；又有謗曰：「以縱有因緣如報善惡，安能辛苦今日之甲，利益後世之乙乎？」質疑於輪迴之理。類此謗者殆不明教義，惑於佛法中之理、事道理；然而，澄清其理非難；顏之推即言：

> 夫信謗之徵，有如影響；耳聞目見，其事已多，或乃精誠不深，業緣未感，時儻差闌，終當獲報耳。善惡之行，禍福所規。九流百氏，皆同此論，豈獨釋典爲虛妄乎？……若引之先業，冀以後生，更爲通耳。
> 如以行善而偶鍾禍報，爲惡而儻值福徵，便生怨尤，即爲欺詭；則亦堯舜之云虛，周孔之不實也，又欲安所依信而立身乎？（卷五）

顏氏所謂「引之先業，冀以後生。」若就三世因果論迴之觀點釋之，則豁然可明。惟不信此三世因果之理，乃學佛之大礙；據《北齊書・樊遜傳》記載，文宣帝天保五年，樊遜舉秀才，制詔問以「禍福報應」之理，遜對曰：

> 天道秘遠，神跡難源，不有通靈，孰能盡悟乘查。……造化之理，既寂寞而無傳；報應之來，固難得而妄說。但秦穆有道，勾芒錫祥，虢公淳德，蓐收降禍，高明在上，定自有知。若夫仲尼厄於陳蔡，孟軻困於齊梁，自是不遇其時，寧關報應之理。（卷四五）

樊遜之說，係就儒家天命觀立論，所謂「永言配命，自求多福。」修德則可致福，爲惡不免招禍，著重當世禍福之所由，未如佛家論及三世報應；故遜又云：「二班勤史，兩馬製書，未見三世之辭，無聞一乘之旨。」此非止於不明佛法之理、事因果，實不識根本佛理。又如崔浩嚴夷夏之防，毋論教義之能否得乎其心，爲求中原道統與理想政治之建立而偏執排擠，實儒佛融合之一大障礙。〔註12〕

〔註11〕 按：據湯用彤《漢魏兩晉南北朝佛教史》，頁 527 所述，除後趙佛圖澄外，姚秦鳩摩羅什、北涼曇無讖、北魏曇靖、靈遠、惠懍、北周衛元嵩皆習陰陽讖緯之學。

〔註12〕 陳啓雲《魏晉六朝文化社會制度》，頁 189 論曰：「崔浩對於佛老思想不是一無所知，而是在認知上作有選擇的排斥。……一貫堅持的儒家理想，在中國歷史上雖然是舊傳統，但對於摧殘後的中原地區，要重建社會文化和政治秩

（五）就「修行境界」而論

佛教之所以能安定人心，在於極樂佛土之殊勝爲廣大民眾之心靈寄託。藉由本具佛性之精進修行，臻淨土世界之「不可思議」境界，實學佛之圓滿目標，此乃基本教理之所在；然此根本教理，或有不信而謗之，以爲荒誕不經者。查諸南北皆有此意者，觀梁、范縝〈神滅論〉中即藉形神「互爲質用」之關係，提出「形亡而神亡」之說；〔註13〕若據其意，佛性既隨形亡而無存，佛法三世輪迴、往生極樂之教理即無由成立。又據《北齊書・樊遜傳》記載，文宣帝天保五年，樊遜舉秀才，制詔問「釋道兩教」，遜論「釋教」曰：

> 法王自在變化無窮，置世界於微塵，納須彌於黍米；蓋理本虛無，
> 示諸方便，而妖妄之輩，棄家出家。（卷四五）

依樊氏之意，佛教世界之廣大殊勝，其理虛無而非眞有；顏之推《顏氏家訓・歸心篇》所載俗謗，亦有「以世界外事及神化無方爲迂誕者」（卷五）。惟此佛土境界關乎修行，實有哲理思辯所難以論斷者，顏氏即去此疑惑曰：

> 夫遙大之物，寧可度量，今人所知，莫若天地。凡人之信，唯耳與
> 目；耳目之外，咸致疑焉，……何故信凡人之臆說，迷大聖之妙旨，
> 而欲必無恆沙世界，微塵數劫也？而鄒衍亦有九州之談。山中人不
> 信有魚大如木，海上人不信有木大如魚，……世有祝師及諸幻術，
> 猶能履火蹈刃，種瓜移井，倏忽之間，十變五化。人力所爲，尚能
> 如此，何況神通感應，不可思量，千里寶幢，百由旬座，化作淨土，
> 踴出妙塔乎？（卷五）

顏氏就常人之世智辨聰、未見實理而論其偏執，藉以釋除世人之疑，明佛法世界之無量無邊、不可思議。

觀儒佛融合之要因，皆有一理想境界以爲實踐根據，儒家言性善，堯舜之聖、人皆可致；佛教言佛性，本具於眾生、皆可成佛。若謂人性爲惡、聖賢難期，佛性無常、淨土虛邈，則實踐無由。

綜上所述，會通儒釋，調和其歧異矛盾，乃融合二教，以利治國之首要

序的現實情況來説，卻是一個新理想。」

〔註13〕 按：《梁書・范縝傳》載〈神滅論〉曰：「神即形也，形即神也；形存則神存，
形謝則神滅。形者，神之質；神者，形之用。是則，形稱其質，神言其用；
形之與神，不得相異。神之於質，猶利之於刃；形之於用，猶刃之於利。利
之名非刃也，刃之名非利也；然而，捨利無刃，捨刃無利，未聞刃沒而利存，
豈容形亡而神在？（卷四八）

途逕。至於建構儒佛相融之和諧境界，則有北周僧人魏元嵩之主張，《弘明集》載其事，曰：

> 嵩請造平延大寺，容貯四海百姓，……以城隍爲寺塔，即周主是如
> 來，用郭邑爲僧坊，和夫妻爲聖眾，推念德作三綱，遵耆老爲上座，
> 選仁智充執事，求勇略作法師，行十善以伏未寧，示無貪以斷偷劫。
> 是則大合無怨紂之聲，八方有歌周之詠。

此種「人間淨土」之境界乃「儒佛融合」之極至，若佛教轉輪王思想能與儒家聖王觀念相會通，儒家仁治因佛法而益善，除其相爭相害，融合儒釋而歸於合諧，實有益於社稷民生之安定，與學術文化之發展。

第三節　「儒釋融合」之學術意義

　　佛教傳佈於中國，不僅影響傳統之宗教信仰，學術思想亦深受其精微理路之啓發。察當代儒者之人生態度與思維觀念，或因浸染佛法而產生轉變；觀高謙之欣慕佛法、深於研究，稱佛教爲「九流之一家」，即爲顯例（《魏書·高崇傳》附〈高謙之傳〉卷七七）。而胡統治階層之研究儒學，如北魏孝文帝既崇信佛教，又「五經之義，覽之便講」者，亦不乏其人；察杜弼乃通達儒學，又喜談佛學之儒者，嘗注《周易》，幷表上之，孝靜帝評曰：

> 卿息棲儒門，馳騁玄肆，既啓專家之學，且暢釋老之言。（《北齊書》
> 卷二四）

可見孝靜帝之明二教大義。又北周明帝嘗「命慎等十二人兼學佛義，使內外俱通。」（《周書》卷三五）頗重視儒釋之融合。

　　綜其融合之學術意義，約而言之，有二：學者兼通儒釋之學、傳注之轉趨義疏。

一、學者兼通儒釋之學

　　章權才《魏晉南北朝隋唐經學史》論儒佛互通過程中，經學家之態度異同及其分派，曰：

> 一派是仍然把經學視作專門的學問，排斥來自佛教的影響；一派是
> 面對現實，在強化以經學爲主的自主意識的同時，接納佛教中的某
> 些教義，使經學與佛學貫通起來；一派是立足點有了改變，變爲背

儒向佛。事實表明，三派之中，第二個流派是主要的。〔註14〕
第一派以崔浩爲代表，固守傳統經學，崇禮教、重文治，排斥異域之佛教文
化。自孝文帝以來，因華風已振，儒學盛行，反佛之儒者漸起；其所反者大
都非議佛門之悖於倫常、阻礙治國，而罕及於儒釋教義之辯論。第三派因傾
慕佛法而背儒向佛，若釋道寵，俗姓張、名賓；釋僧範，俗姓李、名洪範；
原皆遊學於大儒熊安生之門，甚通經術，後遂皈依佛門。馮袞通於經史，因
往候慧光大師，乃篤信佛教而成爲門下十哲之一。〔註15〕第二派所以成爲主
流者，有其政治、宗教、學術之因素，下文將論述之。

　　由於胡主提倡儒佛，對朝臣儒士深具鼓舞之功，貫通經學、佛學者屢見
於載籍；若北魏大臣崔光不僅崇信佛法，尚能講經，并撰作經疏，《魏書‧崔
光傳》載曰：

　　（光）崇信佛法，禮拜讀誦，老而逾甚，……每爲沙門朝貴請講《維
　　摩》、《十地》經，聽者常數百人，即爲二經義疏三十餘卷。（卷六七）

苟非深於佛法，焉能致此！查北朝如崔光之兼通二教者，不乏其人，察《魏
書‧儒林傳》〈劉獻之傳〉、〈孫惠蔚傳〉、〈盧景裕傳〉、〈李同軌傳〉，《周書‧
儒林傳》〈沈重傳〉所載諸儒皆是。

　　觀北朝儒者之所以兼通釋教者，除帝王提倡外，儒者對宗教之心靈需求，
與學問層次之提昇，實爲主因；誠如鄺士元《中國學術思想史》「佛教能立足
中國的原因」所論：

　　中國傳統之儒道之學，均非宗教，靈魂身後，避而不談，六合以外，
　　存而不論，佛家則三界六道之宇宙秩序，既較陰陽五行之說爲豐富
　　近情，心性主宰，形上哲學，又不在孔孟老莊之下，又有心理分析
　　以至三生因果，報應輪迴之說更使上智下愚，俯首傾耳，二千年來，
　　佛法乃得與儒道三分中國心靈。……中國儒教自西周的禮樂化和祀
　　祖化後，一部份人們漸感到精神上的空虛，而東漢末年所完成的道
　　教，又僅以方術的運用爲自勝的寄託，而方術有時而窮，故一般士
　　人，精神上還需要佛說的補充，……有識階級之士大夫，聞「萬行
　　無常，諸法無我」之教，遂證以己身所處之環境，感受深刻，而愈
　　覺親切有味，其大根器者，誓弘法以圖拯救，其小根器者，則有託

〔註14〕見章權才《魏晉南北朝隋唐經學史》，頁206。
〔註15〕參見湯用彤《兩漢魏晉南北朝佛教史》，頁526。

而逃焉，欲覓他界之慰安，以償此世之痛苦。〔註16〕

鄺氏就心靈寄託與哲理思維，論佛教之所以立足於中國者，此亦儒者學佛之要因；惟學佛未必出家，學者亦具入世經務之理想。茲引北朝儒釋兼通之學者數人，以明當時學術之一端。

（劉獻之）雅好詩傳，……注《涅槃經》，未就而卒。

（孫惠蔚）世以儒學相傳，……正始中，侍講禁內，夜論佛經，有悟。帝旨詔使加惠號「惠蔚法師」焉。（盧景裕）注周易、尚書、孝經、……謙恭守道，貞素自得，由是世號居士。……好釋氏，通其大義，天竺胡沙門悕每譯諸經，輒託景裕爲之序。

（李同軌）學綜諸經，多所治誦，兼讀釋氏，……永熙二年，出帝幸平等寺，僧徒講法，敕軌同論難。音韻閑朗，往復可觀，出帝善之。

（沈重）學業該博，爲當世儒宗，至於陰陽、圖緯、道經、釋典，靡不畢綜。

上述學者皆博通儒學、兼通佛法，蓋北方經學與佛學間之義理關係，固不及南方玄學之密切，儒士亦不免受佛法之影響。沈重即曾於紫極殿講三教義，朝士、儒生、桑門、道士，至者二千餘人，可謂盛矣！其講說內容已無從查考；然對教義之疏通當有俾益。

二、傳注漸趨義疏

義疏之形成與佛教之講論形式，密切相關；誠如馬宗霍《中國經學史》所論：

緣義疏之興，初蓋由於講論。兩漢之時，已有講經之例；石渠閣之所爭，白虎觀之所議，是其事也。魏晉尚清談，把塵樹義，相習成俗；移清談以講經，而講經之風益盛。南北朝佛教，敷座說法，本彼宗風，從而效之；又有升座說經之例，初憑口耳相傳，繼有竹帛之著，而義疏成矣。〔註17〕

依馬氏之義，義疏源於講經論道，漢魏即具此風。迨至南北朝，佛教「敷座

〔註16〕見鄺士元《中國學術思想史》，頁160～161。
〔註17〕見馬宗霍《中國經學史》第八篇。

說法、升座講經」之精采，引發儒者對既有治學講論之省思，窮而知變，以補儒學之不足；徐遵明之講座執疏而敷陳其學即是也。 陳朝暉〈論北朝儒學及其地位〉詳論義疏與佛法講經之關係，其意大致同於馬氏，論曰：

> 南北朝時佛教盛行，佛教對於一切經論細微的研究流行，并撰成注疏，儒家學者也不知不覺受到影響，并加以仿效。在注上更加以注疏，傳注之體逐漸被義疏之體所替代。加之北朝的注重講經，授經的主要形式也即是講說。并且由於受談玄之風的影響，講經之時，也是惟音辭風采是尚。當時隨著講經之風的盛行，諸經義疏也同時隨之發展盛行起來了。〔註18〕

趙振鐸《訓詁學史略》亦就此義論曰：

> 清談家和佛教徒的風氣影響到儒生講經。一些學者也開始講解經書。這類講經的記錄或講稿，稱為「義疏」或「講疏」。〔註19〕

上述諸家皆就佛教講經與義疏之形成加以論述。至於陳氏所謂「音辭風采是尚」之玄風特色，本異於北方樸質之講學風氣，迨北魏末年以來，南北交流益頻，始漸染南學之習。

第四節 結 語

在胡主推行漢化之同時，佛法亦盛行於當世。胡主提倡佛教大抵基於「經世實用」目的，藉以安定民心，並廣建佛寺、開鑿石窟以修福禳災；與南朝統治者之講究佛教義理，重視講經說法，其態度有所不同。且因佛教轉輪王之政治理想，故傾心於佛教之推廣，其間雖有北魏太武帝、北周武帝之滅法，仍難遏其發展。

然而，佛教以異域之法傳入中原，實非通達無礙；執守「夷夏之防」，視佛為「外國之神」，且詆佛教為「夷」之漢儒便是一大障礙，崔浩即謗佛之顯例。又佛教對於人倫觀念、治國綱常與儒家理念本有差異；且佛法之三世因果、修行境界，質疑其理之儒者亦非罕見。是以，調合儒佛矛盾、互通其理，使二教相融互補，遂成為有心融合儒釋之僧眾與漢儒所致力者，觀顏之推即重要之代表人物。

〔註18〕見陳朝暉〈論北朝儒學及其地位〉頁46。
〔註19〕頁142。

　　由於佛法之因果道理與讖緯思想，皆具「善惡感應」之意，係互通二教之重要因素。又因佛法修行之極樂境界，乃戰亂時局之心靈寄託，雖有疑其理者，亦不足以影響眾民之所需。且儒釋間之觀念本有相通處，若「五常」與「五戒」之互通；其矛頓處，經長期調合，亦漸見納於漢人。況佛法義理之深奧，思惟理路之井然，實足以吸引儒者之向學。是以，縱有執持「夷夏」之漢儒與佛教抗衡，在胡主大力倡導與佛法深具意義之情況下，佛教盛行乃大勢所趨矣！

　　由於儒、釋二教見重於當代，兼通二教者遂不乏其人，上至胡主，遍及朝臣儒士；其影響及於儒學者，殆以義疏為主，惟其發展較緩，不及南方。蓋南方本盛行玄學，清談成習，又濡染佛教講經之精采，義疏自易形成。北方治學質樸，較重章句訓詁，少義理之論辯；又著重於佛教之宗教信仰，對佛理之鑽研、講說，未若南方之精深、普遍，義疏發展自是緩慢。然而，長期之浸染下，「儒佛相融」對北方儒學亦具影響焉。

第七章　北朝政治與經術之結合

　　北朝自道武帝以來，即積極效法中原文化，重用漢儒以臻經世之功，自不容談玄說妙、沉潛遁世之風流行其間。查北朝諸史，僅《魏書》錄隱逸四人，〈儒林傳〉諸人率以通經仕宦爲志，居官則積極實務，此乃世風所致。南朝則不然，承魏晉才性玄理之遺風，重視美感性靈之自在，上位者好談玄理，不以儒學爲重；隱者但憑心之所往，苟非「家貧親老」，〔註1〕無出仕意則置身山林而沉潛佛老之中。觀《宋書·隱逸傳》所論：

> 夫獨往之人，皆秉偏介之性，不能摧志屈道，借譽期通，若使值見
> 信之主，逢時來之運，豈其放情江海，取逸丘樊，蓋不得已而然故
> 也。（卷九三）

隱者大抵因個性偏介或不滿時政而放情江海、衷心佛老，影響及於經術者，自不以之爲重。反觀北朝漢儒身居異族統治之下，雖因才學家世受胡主倚重，然北朝政局之多變，未必較南朝安定，胡主雖重儒學，漢儒仍不免戰兢於胡政權下；然而，之所以少見隱遁而務於經世者，亦求生存之尊嚴耳！縱屈己志亦須立足於世，蓋身處異族而欲隱居山林，實爲不易。

　　就北朝漢化與學術發展之關係而言，除玄學不利於治國外，史學之明借鑒、讖緯之應天人、佛教之安人心、法治之定秩序皆具經世效益；然儒學仍居學術主流，儒術落實於政治之情形屢屢可見。

　　春秋決獄興於漢世，係引經斷獄、結合儒法之審判方式，北魏、常爽即言「春秋以斷事」（《魏書》卷八四）。據《魏書·刑法志》記載，太武帝太平

〔註1〕　查《宋書·隱逸傳》、《齊書·高逸傳》中所錄諸人，大都「屢徵不就」，少見
　　　　出仕，因家貧親老者，如陶潛、王素、關康之皆是。

眞君六年即「詔諸有疑獄皆付中書，以經義量決。」〔註2〕（卷一一一）。惟引經義「論心定罪」之主觀行權，與依循刑法治獄之針對「具體行爲」相較，何者之經世效益能行於北朝政權，乃下文將論述者。

第一節　經世政風下之經術意義

胡政權挾武力入主中原，欲從漢文化中尋得治國之術，非僅儒術一途；法、道、佛諸思想皆具經綸之道，讖緯、史學亦具經世之效，究探何術作爲建國安邦之本，乃胡主所愼擇者。

查諸史傳記載，北朝漢化中對學術之重視，仍著眼於儒教之現實利益，特重儒書中足資治國之禮制典章。觀《魏書·儒林傳》所載，道武帝初定中原，「便以經術爲先」（卷八四）；又道武帝嘗問李先「何書最善」，李先答以唯有經書爲「治化之典」，能「補王者神智」（《魏書·李先傳》卷三三）；此種以儒典爲治化本原之觀念，遂成多數胡主所依循者。是故，胡主推興儒學、尊崇儒者，乃至於浸淫儒學、博覽群書之一大要因，即在於經世致用，北周文帝之「崇尙儒術，明達政事。」（《周書·文帝紀》卷二）便將經術結合政事，使成爲治國之政術。北齊雖興學少功，然學者之治學除權會兼詩、禮、玄象外，罕見學綜諸學者，較諸北魏、北周，尤以儒術爲尊，對儒學之要求亦在實用，不重於訓詁探求與義理思維。

至於其它思想與治國之關係，讖緯具天人相應思想，不僅裨益於政治倫理之規善，統治者往往引爲「應天順民」之合法依據，乃多數胡主所深信之思想；然而，讖緯因涉於迷信，胡主既託此以爲天命，亦恐臣民之引爲篡奪依據，故屢有禁讖之事。佛教作爲一門宗教，係胡政權所崇信者，而轉輪王之理想政治，若儒家聖王之治，乃太武帝以下諸帝之願望；然而，佛法講因果之理，淨化風俗，固有益於道德秩序之建立，凡眾之修行則非日月可躋，懲惡禁弊，猶待禮治法令。法家思想落實於刑法律令，係北朝諸君維持社會秩序之重要依據，尤以北齊爲然；惟法治固去奸斷邪之要道，然徒法不足以爲治，況法令繁深、酷吏傷德，實非立國安民之本。又道家思想玄深奧妙，足以養心自適，不足以治國。至於史學雖具經世之效，亦見不利治國之弊，將另述於下文。

〔註2〕　按：經義決獄又稱「春秋決獄」，又稱「公羊決獄」，緣自漢代董仲舒以來，經義決獄以公羊傳爲主。

一、博學致用之經術觀念

北朝學術思想之發展，在「經世實用」觀念之主導下，無論胡主或儒者，大抵以術道之探求爲主，而不獨尊儒術，是以博學多聞者不乏其人。茲舉「儒林傳」數例以明。

> （常爽）篤志好學，博聞彊識，明習緯候，五經百家，多所研習。（《魏書・常爽傳》）

> （李同軌）學綜諸經，多所治誦，兼讀釋氏，又好醫學。（《魏書・李同軌傳》）

> （盧光）博覽群書，精於三禮，善陰陽，解鐘律，又好玄言。（《周書・盧光傳》）

> （樊深）既專經，又讀諸史及蒼雅、篆籀、陰陽、卜筮之學。（《周書・樊深傳》）

對於儒者「博學致用」之治學態度，顏之推《顏氏家訓・勉學篇》論之曰：

> 明天時，下該人事，用此致卿相者多矣。末俗已來不復爾，空守章句，但誦師言，施之世務，殆無一可。故士大夫子弟，皆以博涉爲貴，不肯專儒，……出身已後，便從文吏，略無卒業者，冠冕爲此者，則有何胤？（卷八）

依顏氏之意，專經致用乃治學之要，若僅專於章句而不知實用，或務於博學以求仕進而學識淺薄，皆非治世之本。其意固善，惟學風所趨，務在博涉而貴於實用。

就北朝學術之經世而言，「經術結合政事」之受重視仍逾於他學。惟察諸史傳，當代治學雖以儒學爲主，然而，若深於儒學卻不明時事，或見識淺薄，不知善用儒學，亦不見重於當時。據《魏書・儒林傳》記載，刁沖爲一純儒，因「不營世事，居無所業，惟在注解。」（卷四五）即不爲當朝所重。又據《北齊書・儒林傳》載馬敬德一事曰：

> （敬德）詣州求舉秀才，舉秀才例取文士，州將以其純儒，無意推薦。敬德請試方略，乃策問之，所答五條皆具有文理，乃欣然舉送至京。依秀才策問，唯得中第，乃請試經，業問十條，並通，擢授國子助教，遷太學博士。（卷四四）

可見純儒學問雖高，非世所重。至於俗儒之「博而寡要」，觀《隋書・經籍志》

所言：「不顧其本，苟欲譁眾，多設問難，便辭巧說，亂其大體，令學者難曉。」（卷三四）俗儒所學，雖博而浮淺，如「腐儒」之「不任用」；〔註3〕觀《北齊書・儒林傳》中之劉晝即屬顯例，載文曰：

> 入京考策不第，乃恨不學屬文，方復緝綴辭藻，言甚古拙，制一首賦，以六合爲名，自謂絕倫，吟諷不輟，乃歎曰：儒者勞而少工，……又頻上書，言亦切眞，多非世要，終不見采。自謂博物奇才，好矜大，每云：使我數十卷書行於後世，不異齊景之千駟也。而容止舒緩，舉動不倫，由是竟無仕進。（卷四四）

可見，博學切用、通達大義之儒者乃當代所重者。

二、以史經世之意義

自十六國至北朝，史學普遍受到胡主之重視，藉讀史以知借鑒，經修史以明正統，此乃以史經世之價值。然而，史書對當朝時政、人物之批判褒貶，一旦觸怒胡主權貴，易招禍患，崔浩即一顯例，故欲史官秉直筆以書亦難矣！

據史書所載，北朝胡主能秉持開明作風，善納臣下諫言者不乏其人，北魏文成帝、孝文帝、宣武帝、孝明帝，北齊文宣帝，北周孝閔帝、明帝皆容許，甚且鼓勵臣僚「直言進諫」，茲舉文成帝謂群臣之言，曰：

> 今國家善惡，不能面陳而上表顯諫，豈不彰君之短、明己之美，至如高允，眞忠臣矣！朕有是非常正言，面論至朕所不樂聞者，皆侃侃言說，無所避就，朕聞其過而天下不知其諫，豈不忠乎？（卷四八）

君主能懷此雅量以接受臣子勸諫，實甚難得；然而，若將面陳主上過失之言，書之於史，仍冀君主秉此雅量，實亦甚難！誠如雷家驥所言：

> 「以史制君」是「以史經世」思想中最尖銳的觀念，其制約對象不僅在亂君賊主，也兼且涵蓋了不法的亂臣賊子。〔註4〕

若修史批判時君權臣，欲直筆實錄以達史書之經世意義，恐不可得。

據《魏書》記載，太武帝命崔浩修史「務從實錄」（卷三五），孝文帝詔李彪曰：「平爾雅志，正爾筆端。」（卷六二）又常謂史官曰：「直書時事，無諱國惡。人君威福自己，史復不書，將何所懼。」（卷七下）然而，浩卻因此

〔註3〕 參見《史記・鯨布傳》「腐儒」一詞之《索隱》所釋。
〔註4〕 見雷家驥《中古史學觀念史》，頁376。

招來株族之禍，〈崔浩傳〉載云：

> 浩盡述國事，備而不典，而石銘顯在衢路，往來行者，咸以爲言，
> 事遂聞發。（卷三五）

崔浩所撰國史，內容已不可考；遭株之主因是否出於修史或因儒佛之爭，抑因胡漢權利鬥爭，仍有數說。然而，在其所修國史中，殆有犯上之言，成爲死因之一由。觀《魏書・文成帝紀》所載，「崔浩之誅也，史官遂廢，至是復置。」（卷五）史官直筆之下場既難料，縱帝王之賢明通達，其臣僚敢無諱國惡以直筆者，殆亦罕見。

第二節　經術之具體實踐

經學在北朝之發展，首重於經術與實際政治之結合，經義之深入研究非其宗旨所在。察《魏書》、《北齊書》、《周書》〈儒林傳〉中儒者之著述可知，三禮、三傳、毛詩、論語、孝經、乃當代所尚，正符合《北史・儒林傳》記載：「《詩》、《禮》、《春秋》，尤爲當時所尚，諸生多兼通之。」「《論語》、《孝經》諸學莫不通講。」（卷八一）觀高允上太武帝書，曰：「臣聞箕子陳謨而洪範作，宣尼述史而春秋著，皆所以章明列辟、景測皇天者也。」（卷四八）即贊《尚書》、《春秋》二經之價值。北周孝閔帝時，樂遜陳述時宜十四條，屢引《詩經》、《春秋》之言以針砭時弊，結合道德與政事（《周書》卷四五）。蓋《詩經》「興觀群怨」之特質，對政治運作具有借鑒省思之意義；〔註5〕《禮經》中之禮法軌範乃胡人建立政治秩序之依據；《春秋》提供歷史經驗，具有端正倫常、敦厚政治倫理之價值；《孝經》、《論語》則具教化社會之功能；至於《尚書》所提供之典章嘉言、施政經驗，深具治國價值。〔註6〕可見儒者治學之傾向與上位者之觀念與整體施政宗旨頗爲密切。茲就三禮及《孝經》與北朝政治之關係，論述於下。

一、禮教制度之實踐

觀北朝欲躋胡文化於正統之措施中，以禮儀制度之建立，關係特重；查

〔註5〕　《魏書・高陽王雍傳》載高陽王上世宗表，即引詩曰：「臣聞君舉必書，書而
　　　　不法，後代何觀？詩云：王事靡靡，不遑啓處。……」

〔註6〕　案：北齊文宣帝天保七年：「詔常山王演等於涼風堂讀《尚書》，奏按論定得
　　　　失，帝親決之。」（卷四）可見對此書之重視。

諸史傳，顯見胡主之重禮，《魏書》即立〈禮志〉四卷，而孝文帝尤重「移風
易俗」之禮樂教化。據《北史・王肅傳》所載，孝文帝「虛心受委，朝儀國
典，咸自肅出。」（卷四二）又據《魏書・孝文帝紀》記載，孝文帝為加強吏
治，乃依據《周禮》官制，並採擷漢魏制度，於太和十七年親自編定《職員
令》二十一卷，即《禮經》落實政治之例（卷七）。

經長期之實踐漢化，北方士族乃能以「憲章禮樂，凌高百王」自視，觀
《洛陽伽藍記》載楊元慎所言，曰：

> 我魏膺籙受圖，定鼎嵩洛，五山為鎮，四方為家。移風易俗之典，與
> 五帝而并跡；禮樂憲章之道，凌百王而獨高。（卷二、城東景寧寺條）

此種優越心態之產生，係於胡主統治下，北方士族為求門第生存與尊嚴，於
貢獻才學而受倚重之同時，對自我學養實踐之成就感，亦可見北方禮教典章
之興盛。

二、孝道觀念之提倡

北朝胡政權亦提倡孝道觀念，且有「移孝作忠」之政治意圖；〔註7〕觀《魏
書・高宗紀》載文成帝太安元年詔，曰：

> 其不孝父母，不順尊長，為吏姦暴及為盜賊，各具以名上，其言隱
> 者，以所匿之罪罪之。（卷五）

可見對孝道之重視。孝文帝嘗言：「三千之罪，莫大於不孝。」又曰：「孝順
之道，天地之經。」（卷七），並令侯伏侯可悉陵以夷言譯《孝經》之旨教授
人（《隋書・經籍志》），可見其重視。宣武帝為京兆等王講《孝經》於式乾殿
（卷八）。孝明帝幸國子學講《孝經》，於孝昌元年詔中彰揚孝道，曰：

> 大孝榮親，著之昔典，故安平毳毳，諸子滿朝。自今諸有父母年八
> 十以上者，皆聽居官祿養，溫清朝夕。（卷九）

觀孝文帝以來，胡主多以「孝」為諡，足見孝道觀念已落實於朝廷。據《周
書・秦族傳》所載，秦族遭母喪，大孝哀慕，明帝嘉其行而下詔曰：

> 孝為政本，德乃化先，既表天經，又明地義，……行標當世，理鏡
> 幽明，此而不顯，道將何述？（卷四六）

北周武帝亦言：「睹周公之制禮，見宣尼之論孝，實慰朕心。」（卷五）觀其

〔註7〕 按：《孝經・廣揚名篇》所云：「君子之事親孝，故忠可移于君。」（卷七）

禮遇于謹，尊爲三老，以弟子禮儀待之（《周書·于謹傳》卷一五），皆孝親觀念落實於政治者。〔註8〕據《隋書·經籍志》所載，北朝《孝經》著作之見存者計有十八部、六十三卷（卷三二），可見儒家倫常觀念於胡政權下所受之重視。〔註9〕

第三節　「春秋決獄」之政治意義

春秋三傳在北朝政治之實踐，旨在明禮法秩序與論是非善惡，并重其大義之援引。觀《史記·太史公自序》所言「春秋者，禮義之大宗。」〔註10〕北魏、程駿上表明太后所言「有禮於君」，任城王與張普惠所論「立碑頌題」，皆見春秋禮教引於政治者（《魏書》卷六○、七八）。惟「春秋決獄」之結合春秋大義與法治，在當代已不復盛行，探其由，北朝政權甚重法治，德治禮教實不及刑律之立竿見影。然而，採重法嚴刑之執行途徑，亦不免弊端；是故，結合儒、法，援引經義於司法之禮法觀念遂屢見於朝臣儒者之言，「春秋決獄」亦具有「引禮入法」之政治意義。

一、北朝律法與儒家之關係

儒家經典乃胡政權漢化之主要根據，然而，僅依禮教以維繫社會秩序，使民自律向善，殊爲不易；職是之故，法令規範實不可闕。察諸史傳，北朝律令之制定與漢儒之關係密切，崔浩之以「經義決獄」，高允之善於公羊，皆使經術融入律法之中；又如宋世景「明刑理，著律令，裁決疑獄，剖判如流。」仍屬「博覽群言，尤精經義」之儒者（《魏書》卷八八），可見北朝儒法具有某程度之結合關係。

然而，禮教之以德化人者緩，法令之以刑治人者速，當代朝臣學者對禮、法之主從、先後觀點，或主德以固根本，或主刑以謀效益，亦見調合之說，

〔註8〕　按：《禮記·文王世子篇》載：「遂設三老五更，群老之席位焉。」注曰：「三老五更各一人，皆年老更事致仕者也。天子以父兄養之，示天下之孝悌也。」
〔註9〕　陳朝暉〈論北朝儒學及其地位〉頁44就「鞏固君權」論胡人之闡揚孝道曰：「北朝統治者正是看到了孝的這種特殊價值，故而大力提倡孝道，利用"移孝爲忠"這一孝道根本原則，以鞏固君權統治。」
〔註10〕按：程發軔《春秋要領》於「左傳善於禮」條中羅列《左傳》「禮與非禮」之事，以明禮爲《春秋》之要義。

茲舉傳文以明。

就北朝整體施政與學風而言，「以刑爲先，禮教爲後」之法治觀念係其主流，觀《魏書‧任城王傳》中，孝文帝與任城王澄論「儒法與道權」一事，曰：

> （孝文帝曰）「昔鄭子產鑄刑書，而晉叔向非之，此二人皆是賢士，得失竟誰？」澄對曰：「子產爲得，而叔向譏議，示不忘古，可與論道，未可與權。」又曰：「季世之民，易以威伏，難以禮治，愚謂子產之法猶應暫用，大同之後，便以道化之。」高祖深善其對。（卷一九中）

任城王從現實立場提出權變觀點，觀其意，雖不失以儒道爲本，法治爲末，仍主先法後禮。蓋自經世效益而論，法雖治標，卻足以伏惡止奸，立竿見影；禮雖固本，民心實難以自覺向善。

察北朝政權對法治經世之重視，自魏及周皆然。《魏書‧酷吏傳》「序」言之甚明：「魏氏以戎馬定王業，武功平海內，治任刑罰，肅屬爲本，猛酷之倫。」（卷八九）北魏自道武帝天興元年至孝武帝太昌元年，多次改定律令，所定刑罰之「繁多猛酷」，《魏書‧刑罰志》（卷一一一）載之甚明。北齊胡主對律令之制定，其重視殆有過於儒學之推行，《北齊書‧酷吏傳》載曰：「自魏途不競，網漏寰區，高祖懲其寬怠，頗亦威嚴馭物，使內外群官，咸知禁綱。」（卷四七）觀齊律自麟趾格之頒布至於完成，歷時三十年，可謂精審。至於北周定律，法條繁多，定罪一千五百三十七條，甚重法律之施行。〔註11〕

誠然，重法嚴刑雖可維繫秩序，若不審慎執行，弊端乃生，觀《北齊書》所言：「賣官鬻獄，上下相蒙。」（卷四六〈循吏傳〉）「酷吏非人情所爲，無問事之大小，拷掠過度。」（卷四七〈盧斐傳〉）此皆重刑不知節制，所生之弊。緣是，主張以「禮」爲本爲先，以「法」爲末爲後之說遂生。

查《北齊書‧樂遜傳》記載，天保五年樂遜舉秀才，制詔問遜「刑罰寬猛」一事，遜對曰：

> 臣聞惟王建國，刑以助禮，猶寒暑之贊陰陽，山川之通天地。爰自末葉，法令稍滋，秦篆無以窮書，楚竹不能盡載，有司因此開以二門，高下在心，寒暑隨意，周官三典，棄之若吹毛。……故王者之治務，先禮樂，如有未從，刑書乃用，寬猛兼設，水火俱陳，未有

〔註11〕 參見徐道鄰《中國法制史論略》，頁 27～32。

專任商韓而能長久。（卷四五）

樂遜之意，係以德爲本，以法爲末，先禮而後刑，屬傳統儒家之言。

　　至於折衷儒法，結合其善，結合德刑之優點，則見《魏書》載胡人源賀、源思禮父子之事，源賀上書文成帝曰：

　　　　臣聞人之所寶，莫寶於生；全德之厚，莫厚於宥死。犯死之罪，難
　　　　以盡恕，權其輕重，有可矜恤。……是則已斷之體，更受全生之恩；
　　　　徭役之家，漸蒙休息之惠，刑措之化，庶幾在茲。（卷四一）

源氏之意，刑不可廢，然須權其輕重，符以人情。又源思禮上書宣武帝，曰：

　　　　臣以爲法貴經通，治尚簡要，刑憲之設，所以網羅眾人。苟理之所
　　　　備，不在繁典；行之可通，豈容峻制，此乃古今之達政，救世之恒
　　　　規。（《魏書・源賀傳》附〈源思禮傳〉卷四一）

觀其意旨，德刑可兼顧其善而致達政。蓋刑法乃治國之必備，若通達合理，簡要即可，何須繁典峻制以繩？此種輕刑重德，結合儒法之具體措施，屢見於史傳。據《魏書・太武帝紀》記載，太武帝於正平元年下詔曰：

　　　　夫刑網太密，犯者更眾，朕甚愍之。有司其案律令，務求厥中，自
　　　　餘有不便於民者，依此增損。（卷四下）

此即簡刑利民之詔。察孝文帝雖屢訂律條，然其態度嚴謹，輕刑之措施，尤著稱於後世。〔註12〕又《周書》載孝閔帝、武帝輕刑之事，曰：

　　　　（孝閔帝）朕甫臨大位，政教未孚，使我民農，多陷刑網。今秋律
　　　　已應，將行大戮，言念群生，責在於朕。宜從肆眚，與其更新，其
　　　　犯死者宜降從流，流以下各降一等。（卷三）

　　　　（武帝）降死罪及流罪一等，其五歲刑以下，並宥之。（卷五）

皆屬輕刑惠民之舉。至於斷獄以情，避免冤屈之舉，據《魏書》所載，孝文帝特告誡其弟禧，曰：「汝等國之至親，皆幼年任重三都，折獄特宜用心。」（卷二一上）宣武帝永平元年下詔曰：「察獄以情」，又曰：「愼刑重命」（卷八）。孝明帝延昌元年「詔立理訴殿申訟事，以盡冤窮之理。」於熙平二年詔曰：「察訟理冤，實維政首。躬親聽覽，民信所由。」並於延昌二、三年「御

〔註12〕按：《魏書・孝文帝紀》及《魏書・刑罰志》屢載孝文帝「輕刑」之舉。徐道
　　　鄰《中國法制史論略》，頁29論孝文帝改律之功，曰：「死刑止於三等，永絕
　　　門誅。慈祥愷惻，有逾文景。中葉以後，重禁止屠殺含孕，以爲永制。仁及
　　　禽獸，迥非後世所及。」

申訟事，親理冤訟。」（卷九）又北周武帝於建德五年下詔曰：「分遣大使周省四方，察訟聽謠，問民疾隱。其獄奸無章，侵漁黎庶，隨事究驗，條錄以聞。」（《周書‧卷六》）皆見胡主以情、理治獄，避免冤獄害民之產生。

就上述北朝法治中儒法關係而論，於嚴刑重法之執行過程中，因萌生弊病而屢見君臣輕刑重德、德刑並用之說，頗具法律道德化之意味。察諸史傳，亦見輕刑慎獄之官吏得其治效，若《魏書》載楊機「斷獄以情，甚有聲譽。」（卷七七）張偉「以仁德為先，不任刑罰，清身率下，宰守不敢為非。」（卷八四）再舉《周書》所載胡人獨孤信一事，曰：

> 先是，守宰闇弱，政令乖方，民有冤獄，歷年不能斷決。及信在州，事無壅滯，示以禮教，勸以耕桑，……數年之中，公私富貴，流民願附者數萬家。太祖以其信著遐邇，故賜名為信。（卷一六）

此乃結合儒法，獲賞於上，得民於下之顯例。然而，德刑觀念於當時之實踐，大抵屬一時權說，「嚴法重刑」實為主流。

二、「春秋決獄」之經世意義

「春秋決獄」之引經斷獄，係以經術緣飾吏事之具體措施。據《魏書‧刑罰志》記載，北魏太武帝太平真君六年「以有司斷法不平，詔諸疑獄皆付中書，依古經義論決之。」（卷一一一）自漢、董仲舒以來，春秋公羊乃經義訴訟之主要依據，其特點係採「經權」原則以「論心定罪」，即藉經義之變通行權，使人情道德成為司法判斷之重要參考，達到輕刑之目的。此本有利於以法治民之合理性，然而，之所以在法律執行下未得實效，經義決獄之缺乏客觀原則與經權作為之變質，乃其主因。

查諸史傳，北朝決獄案例已罕載錄，然就董仲舒之斷獄記載，與時人之論議，亦可述其得失。茲舉董仲舒「原心定罪」顯例：

> 甲父乙與丙爭言相鬥，丙以配刀刺乙，甲即乙杖擊丙，誤傷乙，甲當何論？或曰：毆父也，當梟首。論曰：臣愚，以父子至親也，聞其鬥莫不有怵悵之心，扶杖而救之，非所以欲詬其父也。《春秋》之義，許止父病，進藥于其父而卒，君子原心，赦而不誅。甲非律所謂毆父，不當坐。〔註13〕

〔註13〕引自梁治平〈經義決獄〉一文。

察此案例，「毆父與否」決定生死，可謂天壤之別；而心志動機爲其關鍵。是故，「毆父」依律當死，衡量以情理則判無罪，其間頗有斟酌之餘地，可見審訊標準之重要。觀北魏、辛雄論斷獄曰：

> 春秋之義，不幸而失，寧僣不濫，僣則失罪人，濫乃害善人，⋯⋯
> 小大用情，貴在得所。（卷七七）

依辛氏之意，可知春秋決獄之宗旨在於用情於法，而適得其所。蓋就決獄之理想效益言，確可防嚴法之僵硬，斟酌情理而得其應得刑罰；然而，若援經入法者之心術偏頗，焉能平允論斷他人之心以定罪。觀黃源盛〈董仲舒春秋折獄案例研究〉一文析論決獄之得失，頗具見地，曰：

> 經義斷獄，利弊互見，遇到聖君賢吏，則春秋「聖人仁民」之心充塞判決裏，可得刑罰之中，甚至邀寬典於其心之不可誅。但天下情僞無窮，若不得其人，則「心裁」動機可能不同，各有所見，也各有所偏，所以常常有一事而進退於「兩義」之間。⋯⋯何況「動機」是否純粹，屬於主觀的層次，很難作客觀的認知，它不像「行爲」那樣的客觀具體，因此也就很難「本其事」而「原其志」。〔註14〕

觀黃氏之意，秉持仁心而得「刑罰之中」，乃經義決獄之目的。然而，執法者行權以斷「犯者」之動機，往往隨主觀認定之不同，所產生之判決亦因人而異，察前文述及「子傷父」一事，若依法令則死，若依經義則「傷父」行爲不構成，在罪與非罪之「兩義」間進退抉擇，其關鍵繫於執法者之情操修養與善惡之認知標準；此種司法審判之客觀性，自不及依標準法令對犯者「具體行爲」之判定，況且，執法者一旦「鬻爵營私」，依違於經義、律法之間，或出於律法之外，實較「依法行事」者愈可達成其意圖，反大開權勢之門，則其流弊乃有甚於重法之執行。

如上所述，「春秋決獄」雖能補法治之不足，然援經義於審訊之執法者，其識見未必卓越，甚且陷於師心自用與名利權勢，此北朝政治之所以結合經術，於經義決獄則僅屬一時之論，蓋經世效益不及律法故也。

第四節　結　語

經世學風下之學術發展，雖不限於儒家經典，法、佛、史、讖緯，諸思

〔註14〕見頁 33～34。

想皆具實用效益，然其弊端亦往往可見，惟儒教最益於治國而有利於典章制度、秩序軌範之建立；此乃胡主於任用漢儒，推行漢化政策中，特重儒學教育之主由。

北朝發展儒學教育之宗旨在於實用，如何將經術落實於政治乃其目的所在，義理思維、名物訓詁實非當代治學之要。察史傳所載，諸經在政治上之實踐，《詩經》重嘉言景行之取則、《春秋》重倫常名分之褒貶、《禮經》重禮儀規範之建立、《尚書》重治國典章之參酌、《孝經》重孝道精神之發揚，尤以三禮對北朝漢化之影響特深。

「春秋決獄」提供司法審判之道德考量，乃結合儒法而落實德刑觀念之重要途逕。然而，北朝治獄實以法爲主，偶輔以儒教，講究具體規範之依循。觀援引經義以「論心定罪」，係憑藉主觀情理之判斷，本不符於經世實效之政風；若執法者心術偏頗，於權變依違之間擅攫名利，其害反有甚於嚴刑者，此「春秋決獄」不行於當代之主因。然而，就德刑、禮法觀念之提出，使法令具有道德意義而論，亦可反映當代儒學之推行成效。

第八章　北朝春秋學之發展及其特質

　　經學經兩漢之興盛，至魏晉以來，已大不如往昔；然而，在北朝經世觀念之主導下，具有歷史借鑒、敦倫正名之春秋學仍受儒者所重視。察史傳所載，北朝儒士拜博士者雖屢屢可見，專經學官之設立則罕見載文，除「禮經博士」梁越見載外，未見其他專經博士。可推知博士之立於學官，異於漢世之專於一經，而以博學通儒爲主，此殆與當代之政風、學風相應。緣是，春秋學既未專立於學官，欲詳考其師承實爲不易。

　　據《北齊書‧儒林傳》記載：「河北諸儒能通春秋者並服子愼所注，……其河外儒生，俱服膺杜氏，其公羊、穀梁二傳，儒者多不措懷。」（卷四四）又《北史‧儒林傳》記載：江左「左傳則杜元凱」、河洛「左傳則服子愼」，「其公羊、穀梁二傳，儒者多不措懷。……虔左氏春秋、休公羊傳，大行于河北。」（卷八一）由載文明顯可知，服氏左傳流行於北方，杜氏左傳流行於南方之地；惟《魏書》既載何休公羊傳「大行於河北」（卷八四），《北齊書》則載儒者多不措懷於公羊傳，《北史》又并載二說，對此，頗見學者之不同見解，下文將作論述。

　　關於儒者治春秋學之特點，大抵與當代之學術潮流相符，觀《世說新語‧文學篇》就南北治學之不同，藉喻以明「北博南精」之意，曰：「自中人以還，北人看書，如顯處視月；南人學問，如牖中窺日。」（卷上第四）《北史‧儒林傳》同其意，曰：「南人約簡，得其英華；北學深蕪，窮其枝葉。」（卷八一）就北人之治學態度而言，係「求博」以經世；就治學內容言，北方承繼之漢代學風小較南方明顯，緣是，學者主張北方治學保守，謹遵師訓者小屢屢可見〔註1〕。惟查諸史傳，北人之擇師疑師、不卒業而去者不乏其人，且治學務博、講授依循義例者皆北朝治學之傾向，而治春秋學之漸趨義疏與兼綜

〔註1〕　按：孔毅〈北朝的經學與儒者〉：「北方研習經書的儒者，多能保持漢儒篤實的學風，嚴遵師傳，以至不敢大膽發揮，經義比較保守。」（頁80）

三傳者不乏其人，可見當世學風發展及其特質之轉變。

　　魏冀隆、賈思同於北魏末期，因顓治服、杜二說之不同，而產生學術爭議，且各有學者擁其說；此學說爭議延至北齊，仍未見結果，《難杜》一書之集結遂成爲當代春秋學發展之重要著作，惟久已亡佚，僅殘存一卷。下文將就北朝服、杜爭議之背景原由及其影響作一探究。

　　徐遵明乃北朝儒者中治春秋之代表，其治學內容、方法與講授特點，影響北齊學術之發展甚深。又北周末年大儒－劉焯、劉炫以博學震撼學壇，乃南北學術交流下之總結者，其影響及於隋唐。就春秋學而言，二劉原書雖已亡佚，僅存劉炫之著作殘卷，然亦可探其治學之梗概。

第一節　春秋三傳之門派承傳與消長

　　自漢末鄭玄囊括大典，融通今古文，魏晉以來，春秋學之發展已無今古文之爭議，服氏左傳蔚爲北學所宗，尤以徐遵明之影響特深，惟史傳載文，僅得其門派承傳之概略，難以知其詳貌。至於公羊、穀梁不見重於學者，僅見兼綜三傳而罕見專門名家。茲據《魏書》、《北齊書》、《周書》之〈儒林傳〉，及其他傳紀所載，就學者對春秋三傳之喜好者、藉以教授者、注述者，列表如下，以見三傳在北朝消長之概況：〔註2〕

	左　傳		公羊	穀梁	三　傳
	服　氏	杜　氏			
北　魏 （含東魏）	劉蘭、張吾貴、徐遵明、李業興、魏冀隆、劉休和	劉蘭、張吾貴、裴佗、賈思伯、賈思同、姚文安、秦道靜、李崇祖、	梁祚、高允		崔浩、常爽、劉獻之、李彪、李謐、劉芳、孫惠蔚、董徵、張普惠、景先
北　齊	張買奴、鮑常暄、邢峙、馬敬德、劉晝、張思伯、張雕、王元則、衛覬、潘叔度、陳達				李鉉、孫靈暉
北　周 （含隋初）	熊安生、樂遜	蘇寬〔註3〕			房暉遠、劉焯、劉鉉

〔註2〕　按：本章表格中「？」係指「不確定」之意。
〔註3〕　按：蘇寬之名不見史傳，馬國翰《玉函山房輯佚叢書》輯得蘇寬《春秋左傳義疏》一卷，據其中有釋衛冀隆難杜二條，而「意蘇爲北儒賈思同、秦道靜之流也。」故列其名於周末隋初，下文將有所論述。

自上表概略可知，北魏學者治春秋以服、杜左傳，及兼綜三傳爲主。北齊在徐遵明影響下，大抵宗於服氏左傳；查《北齊書‧儒林傳序》所載：「河北諸儒能通《春秋》者，並服子慎所注，亦出徐生之門。」（卷四四）迨北周之時，雖仍以服氏爲主，然至周末隋初儒者之治學，兼綜三傳者漸眾，服氏衰微而趨於杜氏左傳，此春秋學之又一演變。

一、三傳之承傳狀況

北朝春秋學之承傳狀況，不僅官學中博士、弟子間之授受不明，私學雖盛於當時，名師之門下徒眾動輒百千，然而，師承脈絡除服氏左傳稍可察考外，餘皆難以明瞭。茲以史書〈儒林傳〉記載爲主，並參酌他傳，就學者之師承、弟子、及其著作，論述於下。

（一）左傳之承傳

左傳爲北朝春秋學之主流，服、杜二注之流傳於北周中期以前大抵呈現「服長杜消」之現象。惟就史傳所載，或僅知學者之深好左傳，卻不知其所宗者爲服注抑杜注；察《魏書》卷五三〈李孝伯傳〉、卷八四〈盧景裕傳〉，《北齊書》卷二三〈魏蘭根傳〉、卷三四〈楊愔傳〉、卷四四〈鮑季詳傳〉、卷四五〈顏之推傳〉，《周書》卷四一〈庾信傳〉、卷四五〈沈重傳〉所述諸人皆是，其師門、弟子亦無可查考。茲列服氏左傳〔註4〕之承傳關係如下：

朝代	姓　名	師　承	著　作	弟　子
北魏	劉　蘭	？王保安		張吾貴等眾
	張吾貴	劉蘭〔註5〕		千餘人
	徐遵明〔註6〕	？張吾貴	春秋義章	李業興、張買奴、馬敬德、邢峙、

〔註4〕　參見《魏書》卷七二〈賈思伯傳〉附載衛冀隆、劉休和，《玉函山房輯佚書目》「春秋類」蘇寬著作。

〔註5〕　按：《魏書‧劉蘭傳》僅載劉蘭「受春秋、詩、禮於中山王保安。」（卷八四）未明所受者爲何傳。然據《魏書‧張吾貴傳》所載，吾貴謂劉蘭云：「君曾讀左氏，爲我一說，蘭遂爲講。三旬之中，吾貴兼杜服，隱括兩家異同。」（卷八四）可見劉蘭兼善服、杜左傳。

〔註6〕　據《魏書‧徐遵明傳》所載：「（遵明）師事張吾貴，吾貴門徒甚盛，遵明伏膺數月，乃私謂其友人曰：張生名高而義無檢格，凡所講說，不愜吾心，請更從師。遂與平原田猛略就范陽孫買德，受業一年，復欲去之。」（卷八四）由傳文可知，徐遵明師張吾貴、孫買德之時間皆短，俱因不愜其學而去，所

		？孫買德		張思伯、張雕、鮑長暄、王元則、？平鑒、？〔註7〕楊元懿、？宗惠振、〔註8〕熊安生、樂遜
	李業興〔註9〕	？鮮于靈馥 徐遵明		
東魏	衛冀隆		難杜氏春秋	
	劉休和			
	李崇祖		左傳服氏解釋謬	
北齊	張買奴	徐遵明		千餘人
	鮑長暄	徐遵明		京師教授
	邢 峙	徐遵明		
	馬敬德	徐遵明		燕趙間隨之者眾
	劉 晝	馬敬德		
	張思伯	徐遵明	左氏刊例	
	張 雕	徐遵明		數百
	王元則	徐遵明		
	衛 覬			
	潘叔度			
	陳 達〔註10〕			

受影響殆淺；又，傳文未明受何學於二人。

〔註7〕 按：《北齊書・平鑒傳》載平鑒：「少聰敏，頗有志力，受學於徐遵明。」（卷二六）未載受何學於徐遵明。

〔註8〕 據《北齊書・李鉉傳》所載：「（李鉉）以鄉里無可師者，遂與州里楊元懿、河間宗惠振等結侶詣大儒徐遵明受業，居徐門五年，常稱高第。」（卷四四）楊、宗二人隨徐氏就學五年而稱高第，受其影響當深，惟是否承傳服氏左傳仍屬未明。

〔註9〕 按：李業興師鮮于靈馥、徐遵明二者之經過，見載於《魏書・李業興傳》曰：「時有漁陽鮮于靈馥亦聚徒教授，而遵明聲譽未高，著錄尚寡。業興乃詣靈馥黌舍，類受業者，乃謂曰：李生久逐羌博士，何所得也，業興默爾不語。及靈馥說左傳，業興問其大義數條，靈馥不能對，於是振衣而起曰：羌子弟正如此耳！遂復徑還。自此靈馥生徒傾學而就遵明，遵明學徒大盛，業興之為也。」（卷八四）由傳文可知，李業興不傳鮮于之學甚明。又，載文雖不明載其受服氏左傳於徐氏，然自其善於左傳，且其子李崇祖習服學，推知李氏亦善於此。

〔註10〕 按：《北齊書・儒林傳序》載曰：「又有衛覬、陳達、潘叔度，不傳徐氏之門，亦為（服氏）通解。」（卷四四）可見陳達習服氏學。

| 北周 | 熊安生〔註11〕 | 陳　達
？徐遵明 | | ？馬光、張黑奴、竇士榮、孔籠 |
| | 樂　遜 | 徐遵明 | 春秋序論
春秋序義 | |

　　由上表明顯可見，北朝之服氏左傳係以徐遵明爲中心之門派承傳，據《魏書·徐遵明傳》所載：「陽平館陶趙世業家有《服氏春秋》，是晉世永嘉舊本，遵明乃往讀之，復經數載，因手撰《春秋義章》，爲三十卷。」（卷八四）此徐遵明習服氏學之所由。惟部分學者如王保安、孫買德等，因傳文未明載其師承授受即「服學」，故僅列其概略關係如下：

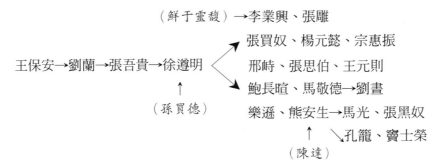

　　至於杜氏春秋在北朝之門派承傳，已難得其梗概，王保安、陰鳳等未能確定其學爲「杜氏左傳」，僅賈思同、秦道靜等數人可知。茲列表如下：〔註12〕

朝代	姓　名	師　　承	著　　作	弟　子
北魏	劉　蘭	？王保安		張吾貴等眾
	張吾貴	劉蘭		千餘人
	裴　佗			
	賈思伯	？陰鳳〔註13〕		授北魏孝明帝
東魏	賈思同	？陰鳳	春秋杜氏難駮	授東魏孝靜帝
	姚文安		左傳服氏解駮妄	
	秦道靜			

〔註11〕按：據《周書·熊安生傳》所載，熊安生「事徐遵明，服膺歷年。」未明所學爲何。然熊氏受三傳於陳達，陳氏又善服學，可知熊氏亦傳服學。至於其弟子「擅名於後者，有馬榮伯、張黑奴、竇士榮、孔籠、劉焯、劉炫等皆其門人焉。」（卷四五）除二劉兼綜三傳外，其餘未明所學爲何。

〔註12〕參見《魏書》卷七二〈賈思伯傳〉附載賈思同、姚文安、秦道靜，卷八八〈裴佗傳〉，《北史》卷八一〈姚文安傳〉、〈李崇祖傳〉。

〔註13〕據《魏書·賈思伯傳》所載，賈思伯、思同兄弟皆師事北海陰鳳，然未明是否傳其杜氏之學。

（二）公羊、穀梁二傳之承傳

北朝學者治春秋雖以服氏左傳爲主，兼綜三傳大義者屢屢可見，且屬北周中期以來之學風所趨；然而，專治公、穀二傳者乃乏人問津，尤以穀梁爲然，察諸史傳，殆無一人。據《隋書‧劉炫傳》所載，吏部尚書韋世惠問其所能，劉炫自狀其學，曰：

> 周禮、禮記、毛詩、尚書、公羊、左傳、孝經、論語、孔、鄭、王、
> 何、服、杜等注，凡十三家，雖義有粗細，並堪講授。周禮、儀禮、
> 穀梁，用功差少。（卷七五）

以劉炫之學綜南北、博通諸經，蔚爲周末隋初之一代宗師，對穀梁尚「用功差少」，此學之不見重於當時愈明矣！

至於專治公羊者亦僅北魏梁祚、高允二人見載（下表）。如上所述，自難以明瞭二傳之承傳狀況。

朝代	姓　　名	師　　承	著　　作	弟　子
北魏	梁祚			
	高允〔註14〕		左傳釋、公羊釋、議何鄭膏肓事	

（三）兼綜三傳之承傳〔註15〕

北朝兼綜三傳者不乏其人，然其師承脈絡僅粗略可得，難得概貌，茲就下表列其關係：

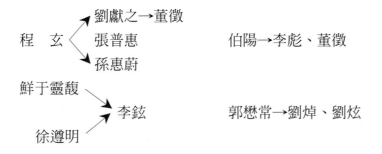

程　玄　＜　劉獻之→董徵
　　　　　　張普惠　　　　　伯陽→李彪、董徵
　　　　　　孫惠蔚

鮮于靈馥
　　　　　＞　李鉉　　　　郭懋常→劉焯、劉炫
徐遵明

〔註14〕參見《魏書》卷四八〈高允傳〉。
〔註15〕參見《魏書》卷三五〈崔浩傳〉、卷四三〈房景先傳〉、卷四五〈辛子馥傳〉、
　　　　卷五五〈劉芳傳〉、卷六二〈李彪傳〉、卷九○〈李謐傳〉、卷七八〈張普惠傳〉，
　　　　《北史》卷八一〈房暉遠傳〉。

朝代	姓　名	師　承	著　　　作	弟　子
北魏	崔　浩		春秋注	
	常　爽		春秋略注	？元贊等七百餘人〔註16〕
	劉獻之	？程玄〔註17〕	三傳略例	
	李　彪	？伯陽〔註18〕	春秋三傳述	
	李　謐		春秋叢林	
	劉　芳		何休所注公羊音、范寧所注穀梁音	
	辛子馥		三傳經說異同	
	孫惠蔚	程玄		周流儒肆名於冀方
	董　徵	伯　陽劉獻之		
	張普惠	？程玄		
	房景先		春秋三傳問	
北齊	李　鉉〔註19〕	鮮于靈馥徐遵明	三傳異同	燕趙言經者多出其門
	孫靈暉			
隋初	劉　焯	郭懋常〔註20〕	春秋述義	不可勝數
	劉　炫	郭懋常	春秋攻昧、春秋左傳杜預序集解、春秋規過、春秋左氏傳述義	
	房暉遠			動以千計

二、三傳消長之原由

　　自鄭玄融通今古文以來，已無左傳與公穀二傳之爭，代表古文之左傳則成爲三傳主流，經三國至北朝，大致如此。以下就「學術價值」與「政治背

〔註16〕按：《魏書・常爽傳》未載其弟子何人承傳其春秋之學。
〔註17〕按：《魏書・劉獻之傳》、《魏書・張普惠傳》僅記二人就學於程玄，未明是否受春秋三傳，然據《魏書・孫惠蔚傳》所載，惠蔚曾師程玄讀春秋三傳，劉、張二人殆亦受此學。
〔註18〕按：《魏書・李彪傳》並未載明受何學於伯陽，然據《魏書・董徵傳》所載，董徵「師清河監伯陽，受論語、毛詩、春秋、周易。」或曾受三傳於伯陽。
〔註19〕按：鮮于靈馥治左傳，徐遵明善服氏春秋，二人對李鉉治三傳當有影響。
〔註20〕據《隋書・劉焯傳》所載，二劉同受左傳於郭懋常。

景」探討消長之由。

（一）左傳之流行

　　左傳於北朝之流行狀況，可就顓治服、杜左傳與兼綜三傳而論。就前文表格所載大抵可見，北魏時期服、杜左傳與通習三傳之狀況并行；北齊、北周時期，則服學獨盛、杜學式微，治三傳或見數人；至周末二劉以來，杜學漸凌服學，兼綜三傳成爲研習春秋學之主流。如上所說，無論專治或兼綜，左傳實流行於北朝。

　　左傳之所以流行，其主由有三：其一，左傳重禮，內容關於禮制之記載甚多，乃胡人漢化、建立儀軌以穩定倫常秩序之重要參考。〔註21〕其二，左傳善於史實，尤其行軍作戰之記載頗多，對於戰事頻仍之北方政權，具有借鑒參酌之意義；觀北方自十六國以來，五胡君主喜讀史書者屢有其人，劉淵、沮渠蒙遜、石勒、慕容盛、苻丕、李雄，至北朝明元帝、孝文帝、宣武帝諸帝皆是。其三，左傳屢載巫祝、災異之事，與胡人迷信之性格相應。〔註22〕

（二）公穀之衰微

　　由於公穀二傳皆屬今文經，自兩漢以來，其消長發展往往同一趨勢，清、甘雲鵬於《經學源流考》中即論二傳之表裏關係爲「盛則并盛，廢則并廢。」并分析其原因曰：

　　　　曹魏之氏，賈逵、服虔之訓解盛行於世。至杜預以左癖，主張左氏
　　　　學，公穀之學於是寖衰。（卷六）

依甘氏之意，自杜預注解左傳以來，公穀愈顯衰微。查諸史傳，確罕見一人專治穀梁傳，而公羊傳亦僅二、三人；皮錫瑞《經學歷史》即載曰：

　　　　據北史，河、洛主服氏左傳外，不聞更有何氏公羊；且云：「公羊、
　　　　穀梁，多不措意。」儒林傳載習公羊春秋者，止有梁祚一人；而劉
　　　　蘭且排毀公羊，則此所云公羊大行，似非實錄。〔註23〕

穀梁傳因文辭過簡，論義理不及公羊傳之精闢，述史實不及左傳之詳贍，自魏晉以來，已乏儒者專治其中。然而，學者據《北史・儒林傳》載有何休公羊傳「大行于河北」之文，遂以爲公羊亦流行於北朝者亦屢有其人，張西堂

〔註21〕按：程發軔《春秋要領》「左傳善於禮」中，舉「禮與非禮」例二十有餘，足
　　　　資參考。
〔註22〕參見程發軔《春秋要領》「左氏好爲預言」條。
〔註23〕頁173。

〈三國六朝經學上的幾個問題〉一文即據此傳文并舉梁祚等四人好公羊，及通習三傳者眾，以明《北史·儒林傳》「公羊、穀梁二傳，儒者多不措懷。」之非。〔註24〕又陳鴻森〈魏晉南北朝經學史小識〉一文復就「二事」以論公羊之流行，其一，據《魏書·梁祚傳》言祚「尤善公羊春秋、鄭氏易，常以教授。」認為既以公羊教授，必有從習者。其二，據《魏書·劉蘭傳》載蘭「排毀公羊，又非董仲舒，由是見譏於世。」認為當時固有明習三傳而不尚墨守者，故劉蘭之排毀反為世所譏。陳氏於羅列諸多通習三傳者之後，乃下結論曰：

> 據是，則北方明習公羊者，實繁有徒，特當時學風不尚墨守，故學
> 者或三傳兼習，鮮以公羊專門名家耳。〔註25〕

陳氏之說，雖未有實據，仍大致可採；惟北朝以左傳名家而非三傳兼習者，乃所在多有，相較於公羊之鮮以專門名家者，顯然可見其興衰。

察上述諸家之言，未就《北史·儒林傳》為何既載何休公羊傳「大行於河北」，又載學者對此傳「多不措懷」，二者之明顯差異提出原由，茲就《魏書·儒林傳》、《北齊書·儒林傳》、《北史·儒林傳》之載文以論。

> 至於興和武定之世，寇難既平，儒業復光矣。漢世鄭玄并為眾經注
> 解，服虔、何休各有所說，玄易、書、詩、論語、孝經，虔左氏春
> 秋，休公羊傳大行於河北。（卷八四）

就《魏書》所述，鄭玄、服虔之學流行於北方無庸置疑，自上文可知北魏學者治左傳與通習三傳之狀況并行於當時，而專治公羊者亦見其人，若據傳文所載，則東魏孝靜帝興和、武定之世，公羊殆大行一時。此種發展狀況，與《北齊書》所載「其公羊穀梁二傳，儒者多不措懷。」（卷四四）未必矛盾，蓋李百藥於唐初撰史時，殆就北齊儒者「多不措懷」於公穀二傳之整體狀況，加以陳述。至於《北史》之撰作係採上述二傳為本，所記載者乃北朝一代，而不限於北魏、北齊之朝，故前後載文看似矛盾，實乃不同時期之發展耳！

如上所述，公羊傳雖流行於一時，終究不及左傳之盛，察其原由，實用價值固為主因，「禁讖」一事之影響實不可忽。蓋兩漢公羊之興盛，與流行於當代之讖緯思想結合相關；北朝公羊之漸衰，與禁讖之頻，殆亦相關。

察讖緯思想與胡人迷信性格相應，作為異象徵兆之省察，確有勸善止惡

〔註24〕參見該文頁54。
〔註25〕參見該文頁13。

之意義；察《魏書‧世宗紀》所載，宣武帝延昌三年因地震而下詔：「祈畏兢兢，若臨淵谷，可恤癃寬刑以答災。」（卷八）北周武帝建德二年「皇太子於岐州獲二白鹿以獻，詔答曰：在德不在瑞。」（《周書‧武帝紀》卷五）皆是。又讖緯觀念往往被上位者引以爲順天應民之工具，藉此肯定政權之正統合理性，若適切運用以安秩序，亦可裨於治國；惟其弊往往過於穿鑿附會，混亂朝政，反成爲謀臣奪權竄弒以稱帝之合理憑依，甚至於淪爲亂民造反之思想根據，漢末黃巾之亂即屬顯例。〔註 26〕職是之故，早北朝數百年之東漢桓譚即就讖緯虛誕、非治國之本上疏勸諫；〔註 27〕然因此思想確有利於統治者愚民之用，其勢難遏，至北朝亦然。茲舉「高氏代魏」一事以明。

據《北齊書‧宋景業傳》記載，景業曾上書文宣帝，藉圖緯以明高氏之應得天下，曰：

> 易稽覽圖曰：鼎，五月，聖人、君天與延年齒，東北水中。庶人王高得之。謹按：東北水謂渤海也，高得之，明高氏得天下也。（卷四九）

觀魏收於《魏書‧靈徵志》中亦舉二事以明「齊代魏之徵也」，載曰：

> （景明帝）延昌三年，八月辛巳，兗州上言泰山崩頹，石湧泉十七處。泰山，帝王告成封禪之所也，而山崩泉湧，陽黜而陰盛。岱又齊地也，天意若曰：當有繼齊而興，受禪讓者，齊代魏之徵也。（卷一一二上）

> （出帝）永熙三年二月，永寧寺九層浮圖災，既而，時人咸言有人見浮圖飛入東海中，永寧浮圖靈像所在。天意若曰：永寧見災，魏不寧矣。渤海齊獻武王之本封也，神靈歸海，則齊室將興之驗也。（卷一一二上）

此即權臣託異象以竊帝位之顯例。

如上所述，讖緯既與胡人性格相符，又利於正統地位之確立，理應愈爲盛行；然而，載舟之水亦能覆舟，上位者藉此竊權，豈容臣下援此以行，庶民據此以亂？觀《北齊書‧李渾傳》附〈公緒傳〉所載：「（緒）尤善陰陽圖

〔註 26〕按：《三國志‧魏書武帝紀》載云：「桓靈之間，諸明圖緯者，皆言：漢行氣盡，黃家當興。」

〔註 27〕《後漢書‧桓譚傳》載譚上疏之文曰：「凡人情忽於見事而貴於異聞，觀先王之所記述，咸以仁義道德爲本，非有奇怪虛誕之事。蓋天道性命，聖人所難言也。」（卷二八）

緯之學，嘗語人云：吾觀齊之分野，福德不多，國家世祚，終於四七。」（卷二九）如此言論，豈容於上？是以，若《續高僧傳・超達傳》所述：「魏帝禁圖讖尤急，所在搜訪。」上既禁止，必影響其發展。據《魏書・孝文帝紀》太和九年詔所述：

> 圖讖之興，起於三季，既非經國之典，徒爲妖邪所憑。自今圖讖秘
> 緯及名爲孔子閉房記者，一皆焚之，留者以大辟論。又諸巫覡假稱
> 神鬼、妄說吉凶，及委巷諸卜，非墳籍所載者，嚴加禁斷。（卷七上）

讖緯受此大創，對公羊傳之發展自有不利影響。觀古正美〈北魏初期儒學發展的問題〉一文中，就帝王禁讖之原由，與儒學因此受挫，述其觀點曰：

> 由于儒學與讖緯之術結合的關係，每當皇帝在大打擊民間讖緯時，
> 間接也打擊到民間儒學的發展。讖緯之學，北魏皇帝雖然使用很多，
> 而且也是他們做王的基本信仰，但是民間使用讖緯是他們所不樂意
> 接受的事實。他們認爲，民間可以使用讖緯來叛亂，更可以使用讖
> 緯來作亂人心。〔註28〕

古氏所言，頗爲可採。蓋帝王對讖緯思想之態度，無論基於信仰，抑僅出於迷信群眾之目的，皆欲藉此以謀政權之利。然庶民之運用此思想實帝王所不喜；緣是之故，與讖緯關係較深之公羊傳，自不免因禁讖而影響其發展。

第二節　學者治春秋之傾向

在北朝實用學風主導下，春秋學之發展亦趨向此風，從師態度、治學方法、講學特質莫不受其影響。茲舉北周大儒樊深一事，以明當代學風之一端：

> 太祖置學東館，教諸子弟，以深爲博士。深經學通贍，每解書，嘗
> 多引漢魏以來諸家義而說之，故後生聽其言者不能曉，皆背而譏之
> 曰：樊生講書，多門戶不可解。（《周書・儒林傳》卷四五）

可見學問精深，未必當時所需；師法門派，非時人所重。講書務在令人易於通曉，方利於實用，「不能曉」、「不能解」遂受譏於人。又樊深「雖博贍，訥於言辭，故不爲當時所稱。」（同上）講書之善於言辭神采，乃時風所重。

茲就北魏、北齊、北周期間，善於春秋三傳者依師承、治學內容與講授特點，列表於下，以利於探討學者治春秋之趨向。

〔註28〕頁935。

朝代	姓名	師承	治學內容與特色	春秋	著作
北魏	梁祚		歷治諸經，尤善公羊春秋	公羊	國統
	崔浩		博覽經史、玄象陰陽、百家之言、無不關綜、研精義理。	三傳	五經注、五黃元曆、修國史
	高允		博通經史、天文術數、尤好春秋公羊。	公羊	左傳釋、公羊釋、議何鄭膏肓事、毛詩拾遺、論雜解、修國史
	李孝伯			左傳	
	常爽		博聞強識，明識維候，五經百家，多所研綜。	三傳	六經略注
	劉獻之	程玄	博觀眾籍，貶抑名法。依義例講授左傳。門徒皆經通之士。著作宗旨，頗異舊義，海內疑滯，咸決於獻之。	三傳	三傳略例、三禮大義、毛詩序義、涅槃經注
	李彪	伯陽	博學高才	三傳	春秋三傳述、修國史
	李謐	孔璠：小學	博通諸經、周覽百氏。鳩集諸經，廣校異同。覽始要終，論端究緒。	三傳	春秋叢林
	劉芳		經傳多通、博聞強記、兼覽蒼雅、尤長音訓。	三傳	何休所注公羊音、范寧所注穀梁音、徐州人地錄、周官義證、儀禮義證、禮記義證
	辛子馥			三傳	三傳經說異同
	劉蘭	王保安	博物多識，明陰陽，兼通五經。讀左氏，五日一遍。推經傳之由、注者之意，參以緯候及先儒舊事。	左傳	
	張吾貴	酈銓：禮 牛天祐：易 劉蘭：左傳	其所解說，不本先儒之旨。講授服杜左傳，義例無窮，皆多新異，學者以此益奇之。	服氏 杜氏	
	孫惠蔚	董道季：易 程玄：禮、春秋三傳	世以儒學相傳，侍講禁內，夜論佛經，號惠蔚法師。	三傳	
	徐遵明	王聰：毛詩、尚書、禮記 張吾貴 孫買德	博學通儒，轉益多師，臨講坐必持經執疏，然後敷陳其學。	服氏	春秋義章

	董　徵	伯陽：易、毛詩、春秋、論語 高望之：周官 劉獻之：諸經	諸經大義精練	三傳	
	盧景裕		注諸經，好釋氏。	左傳	注易、書、詩、禮記、春秋左氏、論語、孝經、老子
	張普惠	程玄	百家之說、多所窺覽	三傳	
	房景先		通贍精博	三傳	五經疑問、修國史
	裴　佗			杜氏	
	李業興	鮮于靈馥 徐遵明	耽思章句，好覽異說，覽讀不息，多有異聞。	服氏	
	賈思伯	陰鳳		杜氏	
東魏	賈思同	陰鳳		杜氏	春秋杜氏難駁
	魏冀隆			服氏	難杜氏春秋
	劉休和			服氏	
	李崇祖			服氏	左傳服氏解釋謬
	？蘇寬			杜氏	春秋左氏傳義疏
	姚文安			杜氏	左傳服氏解駁妄
	秦道靜			杜氏	
北齊	李　鉉	李周仁：毛詩、尚書 劉子猛：禮記 房虯：周官、儀禮 鮮于靈馥：左傳 徐遵明		三傳	三傳異同、周易義例、毛詩義疏、三禮義疏、論語義疏、孝經義疏
	楊　愔		汎覽群書	左傳	
	魏蘭根			左傳	
	張買奴	徐遵明	經義該博	服氏	
	鮑季詳		離文析句，自然大略可解。	左傳	
	鮑長暄	徐遵明	兼通禮傳	服氏	
	邢　峙	徐遵明	通三禮、左氏春秋	服氏	
	劉　晝	馬敬德	自謂博勿奇才	服氏	
	馬敬德	徐遵明	沉思研求，解義為諸如所稱。	服氏	
	張思伯	徐遵明	善說左氏傳，為馬敬德之次。	服氏	左氏刊例

	張　雕	徐遵明	遍通五經，尤明三傳。諸儒服其強辯。	服氏	
	孫靈暉		三禮三傳皆通宗旨，善於發明。	三傳	
	王元則	徐遵明		服氏	
	魏覬			服氏	
	潘叔度			服氏	
	陳達		雖不傳徐氏之業，亦為通解。	服氏	
	顏之推		博覽群書，無不該洽。	左傳	
北周	沈　重		博覽群書，尤明詩、禮、左氏春秋。陰陽圖緯、道經釋典，靡不畢綜。	左傳	周禮義、儀禮義、禮記義、毛詩義、喪服經義、周禮音、儀禮音、禮記音、毛詩音
	熊安生	陳達：三傳房虯：周禮徐遵明李鉉：禮	博通五經，討論圖緯，發先儒所未悟者。	服氏	周禮義疏、禮記義疏、孝經義疏
	樂遜	徐遵明：左傳諸經	著春秋序義，通賈服說，發杜氏違辭，理并可觀。	服氏	毛詩序論、春秋序論、春秋序義、論語序論、孝經序論
	庾　信		博覽群書，尤善春秋左氏傳。	左傳	
隋初	劉焯	劉軌思：詩郭懋常：左傳熊安生：禮	聰明博學，賈馬王鄭所傳章句，多所是非。	三傳	五經述議、曆書
	劉炫	劉軌思：詩郭懋常：左傳熊安生：禮	博學多識	三傳	春秋攻昧、春秋左傳杜預序集解、春秋規過、春秋左氏傳述議、尚書述議、毛詩述議、注詩序、倫與述議、孝經述議、五經正名、算述
	房暉遠		明春秋諸經，兼善圖緯。	三傳	

一、就從師觀念而論

　　基於博學致用之學術宗旨，傳統從師態度之固守師法、家法已不能見受於北朝學者。自上表並參以史傳所載可知，北魏初期之師承並不清楚，中晚

期〔註 29〕至北齊初期，學者積極擇師以從之情形則漸普遍，雖有公、穀、左傳之異，服、杜二說之差別，其從師態度皆罕見差異。至於北齊、北周之學術大抵出於徐遵明，與北魏之擇師多師不同。茲舉《魏書・徐遵明傳》以明：

> 年十七，隨鄉人毛靈和等詣山東求學，至上黨，乃師屯留王聰受毛詩、尚書、禮記，一年便辭聰。詣燕趙，師事張吾貴，吾貴門徒甚盛，遵明服膺數月，乃私謂其友人曰：張生名高而義無檢格，凡所講說，不愜吾心，請更從師。遂與平原田猛略就范陽孫買德受業，一年，復欲去之，猛略謂遵明曰：君年少，從師每不終業，千里負帙，何去就之甚，如此用意，終恐無成。遵明曰吾今始知眞師所在，猛略曰：何在？遵明曰：正在於心。（卷八四）

由遵明之屢屢從師、每不終業可知，自主求知、無囿成規乃其獨立爲學之特點，所謂「不愜吾心」、「眞師在心」之觀念與恪守師門之傳統，相差遠矣！據《魏書》記載，胡叟即因不愜於當時腐儒之普遍，大儒之難訪，而「學不師受」。〔註 30〕又李謐初師孔璠，後數年，璠還就謐請業，同門乃曰：「青成藍，藍謝青，師何常在？」（卷九〇）師生易位豈見容於兩漢之時？正因「師何常在」，是以負帙求學以擇師亦甚自然；《魏書・劉獻之傳》所載，劉獻之即因通經，成爲一代儒宗，「海內諸生多有疑滯，咸決於獻之。」（卷八四）可見追求大儒乃當代之學風。然而，因擇師而責師亦見諸史傳所載，茲舉徐遵明門生李業興之事以明：

> 時有漁陽鮮于靈馥亦聚徒教授，而遵明聲譽未高，著錄尚寡，業興乃詣靈馥黌舍，類受業者。（靈馥）乃謂曰：李生久逐羗博士，何所得也？業興默爾不言。及靈馥說左傳，業興問其大義數條，靈馥不能對，於是振衣而起曰：羗弟子正如此耳，遂復徑還。（卷八四）

就「尊師」而言，此時的確不如往昔；然就爲學之獨立而言，實具正面意義。此種多師、疑師乃至於以眞師在心之態度正是北魏中晚期學者之特點，陳朝暉於〈論北朝儒學及其地位〉論述此種學風曰：

> 由死守一經到博涉諸經，由盲目從師到擇師而從，師心自見，敢於

〔註 29〕　按：本文依年代與國勢將北魏分爲三期：第一期：道武帝、明元帝、太武帝。第二期：文成帝、獻文帝、孝文帝、宣武帝。第三期：孝明帝以後。

〔註 30〕　《魏書・胡叟傳》：「（叟）學不師受，友人勸之，叟曰：先聖之言，精義入神者，其唯易乎！猶謂可思而過。末世腐儒，粗別剛柔之位，寧有持頤未兆者？就道之義，非在今矣！」（卷五二）

懷疑前人，評說前人，自創新說。〔註31〕

然而，由於徐遵明之學術影響甚深，其治學雖屢易師門，弟子則未承此習，
乃定其學於一尊，迨周末隋初二劉之興，又見博學多師之風矣！〔註32〕

二、就治學特點而論

　　就北朝治學之特點而論，大抵可以北魏中晚期之徐遵明分爲前後，徐氏
之前，自主治學之觀念較爲明顯，故擇師頻見，所治內容含括諸子百家之學，
對於前賢之說往往有質疑；徐氏之後，則所學內容雖博採諸經，然僅限於儒
經，尤其以遵明爲宗之北齊爲然；至周末隋初之一代宗師劉炫出，學風又與
北魏中期前，求博學、獨立且具有批判之精神相應。

　　北朝治學之主要觀念，據《魏書》載李謐於〈明堂制度論〉中批評鄭玄
所論「五室之位」，可作爲代表，辭曰：

　　余謂論事辨物，當取正於經典之眞文。援證定疑，必有驗於周孔之
　　遺訓，然後可以稱準的矣！……余竊不自量，頗有鄙意，據理尋義，
　　以求其眞，貴合雅衷，不苟偏信，乃藉之以禮傳，考之以訓注，博
　　採先賢之言，搜通儒之說，量其當否，參其同異，棄其所短，收其
　　所長，推義察圖，以折厥衷，豈敢必善，聊亦合其言志矣！……先
　　儒不能考其當否，便各是所習，卒相非毀，豈達士之確論哉？……
　　鄭康成。漢末之通儒，後學所宗正，釋五室之位，謂七居中，木火
　　金水各居四維，然四維之室，既乖其正，施令聽朔，各失厥衷，……
　　可謂攻於異端，言非而博，疑誤後學，非所望於先儒也。……余恐
　　爲鄭學者，苟求必勝，競生異端，以相訾抑。（卷九〇）

李謐乃北魏中期前之儒者，其治學態度及其方法，由載文可知，主要有三：
其一，爲學須有本，當取於經典眞文，以爲立論根據，乃能定疑，不致於任
意放矢。其二，爲學須博，廣採先賢通儒之說，並考之訓注，取長棄短，通
達己見，不流於偏信而攻訐非毀，而能求眞尋義，以爲折衷，有所「稱準」。
其三，不囿於門戶之見，雖通儒亦有異端之論，不可爲求勝而相互訾議。此
三點尤以客觀質疑，不盡信前賢之說，乃魏晉之少見，而北魏中期酈道元《水

〔註31〕頁45。
〔註32〕按：《隋書‧劉焯傳》載曰：「（焯）與河間劉炫結盟爲友，同授詩於同鄉劉軌
　　　　思，受左傳於廣平郭懋常，問禮於阜城熊安生，皆不卒業而去。」（卷七五）

經注》、北齊、顏之推《顏氏家訓》中皆可見。〔註33〕

　　觀李氏治學觀念之求博學、探眾說、推義尋理，求客觀、重前賢之言而不囿於門互、疑所當疑，所言可謂詳矣！茲再引史傳數例以明。

　　（彧）少有才學，時譽甚美，……博覽群書，不為章句。（《魏書》卷一八）

　　（回軌）博通經傳，與光錄大夫武邑孫惠蔚同志有善。惠蔚每推軌曰：封生之於經義，非但章句可奇，其標明綱格，總括大歸，吾所弗如者多矣！（《魏書》卷三二）

　　（李瑒）涉歷史傳，頗有文才，每謂弟郁曰：士大夫學問稽博古今而罷，何用專經為老博士也。（《魏書》卷五三）

　　（平鑒）少聰敏，頗有志力，受學於徐遵明，不為章句，雖崇儒業而有豪俠之氣。（《北齊書》卷二六）

　　（刑邵）有書甚多而不讎校，常笑曰：何愚之甚，天下書至死讀不可遍，焉能始復校此，……若思不能得，便不勞讀書。（《北齊書》卷三六）

　　（柳慶）博涉群書，不治章句。（《北周書》卷二二）

　　（李賢）從師受業，略觀大旨而已。（《北周書》卷二五）

　　（崔謙）歷觀經史，不持章句，志在博聞而已。（《北周書》卷三五）

　　（韓褒）少有志尚，好學而不守章句，其師怪而問之，對曰：文字之間，常奉訓誘，至於商較異同，請從所好，師因此大奇之。及長，涉獵經史，深沉有遠略。（《北周書》卷三七）

　　（姚僧垣）少好文史，不留意於章句，時商略古今，則為學者所稱。（《北周書》卷四七）

　　（樂運）少好學，涉獵經史而不持章句。（《北周書》卷四○）

〔註33〕段熙仲《中國史學家評傳》論酈道元之為學特點曰：「他用以鑑定材料的可信性時，在實踐中重視思考，有取有捨。在引用非直接經驗時，實事求是，並無成見；亦不主觀，只要求真實。……為著求實，大膽地提出對經文的異議，細心考證，提出一個『經之誤證』的論點，全書中曾出不窮的指出經文水道的訛誤。」（頁235～236。）又《顏氏家訓‧書證篇》：「仲尼修春秋，而經書孔丘卒，……皆由後人所屏，非本文也。」

由上述所引載文，可知稽博古今、明識義理大旨、不重章句訓詁、爲北朝治學之主要觀念。就上表所錄善於春秋之學者，其治學特點亦符於此風。茲舉數例以明。

> （獻之）博觀眾籍，……六藝之文，雖不悉注，然所標宗旨，頗異舊義。

> （劉蘭）推經傳之由，注者之意，參以緯候及先儒舊事，……又明陰陽，博物多識。

> （張吾貴）其所解說，不本先儒之旨。

> （李業興）覽讀不息，多有異聞，諸儒服其淵博。

> （熊安生）博通五經，……討論圖緯，發先儒所未悟者。

由上引數例可明，博學深思，悟先儒所未悟，爲學獨立，能具己見，乃當代學風之特質。至於熊安生之徒劉炫更彰顯此種治學特點而影響周末隋初之學術甚深。

察劉炫之治學態度，能不因循先儒定見，《隋書·儒林傳》載其治學「賈馬王鄭，所傳章句多所是非。」此種具有批判思維之客觀態度在其著作往往可見，觀《春秋左傳義疏》論「襄公二十四年經，秋日有食之既。」曰：

> 其字則變古爲篆，改篆爲隸。書則縑以代簡，紙以代縑，多歷世代，年數遙遠，喪亂、或轉寫誤，失其本眞，先儒因循，莫能改易。執文求義，理必不通，後之學者，宜知此意也。

又於「昭公二十一年傳，日有食之，不爲災。」論曰：

> 先儒以爲周之十月，夏之八月，秋分之月也，……足明此是先賢寓言，非實事也。

又劉炫不囿於傳統尊經，治學善疑之態度，亦可屢見；茲舉《春秋左傳義疏》二例：「桓六年傳，使魯爲其班後鄭。」「襄公二十五年經，秋八月己巳諸侯同盟于重丘。」分別疏曰：

> 襄五年戍陳，書經，此亦戍齊，亦宜書經；疑史闕文，以史策本闕，仲尼不得書之。

> 傳云七月，經言八月，杜以長歷校之，七月十二日有己巳，知是經誤也。

上文主要就北朝儒者之治學觀念與方法而論，茲就當代治學之重「兼綜之學」

以論。

　　察北朝學者之重視博學兼綜，著重通義之學，簡伯賢《今存南北朝經學遺籍考》即就南北朝之治學狀況，論其學術發展之原由，曰：

　　　　南北朝之世，師法既壞，而通學啓軌。顓門之學，篤守既難；兼綜之途，爲功自易。是以諸儒說經，類多依違採擇；非能純守一家一派也。〔註34〕

簡氏就師法既喪後「顓門難守、兼綜易爲」論南北朝治學之所以不限一經一派者，頗爲可採。蓋政政重實用，顓經之深究章句訓詁亦不符於時勢所趨。

　　關於義疏之體，源於漢魏，成於南北朝而盛於唐。漢儒治經，重於師法、家法，所作箋注，皆以章句訓詁爲主；鄭玄之遍注群經、博通今古，雖簡化章句之繁瑣，亦不外此。及至魏晉，不拘今古文，亦不執專經，乃以專注爲本，大抵北宗鄭玄、南崇王肅，皆以明注。南北朝時，春秋學之北服南杜，亦以專注爲主，且北學所宗鄭學，相較於南學，固較樸實，然此時之講學、著書已漸趨義疏形式，雖執專注，而能旁引諸家之說以爲證。觀北魏、徐遵明每臨講座必「持經執疏，然後敷陳其學。」（《魏書》卷八四）又據《北齊書‧儒林傳》「序」所述：「諸儒如權會、李鉉、刁柔、熊安生、劉軌思、馬敬德之徒，多出自義疏，雖曰，亦皆粗習也。」（卷四四）可知傳注之體已漸趨義疏之體。

　　觀義疏之形成原由，就北學而論，其一，係因學者不愜於文字訓詁之簡古繁瑣。〔註35〕其二，係因專注之易於艱澀，集解之內容繁多，須皆加以疏解。〔註36〕其三，通達義理較利於實用。其四，與佛教之講論形式相關。南方則因玄學與佛理易於契合，且習於清談之故，義疏發展尤述，故著作大抵以疏體爲主；宋明帝《周易義疏》、梁武帝《周易講疏》、謝沈《毛詩義疏》、

〔註34〕序例頁4。
〔註35〕馬宗霍《中國經學史》中論及訓詁轉爲義理之原由曰：「蓋訓詁之難精，不如義理之易了。承學之士，避難趨易，勢有固然。」（頁65）
〔註36〕張西堂〈三國六朝經學上的幾個問題〉論義疏形成之原由曰：「專主一家的注來講經，注意隱晦之處，不得不加以疏解。論其興起，也當是由于不得不然之勢。」（頁49）沈玉成《春秋左傳學史稿》亦就學術發展觀點，提出疏通經傳有利於義疏之形成，曰：「漢人解經重在詮釋名物制度，發揮"大義"，由于去古未遠，用不著做多少疏通文義的工作。兩晉以後，語言中的詞義、語法都發生了更大的變化，疏通經傳的文義成了經師們的任務之一。」（頁152）又，魏晉注學漸趨北朝義疏之體例，集各家注之集解著作乃屬重要過程，如西晉、杜預《春秋經傳集解》、劉兆《春秋三家集解》、北魏、酈道元《水經注》，經由集各家異同之說，從而疏解其義理，實利於義疏之形成。

皇侃《論語義疏》皆是。北方則經學與佛教間義理之相互影響爲少，是以義疏之形成則遲於南朝，劉獻之《三傳略例》、徐遵明《春秋義章》殆近於義疏；〔註37〕及至北齊、李鉉《三禮義疏》，北周、熊安生《周禮義疏》，隋初、劉焯《春秋述議》、劉炫《春秋攻昧》、《春秋左氏傳述議》、《春秋規過》已屬疏體之著作矣。茲舉劉炫之著作爲例，以明義疏闡釋文義較「注」之爲詳也。

觀《春秋左傳義疏》疏「桓公六年傳，博碩肥腯。」曰：

> 杜以博碩肥腯，據牲體而言，季梁推出此理，嫌其不寔，故云其寔皆當兼此四謂。又民力普存，非畜之形貌，而季梁以之解情，又申之民力，適完則得生養六畜，故六畜既大而滋息也。博碩言其形狀大，蕃滋言其生乳多；碩大蕃滋，皆複語也。

又疏「襄公二十六年傳，私欲己侈，能無卑乎。」曰：

> 不心競而力爭，不務德而爭善，皆道子朱之心，非叔向之罪。杜言二子不心競，似亦并則叔向者，以鬥雖一曲一直，乃是兩人爭理，故以二子言之，據其鬥而言力爭，則叔向亦爭，爭善則叔向無之，叔向以子員無私，欲令應客，縱子員應客，亦非叔向爭善，叔向無可爭。杜云爭，謂所行爲善，惟子朱之心也。

按：上例中，劉炫補充杜預解釋「博碩肥腯」之不足；下例中劉炫就「不心競」係指子朱，非杜預之似指子朱、叔向二人，闡釋其見解，義疏之長於「釋詞闡義」亦可見矣！

三、就講授、論學而言

由於北朝治學漸趨義疏之敷陳己見，而不重視訓詁名物之學，與之相應者，乃藉「例」講學以展現個人學養，及「析辯論學」以凸顯辭采風格，此遂成爲當代學風特質。

據《魏書》記載，劉獻之善春秋、毛詩，每講左氏，盡隱公八年便止，云：「義例已了，不須復解，由是弟子不能究竟其說也。」（卷八四）並著有《三傳略例》一書。張吾貴於三旬之中兼左傳服杜之學以授諸生，「義例無窮，皆多新異。」（同上）學者頗奇其才。徐遵明之講學，「每臨講坐，必持經執疏，然後

〔註37〕按：此二書已佚，僅存目而已；惟劉獻之治學「博觀眾籍」、「所標宗旨，頗異舊義。」（《魏書·劉獻之傳》卷八四），徐遵明講經必「持經執疏，然後敷陳其學。」故判其著作近於義疏之體。

敷陳其學徒，至今浸以成俗。」（《魏書》卷八四）上述講學風格頗受佛教登壇講經之影響，由「至今浸以成俗」可知，自徐遵明後，善於聚眾以「藉例敷陳」，採層次井然地陳述己學，具有自我風格之講學方式，已成爲當代習尚。察北齊、崔暹之子達挐年僅十三，「暹命儒者權會教其說周易兩字，乃集朝貴名流，令達挐開講。」（卷三〇）又張思伯「善說左氏傳，爲馬敬德之次，撰《刊例》十卷，行于世。」（《北齊書》卷四四）皆屬上述講學之特質。

　　北朝儒者除治學貴於博聞，講學貴於精彩外，論學之辭采析辯，亦當時之所重，觀北齊、張雕遍通五經，尤明三傳，「諸儒服其強辯。」（《北齊書》卷四四）北周、呂思禮「受學於徐遵明，長於論辯，諸生爲之語曰：講書論易，其鋒難敵。」（《北周書》卷三八）樊深「雖博贍，訥於言辭，故不爲當時所稱。」（卷四五）可見論辯之風已漸成習尚。迨至隋初，此風大盛；據《隋書》記載，劉焯每一升座，則「論難鋒起」，然皆不能屈（卷七五）。元善講春秋之義，則諸儒畢集，「引古今滯義以難」（卷七五），隋煬帝時且「徵天下儒術之士，悉集內史省，相次講論。」（卷七五）。

　　前文論及北人之治學已漸趨義疏，而不以名物考證爲重，惟其討論之義理不同於南人所傾心之老莊周易玄學，係就通俗制度之實用道理加以論述。據《魏書》記載，胡叟善於辨疑釋理，自十六國入魏後，京兆韋祖恩聞其名，欲與之論「天人之際」，叟對曰：「稱天人者，其亡久矣！」（卷五二）由於北學之著重實用經世，不僅北魏初天人之學「其亡已久」，查諸史傳，亦少見通於天人深義而以之爲論者。又《北史·儒林傳》所載：「諸生盡通小戴禮，于周禮、儀禮兼通者十二三焉。」（卷八一）當時儒者之所以盡通禮記而疏於周禮、儀禮者，殆因二禮艱深於制度，不及禮記之通俗而易於討論。〔註38〕

　　由上述可知，當代學者所漸趨之論辯學風，其內容大抵在於義理而非考證之學。

第三節　左傳服杜學之爭議及其消長

　　左傳「服杜之爭」乃北朝春秋學發展之大事，據《北史·儒林傳》記載，鄭玄遍注群經，爲北方儒者所宗，惟闕春秋，故流行服虔所注左傳之學。據

〔註38〕按張西堂〈三國六朝經學上的幾個問題〉論曰：「周禮、儀禮之學不甚發達的原因之一。因爲周禮、儀禮說理的地方較少，而不合于談論之風的。」（頁37）

《世說新語》所載，鄭、服本屬一家，〔註39〕宗服即宗鄭，南方則盛杜預之左傳學（卷八一）。「服杜之爭」係發生於北魏晚期之門戶爭議，乃南學傳入北方所造成之學術事件，其原由與南朝青州之併於北方，杜注遂產生影響之關係密切，「服消杜長」之趨勢正反映南學漸盛北學之結果。

一、「服杜爭議」之始末及《春秋傳駁》之成書

關於《左傳》服、杜二說之爭議，據《魏書‧賈思同傳》所記載之過程，曰：

> （思同）與國子祭酒韓子熙並爲侍講，授靜帝杜氏春秋。……思同之侍講也，國子博士遼西衛冀隆爲服氏之學，上書難杜氏春秋三十六事，思同復駁冀隆乖錯者十一條，互相是非，積成十卷。詔下國學集諸儒考之，事未竟而思同卒。卒後，魏郡姚文安，樂郡秦道靜復述思同意。冀隆尋亦物故，浮陽劉休和又持冀隆說。至今未能裁正焉。（卷七二）

茲就此段載文，并參酌史傳所述，論其要點如下：

其一，杜氏春秋之受當代重視，由賈思同授魏靜帝、魏冀隆上書難杜而相互是非，乃至於下詔集諸儒探究，顯然可見。緣此學之愈盛，擁服注之學者遂起，門派之爭乃生矣，而傳統北學所受南學之衝擊，蓋自北朝晚期以來，日益彰顯。

其二，自北魏末期，迄魏收撰修《魏書》之時（北齊天保二年～五年）已歷十餘年，服杜之爭仍「未能裁正」，二派之學者互起，可見爭議之聲勢相當。據《北齊書‧儒林傳》、《北史‧李崇祖傳》記載，姚文安、秦道靜初習服學，後乃兼杜氏，姚文安且質難服氏，撰《左傳服氏解駁妄》七十七條，李崇祖爲申明服義，遂撰《左傳服氏解釋謬》。〔註40〕又有蘇寬一人，名不見載於史傳，無法斷定其確切年代，然而其說屢見引於孔穎達《春秋左傳正義》中，馬國翰《玉函山房輯佚叢書》即自正義輯得《春秋左傳義疏》一卷，內

〔註39〕按：《世說新語‧文學篇》：「鄭玄欲注《春秋傳》，尚未成，時行與服子慎遇，宿客舍，先未相識。服在外車上與人說己注傳意，玄聽之良久，多與己同。玄就車與語曰：“吾久欲注，尚未了，聽君向言，多與吾同，今當盡以所注與君。”遂爲服氏注。」此記載可作爲鄭、服春秋學相近之參考。

〔註40〕按：崇祖乃李業興之子，業興乃徐遵明之弟子，遵明顓服氏學，宜崇祖之申服義。

容疏春秋經傳凡二十四條，並序曰：「正義每引之以與杜氏相證，今即從正義所引，輯爲一卷。疏有釋衛冀隆難杜二條，意蘇爲北儒賈思同、秦道靜之流也。」按：定蘇寬爲賈、秦之流，除正義所舉「與杜氏相證」及「釋衛冀隆難杜二條」外，〔註41〕此佚文內容闡釋杜說者亦屢可見；〔註42〕是故，自蘇寬年代在孔穎達前、賈思同後，可推其爲東魏至唐初間之儒者。又按：孔穎達《春秋正義》「序」中批評蘇寬之左傳學曰：「晉世杜元凱爲左氏集解，專取丘明之傳以釋孔氏之經，晉宋傳授，以至於今。其爲義疏者，則有沈文何、蘇寬、劉炫，……蘇氏則全不體本文，唯旁攻賈服，使後之學者鑽仰無成。」察《春秋左傳義疏》佚文，未如孔氏所言蘇寬「唯旁攻賈服」之內容，然而，就蘇寬治學傾於杜氏左傳，於疏通文義時，乃能取公穀之長而以「左氏爲短」，〔註43〕可見其治學之獨立且善於批評，正與周末之學風相應，是故，蘇寬應屬周末隋初之人。

承上所述，學者於「服杜爭議」中之互起質難，可見二派儒者殆非少矣！惟據史傳所載，可確定者僅得數人；主服學者：衛冀隆、劉休和、李崇祖。主杜學者：賈思同、姚文安、秦道靜、蘇寬。衛、賈諸儒之影響當較深遠，故見載於史也。

其三，魏冀隆上書難杜氏春秋三十六事，思同復駁其乖錯，雖僅十一條而能積成十卷，可見論議內容之豐富；惟此書早亡，今僅存《玉函山房輯佚叢書》一卷，係馬國翰自孔疏所輯之殘文九條，〔註44〕然其內容非僅衛、賈

〔註41〕 按：正義所引之與杜氏相證之例：莊公十一年「京師敗曰王師敗績于某。」正義：「杜以尊卑逆順言之，天王不應有戰敗之事，遂申說凡例。……蘇氏之說義亦如此。」又宣公九年「辛晉侯黑臀卒于扈。」正義：「杜注春秋，又爲釋例前後，經傳堪當備盡，豈晉侯二年始立，……蘇氏亦以爲然。」「釋魏冀隆難杜」二例：成公十一年「夏，季文子如晉報聘。」、襄公九年「閏月戊寅，濟于陰阪。」

〔註42〕 按：闡釋杜說之例：襄公十年「會吳于柤。」杜注：「吳不稱子，從所稱也。」蘇寬云：「謂諸侯直稱之曰吳，故從諸侯之所稱也。至於黃池之會，自去其僭號而稱子，以告令諸侯，故諸侯亦從而稱之也。」又襄公十七年「衛石買、孫蒯伐曹，取重丘。」杜注：「孫蒯不書非卿。」蘇寬曰：「孫氏世爲上卿，蒯若是上卿，應書蒯，不書石買，故云：非卿也。或曰：事由孫蒯，故決之。」

〔註43〕 按：蘇寬疏「（莊公六年經）三甥曰：之鄧國者必此人也。」之內容中認爲「左氏爲短」。

〔註44〕 按：王謨《漢魏遺書鈔》亦輯衛、賈辯駁之文，成《難杜》一卷，內容與馬氏所輯皆從孔穎達正義而來，然僅八條，且所輯之文較簡，故本文採馬氏所輯爲探究依據。

二人之辯駁，亦見秦道靜、蘇氏宗杜之說，可見此九條乃二派之遺文，與原書十卷之內容已異。馬序曰：

> 此書隋唐志並不載，蓋隋因梁之七錄詳南而略北，唐時原書不存，故皆缺也。孔穎達正義引「衛難秦釋」五條，又引「衛難蘇釋」二條，又引衛難下釋、不著姓名者二條。……輯錄爲卷，據史題賈思同撰，原其始也；題姚文安、秦道靜述，明一家之學也。

按：正義所引服、杜二派之辯論者，除衛冀隆、秦道靜之名可肯定外，據馬國翰所注，「不著姓名」者所釋之文即賈思同駁語而省其名，而「蘇氏」即指蘇寬。至於內容之辯論關鍵，係在「義例」之解釋不同，〔註45〕茲舉桓公七年「書名」例以明：「春，穀伯、鄧侯來朝，名，賤之也。」餘皆類此。〔註46〕

> 杜注：「辟陋小國，賤之禮不足，故書名。」
>
> 衛難曰：「穀鄧在南地，屬衡岳。以越棄彊楚，遠朝惡人，卒至於滅亡，故書名以賤之。杜駁論先儒，自謂一準丘明之傳，今辟陋之語，傳本無文，杜何所準馮，知其辟陋？傳又稱莒之辟陋，而經無貶文，穀鄧辟陋，何以書名，此杜義不通。」
>
> 秦釋曰：「杞桓公來朝，用夷禮，故曰：子杞文公來盟。傳云：賤之，明其行夷禮也。然則，穀鄧二君，地接荊蠻，來朝書名，明是賤其辟陋也。則此，傳有理例，故杜據而言之。」

就杜、衛、秦三氏所釋左傳「書名」之由，「辟陋無禮」與「遠朝惡人」二說之差異，即對此「例」採不同之觀點。

二、青州杜注與「服杜爭議」之關係

就《北齊書》、《北史》所載，服氏左傳既流行於北方，何以杜注能於北魏末期受君臣重視，而與服注抗衡，乃至於產生學派之爭；探其所以，青州杜注之傳入係其主由。據《魏書·儒林傳序》記載：

> 晉世杜預注左氏，預玄孫坦、坦弟驥於劉義隆世並爲青州刺史，傳其家業，故齊地多習之。（卷八四）

〔註45〕按：汪惠敏〈簡著「今存南北朝經學遺籍考」質疑〉一文將南北朝遺籍分爲「以章句訓詁爲主」、「以闡說義理爲主」二類，又將後者分爲「魏晉名理之辨」及「老莊玄言釋經」二類，而將此書定爲「名理之辨」（頁69）。

〔註46〕按：其餘八例爲：「稱己君之名」例、「過時而烝」例、「齋廩遇災」例、「史官過失」例、「間無異事」例、「報聘蒞盟」例、「閏月」例、「孤卿」例。

可見，杜注於永嘉之亂隨士族南遷，而流行於劉宋時之青州。察青州一地，居南北之中，本屬學術交流之要津；北魏獻文帝（宋明帝）時派軍攻佔青、徐二州，《魏書》即載「（獻文帝）皇興三年，徙青州民於京師。」（卷六）緣是，杜注乃易於北方流行。

據《魏書·賈思伯傳》記載，賈思同即屬青州人士，且歷任青州別駕、青州大中正等職（卷七二），其宗杜必受該地之影響頗深；且思同曾任侍講，並授靜帝杜氏春秋，可見，杜注之所以能傳入朝廷，必與思同之關係密切。

如上所述，因青州歸於北魏所有，使杜學漸行於北方，竟足以進入宮廷，服學之原有地位必深受威脅；職是之故，其傳承者藉「質難爭議」以固守此學誠自然之勢也。

三、南北學術之交流與「服消杜長」之趨勢

南學、北學之差異，大抵因學術特質之不同，非就南北地域、南北政權以為區分，觀皮錫瑞《經學歷史》所論：「南學、北學，以其所宗主分之也。當南北朝時，南學亦有北人，北學亦有南人。」〔註47〕蓋就儒學而論，北學主鄭玄、南學主魏晉，〔註48〕北人多習北學，南人多習南學；惟北人所習未必北學，南人未必南學，然因南北學術交流而兼南北學之儒者乃屢屢可見。

據《魏書·李業興傳》記載，李業興出使南朝，與梁武帝臣朱异論「委粟為南郊」一事，即不專主鄭玄之說（卷八四）。又酈道元《水經注》博引眾書，採《尚書》孔傳之說者凡十三見，引左傳杜注者凡六十餘見，皆屬南學，而不限於北學。至於南朝亦然，雖宗魏晉之學，亦見漢學之流傳；據《南齊書·陸澄傳》記載，永明初，陸澄領國子博士，「時國子學置鄭王易、杜服春秋、何氏公羊、麋氏穀梁。」杜預、服虔之左傳學同立於學官，其後且發生崔靈恩「申服難杜」、虞僧誕「申杜難服」之爭議（《梁書·儒林傳》卷四八）。又據孔穎達《禮記》「正義序」論及皇侃之學術曰：「皇氏雖章句詳正，微稍繁廣。又既遵鄭氏，乃時乖鄭義。」可見，南學、北學之流傳並不限於南方、北方。

關於南北學術交流之原由，或出自帝王之喜好、或因戰事之紛擾、或緣於政治之情勢，使南北儒者於遷徙互動之過程中接受不同學術，並將己身所

〔註47〕頁208。
〔註48〕按：南、北學雖有宗主之不同，然異中有同，詩並主毛公，禮則同遵鄭康成。

學影響異地學者。據《魏書・李同軌傳》記載，魏孝武帝曾於永熙二年幸平等寺，敕同軌與僧徒論法，頗善之。永熙三年春，南梁蕭衍因深耽釋學，於愛敬、同泰二寺講《涅槃大品經》，遂「引同軌預席，衍兼遣其朝臣并其觀聽，同軌論難久之，道俗咸以為善。」（卷八四）此即緣於帝王喜好，使北人南下，交流佛法之例。又北周武帝於南梁元帝時，徵沈重北上京師，詔令討論五經，并於紫極殿講儒、釋、道三教之義，朝中儒士、桑門道士臨聽者二千餘人（《周書》卷四五），沈重乃一博覽群籍、尤明詩、禮、左傳之儒者，其學術對北人必具影響力。

上述二例中，李同軌、沈重之所以能南下、北上者，固出於帝王之允許；然而，南北政權亦見通和之時，《北齊書・崔暹傳》、《周書・庾信傳》皆見載文，〔註49〕學術文化於此時交流係屬自然之事。惟南北之敵對仍屬常態，若非戰事動盪或政局紛擾，南北人士自不頻於遷徙。據《周書》、《隋書》等史傳所載，發生於梁武帝時侯景之亂與其後之江陵亂事，不僅摧殘南梁宗室，人民北移者甚眾，其中不乏儒者、皇室中人，北朝政權對於避難漢儒亦頗重其才而善用之，職是之故，此番亂事反有助於南北學術之相互吸收。茲舉數例以明。

（顏之儀）幼穎悟，三歲能讀孝經。及長，博涉群書，好為詞賦，……江陵平，之儀隨例遷長安，世宗以為麟趾學士。（《周書》卷四〇）

（樂運）少好學，涉獵經史，……年十五而江陵滅，運隨例遷長安，……臨淄公唐瑾薦為露門學士。（同上）

（元善）性好學，遂通涉五經，尤明左氏傳。及侯景亂，善於周武帝，甚禮之，以為太子宮尹，賜爵江陽縣公，每執經以授太子。（《隋書》卷七五）

（蕭該）梁荊州陷，與何妥同至長安，性篤學，詩、書、春秋、禮記並通大義。（同上）〔註50〕

胡主之器重北上南儒，顯然可見。至於因政權恩怨而北來之漢儒，尤以王肅之見重於北魏孝文帝為然。據《北史・王肅傳》所載，王肅因其父遭蕭頤所

〔註49〕《北齊書・崔暹傳》：「魏梁通和，要貴皆遣人隨聘使交易。暹惟寄求佛經，梁武帝聞之，為繕寫以幡花、寶蓋、贊唄，送至館焉。」（卷三〇）《周書・庾信傳》：「時陳氏與朝廷通好，南北流寓之士各許還其舊國。」（卷四一）

〔註50〕按：《北史・何妥傳》載其學術曰：「撰周易講疏三卷、孝經講疏二卷、莊子義疏四卷。」（卷八二）

殺，乃於太和十七年，自建業來奔，傳文曰：

> 孝文方幸鄴，聞其至，虛己待之。引見問故事，肅詞義微妙，帝促
> 席移景，不覺坐之疲也。（卷四二）

南儒之所以深受北地政權倚重者，實因漢化之需才孔急。察北儒南下者亦屢
載於史傳，若《梁書‧儒林傳》所載諸人：崔靈恩、孫祥、蔣顯，雖人數不
及北地南儒之眾，然而，因此等儒士之「聚徒講說」，其學術亦具影響焉。

　　南北學術經長期交流後，就儒學而論，學者所宗漸趨南學，漢學衰微而
以魏晉學術爲主；至隋朝時，鄭學地位不復往昔。茲引《隋書‧經籍志》所
載五經之發展狀況以明。

> （易）至隋，王注盛行，鄭學浸微，今殆絕矣。（書）至隋，孔鄭並
> 行而鄭氏甚微。（詩）鄭箋至今獨立。（禮）唯鄭注立於國學。（春秋）
> 至隋，杜氏盛行，服義及公羊、穀梁浸微，今殆無師說。

察北學併於南學之主由，係因學風之由「繁」趨「簡」，治學風格及所宗學術
有所不同；皮錫瑞《經學歷史》即就「捨難趨易」論之曰：

> 南朝衣冠禮樂，文采風流，此人常稱善之。……經本樸學，非顓家
> 莫能解，俗目見之，初無可悅。北人篤守漢學，本近質樸，而南人
> 善談名理，增飾華詞，表裏可觀，雅俗共賞。故雖以亡國之餘，足
> 以轉移一時風氣，使北人舍舊而從之。〔註51〕

至於其他學者所論，如張西堂認爲「南學所用注本實在比北學要好，要方便，
要完全。」〔註52〕係就注本之優劣以論；或就治學之疏實而論，如陳鴻森認
爲「北學本身之荒疏實其併於南學之主因。」〔註53〕就張氏所言，南學所用
注本未必善於北學，然謂之爲「精簡」則可；就陳氏所言，北人治學雖罕言
義理，而重經世實用之學，然未必「荒疏」，觀酈道元《水經注》即屬內容豐
富、撰寫客觀之作。

　　承上所言，南學所依注本之簡約，及義疏說理之精彩，相較於北學所依
注本之繁瑣，考證名物之篤實，「由繁趨簡」乃北人治學之所趨；鄭玄雖博學
通達，遍注群經，使繁瑣家法歸於簡而成一家之言，然相較於魏晉學術，仍
不免於名物制度之詳悉考證，而罕於義理陳說。察《北史‧儒林傳》所載：「南

〔註51〕頁 200。
〔註52〕見〈三國經學上的幾個問題〉頁 55。
〔註53〕見〈北學經學的二三問題〉頁 1075。

人約簡，得其英華；北學深蕪，窮其枝葉。」顯然可見「褒南貶北」之意，然學者據此而持「褒北貶南」之說者亦可屢見；〔註 54〕不過，無論褒北貶南，抑貶北褒南，北人儒學由「深蕪」轉爲「約簡」乃不易之事。惟北人雖漸趨義理，而捨樸實之東漢遺風，然與南人之侈言玄學名理，無關乎社稷民生相較，〔註 55〕北人治學仍不失「經世實用」之旨。

至於北朝春秋學之發展，亦在此種「趨簡務實」之風下形成「服消杜長」之狀況。汪惠敏於〈簡著「今存南北朝經學遺籍考」質疑〉一文中就左傳服杜學之「消長」論之曰：

> 觀杜注左傳，頗重平實而無怪誕之說，此蓋魏晉學術思想之趨向。
> 在於思想上之變遷，東漢服虔之注雖已較公穀爲實，然偶有拘於章
> 句訓詁，或攙合讖緯，曲爲辭說，此乃東漢學風使然。取服杜二書
> 較之，杜注能巍然獨存，實非偶然。〔註 56〕

服虔注釋左傳之內容既同於鄭玄意旨，自與鄭學「樸實無華、詳考禮制」之平實風格相近。所謂讖緯信仰之「攙合」雖見於鄭、服學中，然而，此乃當代學術之習染，對於經世實用之學術宗旨並無所害。是故，杜注之所以能取代服注而存者，在於擺脫章句訓詁之拘束，而能參酌眾家學說，採集解方式，既便於客觀說理而趨於義疏之發展，形式亦簡明井然而免於繁蕪。是故，杜注雖見譏以「棄經信傳」、「曲爲辭說」，〔註 57〕仍能巍然獨存者，實有以也。

四、南北儒學之統一與劉炫之春秋學

南北學術於長期交流下，隨著隋文帝之統一南北政權，北學併於南學之情勢愈爲確定，〔註 58〕據《北史・儒林傳》所載，隋代學術雖曾衰微，然大

〔註 54〕按：蔣伯潛《經學纂要》，頁 169、章權才《魏晉南北朝經學史》，頁 183、李威熊《中國經學史發展史論》，頁 239，皆見維護北學、貶抑南學之論。

〔註 55〕按：南人治學之「約簡」，無關「實用」之道，皮錫瑞《經學歷史》論之曰：「說經貴約簡，不貴深蕪，自是定論；但所謂約簡者，必如漢人之持大體、玩經文，口授微言，篤守師說，乃爲至約而至精也。若唐人謂南人約簡得其英華，不過名言霏屑，騁揮麈之清談；屬詞尚腴，侈雕蟲之餘技。」

〔註 56〕頁 67。

〔註 57〕按：簡博賢《今存南北朝經學遺籍考》「述例」貶抑杜注曰：「王弼之後，杜預棄經信傳，汩以臆說，是以弼注行而易亂，杜解惑而春秋壞。」

〔註 58〕按：北學雖漸衰而以南學爲主，並非「有南學而無北學」；察《隋書・房暉遠傳》所載：「上嘗令國子生通一經者并悉薦舉，將擢用之，既策問訖，博士不

致尚稱興盛，頗能以儒教治國。〔註59〕就其時學者而論，北儒劉焯、劉炫之博學多聞尤稱一代儒宗，影響當時學術甚深；《北史・儒林傳》、《隋書・儒林傳》對二劉之贊譽可謂高矣！〔註60〕以春秋學而論，二劉之著作雖早已亡佚，僅存劉炫《春秋左氏傳述義》及《規過》之輯佚殘卷，〔註61〕亦可明其大要。

關於二劉學術之師承、內容及方法，《隋書・儒林傳》載錄其梗概曰：

> （焯）聰敏沉深，弱不好弄，少與河間劉炫結盟爲友，同授詩於同鄉劉軌思，受左傳於廣平郭懋常，問禮於阜城熊安生，皆不卒業而去。……賈、馬、王、鄭所傳章句，多所是非。……推步日月之經，量度山海之術，莫不覈其根本，窮其秘奧，著稽極十卷、曆書十卷、五經述義並行於世。劉炫聰明博學，名亞於焯，故時人稱二劉焉。（卷七五）

> （炫）少以聰明見稱，與信都劉焯閉戶讀書，十年不出。……吏部尚書韋世惠問其所能，炫自爲狀曰：「周禮、禮記、毛詩、尚書、公羊、左傳、孝經、論語、孔、鄭、王、何、服、杜等注，凡十三家，雖義有粗精，並堪講授。周易、儀禮、穀梁，用功差少。史子文集，嘉言美事，咸緝於心。天文科曆，窮覈微妙。」……著論語述義十卷、春秋攻昧十五卷、五經正名十二卷、孝經述義五卷、春秋述義

能時定臧否，祭酒元善怪問之，暉遠曰：江南河北，義例不同，博士不能遍涉，學生皆持其所短，稱其所長，博士各各自疑，所以久而不決也。」（卷七五）可見南北學之不同義例內容乃當時博士所須兼備者也。

〔註59〕《北史・儒林傳》載曰：「自正朔不一，將三百年，師訓紛綸，無所取正。隋文膺朝纂曆，平一寰宇，頓天網以掩之，貫旌帛以禮之，設好爵以縻之：於是，四海九州，強學待問之士靡不畢集焉。天子乃整萬乘，率百僚，遵問道之儀，觀釋奠之禮，博士罄懸河之辯，侍中竭重席之奧，考正亡逸，研覈異同，積滯群疑，渙然冰釋。於是，超擢奇雋，厚賞諸儒，京邑達乎四方，皆啟黌校，齊魯趙魏學者尤多，負笈追師，不遠千里，講誦之聲，道路不絕，中州之盛，自漢魏以來，一時而已。及帝暮年，精華稍竭，不悅儒術，專尚刑名，執政之徒，咸非篤好。暨仁壽間，遂廢天下之學，唯存國子一所，弟子七十二人。煬帝即位，復開庠序、國子郡縣之學，盛於開皇之初。」（卷八一）

〔註60〕按：《北史・儒林傳》「論曰」：「劉焯德冠搢紳，數窮天象，既精且博，洞究幽微，鉤深致遠，源流不測，數百年來，斯一人而已。」（卷八一）《隋書・儒林傳》「序曰」：「二劉拔革出類，學通南北，博極古今，後生鑽仰，莫之能測，所製諸經義疏，搢紳咸師宗之。」（卷七五）

〔註61〕按：據隋書本傳所載二劉之春秋著作：劉焯《春秋述義》，劉炫《春秋攻昧》、《春秋左傳杜預序集解》、《春秋左氏傳述議》、《春秋規過》。

四十卷、尚書述義二十卷、毛詩述義二十卷、注詩序一卷、算述一
卷，並行於世。（卷七五）

據載文可知二劉學術之特色有四：其一，多師、擇師，不拘於門戶傳承。其
二，爲學廣博，不限於儒學經籍。其三。治學客觀，善於褒貶取捨。其四，
著述已採義疏形式。上述特色係延續北魏中期以來之學風，至隋初二劉而義
疏愈爲確定。惟焯、炫之學術雖載於本傳，然其所受南學「影響」，而學兼南
北之狀則史傳未明，皮錫瑞就孔疏《尚書》論其所受影響曰：

二劉以北人而染南習，變樸實說經之體，蹈華腴害骨之譏；蓋爲風
氣所轉移，不得不俯從時尚也。〔註62〕

察孔疏《尚書》「序言」對二劉之評價曰：

焯乃組織經文，穿鑿孔穴，……使教者煩而多惑，學者勞而少功。……
炫嫌焯之煩雜，就而刪焉。……義既太略，辭又過華。雖爲文筆之
善，乃非開講之路。

所謂「煩雜」、「過華」，乃習南學所產生之弊病，然亦可見二劉學術確受南學
之影響。茲就劉炫《春秋左氏傳述義》（以下簡稱《述義》）、《規過》二書之
現存殘卷以爲論述。

《述義》一書據劉炫本傳記載，凡四十卷，今僅存《漢魏遺書抄》所輯
一卷，內容疏左傳之文凡一百三十二條。《規過》一書據本傳所載，凡三十卷，
亦僅存一卷於《黃氏逸書》、《漢魏遺書抄》中。〔註63〕

《述義》係就左傳內容闡述其要義，頗採前賢諸家之說，而以杜注爲多，
杜預《釋例》、《春秋土地名》皆見引用，服注則偶見一二；察「序言」中即
就春秋「天子狩於河陽」一事，採杜預《春秋集解》序之旨，以爲「丘明作
傳，其有微經之顯，闡經之幽，以裁制成其義理，比類者皆據舊典凡例而起
發經義。」而論及他諸儒曰：「此序主作傳而諸儒皆以爲經解之，是不識文勢
而謬失杜旨。」可見，則此書之撰作，其內容觀念係以杜說爲主。

關於《述義》一書之著作形式，沈玉成據《隋志》「述其義疏」之語「推測
所謂述義，其體例應當是綜合前人之說而加以按斷，近于集解、集釋。」〔註64〕

〔註62〕見皮錫瑞《經學歷史》，頁？。
〔註63〕按：《漢魏遺書抄》「序錄」所標書目爲「劉炫規過三卷」，然察其內容，係依
　　　　魯國各君之年代先後加以排列，總爲一卷，並非三卷。
〔註64〕頁170。

沈氏殆未見此輯佚殘卷，故推測近於集解形式。察此書雖屢引他書而加以按斷，然闡述作者見解，加以疏通陳述之處屢見，已屬成熟之義疏形式，如前文載此書所疏之文：「桓公六年傳，博碩肥遯。」相較於《北齊書‧儒林傳》「序」所載，諸儒如權會、李鉉、刁柔、熊安生之義疏「皆粗習也」，乃學術之演進也。

　　至於《規過》一書，其內容係就杜注加以論難，凡一百五十餘條，且引服注以正杜注之誤者十餘條。茲就劉炫於《規過》中之正誤方式，就「解釋詞意」、「考察內容」、「闡述義例」舉例以明。

　　　　「桓公二年傳，大路越席。」杜注：「大路，王路，祀天車也。」《規
　　　　過》：「大路，木路。」

　　　　「定公元年傳，而田於大路焚焉。」杜注：「爾雅：廣平曰陸。」《規
　　　　過》：「按爾雅：高平曰陸」

按：上二例係就「詞義」正杜注之誤。

　　　　「桓公十一年經，宋人執鄭祭仲。」杜注：「祭氏，仲名，不稱行人，
　　　　聽迫脅以逐君，罪之也。」《規過》：「祭仲是字，鄭人嘉之，本非行
　　　　人。」

　　　　「哀公十九年傳，叔青如京師，敬王崩故也。」杜注：「言敬王能終
　　　　其世終，萇弘言東王必大克。」《規過》：「按史記十二諸侯年表，敬
　　　　王四十一年孔子卒，四十三年，敬王崩在他年也。……杜世族譜云：
　　　　敬王三十九年，魯哀公十四年，獲麟之歲也。四十二年而敬王崩。……
　　　　杜說與史記不同。」

按：上例就祭仲之「職稱」及「行爲褒貶」正杜注之誤。下例就敬王崩年，引《史記》之說以正杜說之誤。

　　　　「哀公十六年經，夏四月己丑，孔丘卒。」杜注：「仲尼既告老去位，
　　　　猶書卒者，魯之君臣宗其聖德，殊而異之。」《規過》：「春秋之例，
　　　　卿乃書卒，縱令仲尼不告老，例不今書。而杜云告老去位，猶書卒，
　　　　非也。」

按：劉炫就《春秋經》書「孔丘卒」之義例，既正杜注之誤，亦具疑經之意。茲再舉一例：

　　　　「桓公三年經，春正月。」杜注：「經之首時必書王，明此歷天王之
　　　　所班也。其或廢法違常，失不班歷，故不書王。」《規過》：「天王失
　　　　不班歷，經不書王，乃是國之大事，何得傳無異文？又昭二十三年

以後，王室有子朝之亂，經皆書王，豈是王室猶能班歷？又襄二十
七年再失閏，杜云：魯之司歷，頓置兩閏。又哀十三年十二月螽，
杜云：季孫雖聞仲尼之言，而不正歷。如杜所註，歷既天王所班，
魯人何得擅改？又子朝奔楚，其年王室方亂，王位猶且未定，諸侯
不知所奉，復有何人尚能班歷？昭二十三年秋，乃書天王居于狄泉，
則其春未有王矣！時未有王，歷無所出，何故其年亦書王也。若春
秋之歷必是天王所班，則周之錯失不關于魯，魯人雖或知之，無由
輒得改正。……又稱魯人輒改，改之不憚于王，意復何須王歷？杜
之此言，自相矛盾，以立此說，難得而通。又案：春秋經之闕文甚
多，其事非一，夫人有氏無姜，有姜無氏，及大雨霖稿，咎如潰之
類也。此無王者，正是闕文耳！」

按：劉炫屢引春秋經傳以爲佐證，觀其意，「歷」未必出於天王，據此以詳駁
杜注之矛盾訛誤處，即天王失德而「廢法違常」，終至於朝政失序而「失不班
歷」；又據劉氏之意，經文所以闕「王」者，係因「闕文」。此種論點，相較
於杜預爲解釋「例」之合理，所產生之矛盾，實屬客觀。

察孔穎達於《春秋左氏傳正義》「序」中批評劉炫既習杜注又規杜注，曰：

劉炫于數君之內，實爲翹楚，然聰惠辯博，固亦罕儔，而探頤鈎深，
未能致遠，……又意在矜伐，性好非毀。規杜氏之失凡一百五十餘
條，習杜義而攻杜氏，猶蠹生於木而還食其木，非其理也。雖規杜
過，義又淺近，所謂捕鳴蟬於前，不知黃雀在其後。

孔氏係就「治學道德」責難劉炫之規杜，貶抑其「意在矜伐」之治學態度，
又謂其規杜過之「義又淺近」，且於序文中又舉「僖公三十三年經，晉人敗狄
于箕。」及「襄公二十一年傳，邾庶其以漆閭止來奔。」以明劉炫規杜之誤，
然而，若就治學之精神及方法論之，則不失客觀獨立，實事求是之態度。察
孔穎達雖責難劉炫過失，之所以仍據《規過》以爲正義之本者，緣此書「比
諸義疏，猶有可觀。」蓋劉炫治左傳雖宗杜注而不主服注，亦未全然接受杜
注，服注之善者仍採而不捨，此乃北魏中晚期以來「疑師疑經」態度之延續。
是故，習杜注而加以疏通補正，適足以見其用心之篤。

如上所述，劉炫雖屬北人，嘗就業於一代儒宗熊安生門下，然在南北學
術交流及統一之影響下，治學內容及方法已趨向南學；就春秋學而言，杜注
左傳乃其所宗者。

第四節　結　語

　　春秋三傳之承傳，因史傳載文不足，無以明瞭師門嬗遞之詳貌。惟徐遵明講授服氏左傳，門弟子遍於魏末齊初，名於儒林者亦屢有其人，可得其門派概觀；然而，徐門再傳弟子之脈絡亦僅一、二可知。至於杜氏左傳、公穀二傳與通習三傳者之師承，或偶見一二，或闕無難知。此三傳之承傳狀況。

　　就三傳之消長原由而論，自魏晉以來，雖不復今古文之爭，然儒者治學實以古文為主，左傳即屬顯例。迨至北朝，胡政權以「經世致用」為治國首要，左傳因詳於「用人謀略、戰爭外交」之史實記載，足資治國借鑒，乃與三禮等學并重於當代學術，成為春秋學之主流。公羊傳雖於魏末流行一時，因其實用價值不及左傳，又受禁讖之影響，專治此傳者亦不多見。至於穀梁傳之不受學者所重，從史傳之罕見一人專治，顯然可知；蓋就博通各經之劉炫以論，所治諸經尚及於公羊，乃疏於穀梁，則此學之衰微亦明矣！惟通習三傳而及於二傳者，亦屢可見，是故公穀雖微，仍不見棄而絕也。

　　北魏學者之從師態度已不復囿於傳統師法，一經一師、甚而二三師者往往可見，尤以中期為然。而疑師所學、獨立治學，從而產生「無師」之說，乃至於教授反求學於弟子者之情形亦漢、魏之所罕見。就學者所顯為服氏、杜氏、抑兼綜三傳，其態度並無明顯差異。迨北齊、北周之時，師法反籠罩一時，名儒大家幾出徐遵明之門，服膺其學。惟遵明治學方法之貴於義理推尋、講授特點之著重精彩，對後學影響自深。

　　以徐遵明為主要代表之北朝春秋學，其治學特點雖史傳未見明載，然而，從其門派之眾，並參酌片段載文之存錄，其影響應具有重要意義。就其前之治學內容而言，學者於儒釋陰陽百家之說多所研習，學風較屬活潑，與從師之習於自主選擇者相應，且於治學過程中往往疑前人之說，具有客觀獨立之為學態度。迨至北齊，學者治學雖不限一經，而以博學為主，然幾籠於徐遵明之儒學範圍之內，未見學術之多方發展，亦罕見就前賢之說提出異見；惟就治學方法而言，章句訓詁已非治學之要，義疏之形式漸成。

　　由於北朝治學之趨向義疏，透過疏解各家注說之異同，提出己見，與此相應者，即講學之重視「義例」，及論學之著重「談辯」；而學者之辭采風神，乃時人所重者。

　　左傳「服杜爭議」乃北朝春秋學發展之重要過程，始於北魏晚期衛冀隆、賈思同之互相辯駁，迄北齊仍無定論，殆周末二劉之出，方終結此門戶之爭。

依前文所述，北魏初期從師之尚擇師、疑師，至中晚期徐遵明成爲一代宗師後，又見顓守門戶之風；至於治學之貴博、重義理而疏章句，及講學之重「義例」，論學之尚「辯駁」，乃北朝學術發展之趨向，「服杜之爭」正反映此學風，《春秋難駁》之結集乃其成果。

「服杜爭議」之發生，學風趨向固屬於主由；然而，南北學術因不同途徑產生之交流，對北方學術之影響頗深，青州杜注之傳入北方，即服杜爭議之關鍵，實南北學術交流之一端。就「交流」之角度而論，二派各以服、杜爲宗，雖屬門戶之爭；然而，與顓守師法家法之純粹爭論仍有不同。

關於南北學術之交流，雖《北史‧儒林傳》明載南北學術之所宗有東漢鄭學與魏晉經學之不同，然而，學術特質之差異並非隨著政治版圖之區隔而能截然劃分，舉凡政局之變更、戰事之發生所造成之儒者遷徙，皆屬交流之主因；察青州杜注之行於北方，戰事即屬要因，而北人習南學，南人習北學之現象實常見於當代。在南北學術相互影響之發展下，「服杜之爭」雖聲勢相當；然而，由於學風漸趨「約簡」而不貴「深蕪」，學者傾向義疏而疏於訓詁，北學漸併於南學，「服消杜長」遂成爲春秋學發展之大勢所趨。

南北學術經長時期之交流，至於隋初，已漸統合而以南學爲主。南學因「約簡」之特點，使北人治學趨此，而臻南北學術之統一；誠然，以南學爲主流之學術雖不可謂北學已亡，儒者治學之多採南方注本實隋唐以來之學風所在。二劉雖師承北學，其學術則兼備南北之特點，深受南學影響；就劉炫春秋學之內容而論，批駁杜注之處固然可見，援引杜注以明其說者乃屢屢可見。是故，北學雖未亡於南北學術之統一，然而，學者宗南學之趨勢乃經隋代至唐而確定。

第九章 酈道元《水經注》引「春秋經文」考

　　酈道元生於北魏皇興期間（約公元四六九～五二七年），字善長，幽州范陽郡涿縣人。曾祖父紹、祖父嵩皆任職於北魏拓跋氏，其父酈范因戰功而立功封侯。道元於年少時即跟隨父親前往山東任職，得以遊歷名山大川。至孝文帝時，仕於平城與洛陽，隨帝北巡，經歷黃河河套以北之陰山地區。後又出仕冀州、魯陽、東荊州等地，足跡遍及現今山東、河北、河南諸省，對黃河、淮河流域甚爲熟悉，並嘗至長江中游一帶。由於曾擔任尚書主客郎中一職，職責在接待南朝及屬國使臣，更加深其見聞，對於日後撰寫《水經注》中南方地理及風情之助益甚大。〔註1〕

　　酈氏爲人謹嚴剛正，正如其傳世著作《水經注》一般，《魏書》載道元「好學，歷覽奇書」（卷八九），因《水經》只記述水道，且脈絡不清晰，頗覺不足，故親自作長期之實際調查。跋山涉水、尋訪故跡、探詢耆宿，以追溯源流、明其沿革，「因水以證地，即地以求古」，歷七年（約公元五一二～五一八年）而撰成《水經注》一書。此書內容豐富，引書甚多，僅「春秋三傳」即引用近二百餘條與地名考證相關之資料，〔註2〕將《水經》所記錄一百三十

〔註1〕　參見《魏書·酈道元傳》卷八九。
〔註2〕　本文採王國維手校本《水經注》，頁次列於下：45、105、116、128、129、132、
　　　　134、137、143、145、146、150、157、162、163、169、172、174、176、177、
　　　　179、182、185、186、191、199、200、203、209、212、217、219、220、221、
　　　　223、224、225、230、231、239、240、245、247、249、250、251、254、255、
　　　　256、257、261、263、264、265、269、270、271、272、273、274、277、279、
　　　　285、287、289、290、291、293、294、299、300、303、311、316、318、324、
　　　　325、339、342、343、365、373、498、504、508、509、514、527、535、615、

七條河川擴大至一千二百五十二條，爲原書之二十倍，全書計四十卷，三十餘萬字。此書撰作井然，條例分明，僅水之流動即區分爲「出、過、經、合、分、屈、注、入」八例，考證翔實，其一字不苟之態度甚爲謹嚴。

酈氏注《水經》之方式突破傳統，不拘門戶家派之說，故能打破常規，實事求是，不被「傳不違經」之傳統見解所限，就書中所引春秋地名、舉服虔、杜預、京相璠諸家之說，論其得失而不顓一家，即可明其撰作之客觀態度，蓋與北魏中期之學風相應。下文就《水經注》引用「春秋三傳」之條例、春秋地名之地理位置及其軼聞、訓釋地名之原則及其態度論述於後。

第一節　《水經注》引「春秋經文」條例

《水經注》引書繁富，計四百三十六種，經部八十四種，史部二百零八種，子部六十二種，集部八十二種，其中引地理類書籍甚多，計有《九州記》、《益州記》等九十六種。〔註3〕方麗娜〈酈氏水經注之學術價值探析〉論其引書價值曰：

> 酈氏之作，鉤采群書，旁引百家，繼續前賢，時發雋語，宏鋪抒述，新益見聞，流經之外，贅行紀異，博雅之士，倚以爲談。始承《爾雅》、《春秋》之大業，接踵裴史、劉說之宏基，復備文心庶防忘誤之失，求其尋省之易，有所論證，實事求是，深自屏營，親察實訪，足跡遍歷北國，釐清渠道之誌，已償其半矣。〔註4〕

其引書價值，對於書籍之保存、校正，及史地文化之研究實有甚大助易。

察《水經注》所引春秋經文，大抵作爲考證地名之用，其目地雖不在研究春秋，〔註5〕然從引文中可以探討春秋地名之位置及軼聞，亦可明瞭其引書

666、670、672、673、676、678、682、684、687、703、706、707、712、716、727、748、749、750、755、756、765、776、778、781、782、783、784、786、787、789、791、793、794、795、796、801、802、803、805、809、816、817、821、826、827、828、829、830、831、832、833、838、839、844、847、848、851、857、860、861、862、865、866、869、872、911、912、914、915、917、956、958、961、962、967、969、970、971、972、980、981、987、1001、1005、1007、1013、1015、1027、1070、1078、1088、1100、1104、1277、1282。

〔註3〕參見方麗娜〈酈氏水經注之地學成就探析〉頁260～261。

〔註4〕頁281。

〔註5〕按：酈道元除引杜預《春秋土地名》注《水經》外，並嘗撰《春秋釋地》一

條例之特點。下文就其「引書條例」論述之。〔註6〕

一、標題例

《水經注》引春秋三傳文大都標以「書名」，如「春秋」、「春秋經書」、「左傳」、「春秋左傳」，同書之標題稍有差異。書名大都與內容相符，然亦有標爲「春秋」而內容爲「左傳」，或標爲「左傳」而內容爲「春秋」者。茲舉例以明：

（一）同書異名例

1. 與《春秋經》相關者

卷十四注鮑丘水「又南至雍奴縣北屈東入於海」條：「《春秋》襄公十四年，無終子嘉父使孟樂如晉。」

卷二十二注潁水「又東南過陽翟縣北」條：「《春秋經》書：秋，鄭伯突入于櫟。」

卷五注河水「又東過平陰縣北」條：「《春秋經書》天王狩於和陽，壬申，公朝於王所。」

標以「春秋」、「春秋經」、「春秋經書」之名，以前者居多。

2. 與《左傳》相關者

卷十注清漳水「出上黨沾縣西北少山大黽谷」條：「《左傳》昭公十二年，晉荀吳僞會於齊師者，假道於鮮虞。」

卷五注河水「東逕成皋大伾山下」條：「《春秋傳》曰：制，巖邑也。」

卷七注濟水「又東過封丘縣北」條：「《春秋左傳》成公十五年，鄭子然盟于修澤也。」

卷四注河水「又南至華陰潼關」條：「《春秋左氏》僖公二十四年，秦伯納之。」

卷五注河水「又東北右過衛國縣南」條：「《春秋左氏傳》哀公二年，

書，惟此書已佚。參見葉政欣《杜預及其春秋左氏學》，頁 271。

〔註 6〕 本文對於《水經注》之引春秋經文，係採王國維手校本：此本經王氏十年工夫，以明朱謀㙔本《水經注箋》爲底本，對校宋本、明永樂大典本、清聚珍本、及明清諸名家板本，掌握主要板本及抄本以成，成果豐碩而翔實可信。以下引文不另標出處。

鄭罕達帥師。」

　　標以「左傳」、「春秋傳」、「春秋左傳」、「春秋左氏」、「春秋左氏傳」之名，以「春秋左傳」居多。

3.《公羊傳》標「公羊」、《穀梁傳》標「春秋穀梁傳」

　　　　卷四注河水「河北對茅城」條：「《公羊》曰：晉敗入之大陽者也。」

　　　　卷四注河水《春秋穀梁傳》曰：晉獻公將伐虢。」

　　「同書異名」之引用方式，乃酈氏之行文習慣，然其中或有板本衍奪訛誤者；如「春秋經」與「春秋經書」二名，就酈氏引文習慣而言，書名下往往無「稱詞」而直接經文，且出現「春秋經」之例甚少，此殆奪字之故而以後者為是。

（二）書名與內容不符例

1. 標「春秋」而內容為「左傳」者

　　　　卷四注河水「又東，右合門水」條：「余按：《春秋》卷文公十三年，晉侯使詹嘉守桃林之塞，處此以備秦。」

　　按：引文不見於《春秋》，而見於《左傳》十三年：「春，晉侯使詹嘉瑕，以守桃林之塞。」此種條例在酈書中頗為常見，其由或《水經注》於傳抄刻板中遺漏「左傳」二字；或酈氏未察原文而混；或酈氏以《春秋》概《左傳》，故以「春秋」代「左傳」之名；當以後者為是。

2. 標「左傳」而內容為「春秋」者：

　　　　卷九注淇水「出河內隆慮縣西大號山」條：「《春秋左傳》定公十三年，公會齊侯、衛侯于牽者也。」

　　按：引文不見於《左傳》而見於《春秋》十四年：「公會齊侯、衛侯于牽。」此例罕見，殆板本之訛誤。

　　《水經注》引文大體標以書名，偶見標撰者之名，卷八注濟水「又北逕周首亭西」條：「《春秋》文公十有二年，左丘明云：襄公十二年，王子成父獲長狄喬如。」由此文同撰《春秋》書名及左丘明可知，前文所舉標「春秋」而內容為「左傳」者，酈氏殆以《春秋》概《左傳》是也。又《水經注》亦有不標書名及撰名，而直接敘述者，卷四注河水「右則崤水注之」條：「山徑委深，峰阜交映，故可以避風雨也。秦將襲鄭，蹇叔致諫而公辭焉。」此段係出自《左傳》僖公三十至三十二年秦晉殽之戰。

二、稱詞例

標題下之稱詞，在《水經注》引春秋三傳文中，大都屬於無稱詞之方式，即於書名下直接引文，偶見用稱詞、如曰、所謂，茲舉例以明之：

卷八注濟水「又東北與濮水」條：「《左傳》襄公五年，楚子囊伐陳。」

此「無稱詞」例。

卷二注河水「又東入塞」條：「《春秋傳》曰：上大夫縣，下大夫郡，至秦始置三十六郡以監縣矣。」

此稱「曰」例。

同上條：「河水南對首陽山，春秋所謂首戴也。」

此稱「所謂」例。

《水經注》之稱詞方式並無定例，然就酈氏之行文習慣而言，無稱詞大都標示引文之年代，有史實之記載；稱曰、所謂，則大都直釋地名及訓詁字詞，罕標年代。

三、引文例

《水經注》引春秋三傳之文，以《左傳》居多，因內容記述地理大都與歷史相關，《春秋》過於簡略，《公羊傳》談微言大義，《穀梁傳》亦少陳述史實；惟《左傳》敘事詳贍，故採用較多，其引文方式凡有二種：約引、全引。茲舉例以明：

（一）約引：即簡省經文，摘要引用。

卷四注河水「又南，爲採桑津。」條：「《春秋》僖公八年，晉里克敗狄於採桑是也。」

《左傳》僖公八年：「春，晉里克帥師，梁由靡御，虢射爲右，以敗狄于采桑。」

按：《春秋》記載此段史實僅載：僖公八年「夏，狄伐晉。」

《水經注》係採「八年春」發生之事。

（二）全引：即引文與經文大體相同。

卷四注河水「又南至華陰潼關」條：「《春秋左氏》，僖公二十四年，秦伯納之。及河，子犯以璧授公曰：臣負羈紲，從君巡於天下，臣之罪多矣。」

《左傳》二十四年「春，王正月，秦伯納之。不書，不告入也。及河，
　子犯以璧授公子。曰：臣負羈紲，從君巡於天下，臣之罪甚多矣。」

　按：此段引文除「不書，不告入也。」屬《左傳》義例而不採用外，其
餘內容幾全同。

　上述二例，「全引」甚少，因《水經注》本以考求地理爲主，故所引史實，
往往簡省其記載而摘其所需，或概括其事而出以己語，此酈書雖深具保存資
料且利於研究之功，卻難得校正之效也。

四、引文與經文之校正

　從現存《水經注》之板本內容可以發現，酈氏爲行文方便，往往改易或
簡省經文，引全文者甚少；又此書歷經五百多年之傳抄及近千年之刊刻，難
免錯簡訛誤，縱有顧家之苦心經營，畢竟已非原書之貌。〔註7〕酈氏當日引群
書注《水經》時，即感歎「傳呼乖謬、字亦因改」之不便（卷四〇漸江水條），
故欲持此書校正現存「春秋三傳」之闕漏，實爲不易。茲僅就《水經注》引
春秋之文與經文相校，其引文年代及內容有不同者，舉例以明：

（一）引文年代不同於經文者

　卷七注濟水「又東，索水注之。」條：「《春秋》文公三年，晉士穀
　盟于垂隴者也。」

　按：《春秋》載文公二年。

　卷七注濟水「又東過封丘縣北」條：「《春秋左傳》成公十五年，鄭
　子然盟於修澤也。」

　按：《左傳》載成公十年。

（二）引文內容不同於經文者

　卷五注河水「又東過平陰縣北」條：「《春秋經書》天王狩于和陽，

〔註 7〕吳澤於王國維《水經注校》「前言」，論《水經注》於流傳過程中發生之訛誤
　　有三項：
　　一、經與注之間的錯誤，即有的地方將經文訛錯成爲注文，或者將注文
　　訛錯爲經文。
　　二、經文、注文與水系之間也有錯亂，即原系於甲水名下的經文或注文錯亂
　　到乙水名下去了。
　　三、在不同抄本、刊本傳刻中間，有錯行、錯頁、錯段、至於文字上的衍奪
　　訛錯，則爲數更多。

壬申，公朝于王所，晉侯執衛侯而歸于京師。」《春秋》僖公二十八
年：「天王狩于河陽，壬申，公朝于王所，晉人執衛侯，歸之于京師。」

　　按：引文與經文幾全同，主要差異爲「晉侯」與「晉人」之不同。《左傳》
成公十五年：「書曰：晉侯執曹伯，不及其民也。諸侯討而執之，則曰：某人
執某侯。」其義係指被執者若罪不及於百姓，則執者書「侯」，若被執者害及
百姓，則書「人」，引文之書「侯」不書「人」，乃忽於衛侯之損其民也。

　　上述引文之所以異於經文者，或板本流傳之誤，或酈氏之誤引也。

第二節　《水經注》引「春秋地名」考

　　由於酈道元遊歷多方，見聞廣博，治學之嚴謹又如其人，故書中所引春
秋地名大都與南北朝時期之地點相符，且因酈氏博覽群書，對地名之來由及
沿革得以條分屢析而旁徵博引。其引春秋地名之用意雖在探求水域之地理及
人文狀況，而不顯力於春秋之研究，實有助於地名位置之考定及史實記載之
瞭解。方麗娜評贊此書「徵實可信」曰：

> 夫撰述方輿之書，疆域之盤錯，山澤之藪廆，與夫耕桑水泉之利，
> 民情風俗之理，皆不可不知也。道元好遊，涉江逾河，數因革之宜，
> 較得失之勢，每述一水，沿路所經，有聞必錄，故凡形勢之險阨，
> 道路之近遙，山水之源委，稱名之舛錯，莫不載焉。〔註8〕

此書對於傳統地名學有甚大貢獻。在酈書之前，雖已有漢代桑欽《水經》、晉
杜預《春秋土地名》與京相璠《春秋土地名》等地理學專著，然成就皆不及
《水經注》影響之深，此乃道元之學養所致。下文就酈氏考證地名之依據、
春秋地名位置、春秋地名軼聞，分別論述之。

一、考證地名之依據

　　酈氏考證地名之所以翔實可信，引書豐富且實際調查係其主要依據。蓋
覽群書則學識淵博，涵養謹嚴則調查深入，此亦道元之撰作態度。《水經注》
「自序」載曰：

> 《水經》雖粗綴津緒，又闕旁通，所謂各言其志，而罕能備其宣導
> 者矣。……余少無尋山之趣，長違問津之性，識絕深經，道綸要博，

進無訪一知二之機，退無觀隅反三之慧。獨學無聞，古人傷其孤陋；損喪辭書，達士嗟其面牆，默室求深，閉舟問遠，故亦難矣。然毫管窺天，歷篇時昭；飲河酌海，從性斯畢。竊以多暇，空傾歲月，輒述《水經》，布廣前聞。《大傳》曰：大川相間，小川相屬，東歸於海，脈其枝流之吐納，診其沿路之所躔，訪瀆搜渠，緝而綴之。經有謬誤者考以附正，文所不載，非經水常源者，不在記注之限。但綿古芒昧，華戎代襲，郭邑空傾，川流戕改，殊名異目，世乃不同，川渠隱顯，書徒自負。或亂流而攝詭號，或直絕而生通稱，枉渚交奇，洄湍決復，纏絡枝煩，條貫手夥，十二經通，尚或難言，輕流細漾，固難辯究。正可獻逕見之心，備陳舉徒之說，其所不知，概闕如也。

「序言」明指撰作之動機及態度，茲述其要點如下：

其一，酈氏注《水經》之動機係因此書僅粗具規模，「又闕旁通」，故利用暇時以布廣前聞，前後七年之苦心經營，將一百三十七條河川擴大為一千二百五十二條，完成此一傳世名著。

其二，酈氏深知「獨學無聞，古人傷其孤陋。」「默室求深，閉舟問遠。」之弊，故注書著重於引用眾書以考定，訪瀆搜渠作調查，務本踏實，經年累月而成。

其三，考證地理之不易，亦酈氏所深感者，蓋世代沿革，殊名異目；亂流詭號，同實異名。縱通經史百家之書，或有難言之苦；

遍尋「輕流細漾」，亦不免辨究之難。惟其態度客觀謹嚴，疑以存疑，不妄生定論，《水經》若有謬誤，乃改而正之，此其負責態度，而內容所以足徵者。

在《水經注》中處處可見其撰作之嚴謹，觀酈氏注卷六涑水「又南過解縣東」條引眾書以證「郇城」曰：

逕郇城，詩云：郇伯勞之，蓋其國也。杜元凱《春秋釋地》云：今解縣西北，有郇城。服虔曰：郇國在解縣東，郇瑕氏之墟也。余按《竹書紀年》云：晉惠公十有五年，秦穆公率師，送公子重耳，圍令狐，桑泉、白衰皆降焉為秦，……舍次于郇，盟于軍，京相璠《春秋土地名》桑泉、白衰並在解東南，不言解，明不至解可知。春秋之文與竹書不殊，今解故城東北二十四里有故城，在猗氏故城西北

鄉，俗名之爲郇城。考服虔之說，又與俗符，賢於杜氏單文孤證矣。
楊守敬《水經注疏》就「史實記載」論酈氏之注曰：

> 按：董增齡晉語疏懷公遣距重耳之師，由東嚮西，今聽秦伯納重耳
> 之命，故退而東還，由盧柳越解而東。則郇當在解東，若如杜氏之
> 言，郇在解西北，則當言晉師進及郇，不當言退矣，服義優於杜也，
> 説極明透。酈式蓋以杜言解西北既與情事不符，且無他證，故不取。

〔註9〕

守敬之論同於酈說。查郇城在涑水畔，解城東北，據中國社會科學院譚其驤
主編《中國歷史地圖集》考證，該城位於現今山西省臨猗縣南方。〔註 10〕酈
氏舉《春秋》、《竹書紀年》、《春秋釋地》諸書及服氏之說，並參考俗說爲證
而得其實，此即引眾書爲考證之例。

　　然亦有缺乏資料，僅藉尋訪以爲證者。卷十一注易水「東過范陽縣南」
條載曰：

> 其水側有數陵墳高壯，望若青丘，詢之古老，訪之史籍，並無文證，
> 以私情求之，當是燕都之故墳也。……館之南垂，言燕昭創之於前，
> 子丹踵之於後，故雕牆敗館，尚傳鐫刻之名，雖無紀可憑，察其古
> 跡，似符傳矣。

援引資料尚且考證不易，況無文獻之遺，故親訪調查實不可少；然而，親自
訪瀆尋渠仍察之不易，故僅言「似符傳矣」，此乃「疑以存疑」之態度也。

　　由於地名考之不易，《水經注》引春秋地名爲佐證時，雖兼調查之功，亦
難免有闕陋不備之處，惟十不一見，小瑕難掩美瑜也。

二、地名位置之考證

　　酈氏考證地名之途徑，大抵「因水以證地」，就河水流經之區域，舉史實
或傳聞以考定當時地名與昔時何地之關係，其考正要點著眼於「地理位置」
及「地名沿革」，包涵同地異名、同名異地諸問題。下文就酈書所引春秋地名
之正訛論述之。

> 卷四注河水「又南爲採桑津」條：「《春秋》僖公八年，晉里克敗狄
> 於採桑是也。」

〔註 9〕見楊守敬、熊會貞《水經注疏》第三冊頁 869。
〔註 10〕第一冊頁 22～233。

按：《左傳》僖公八年：「春，晉里克帥師，梁由靡御，虢射爲右，以敗狄于采桑。」北朝之採桑津即春秋時代之采桑，在今山西省歸寧縣西之黃河畔渡口。〔註11〕

> 卷八注濟水「又北過臨邑縣東」條：「水有石門，以石爲之，故濟水之門也。《春秋》隱公五年，齊鄭會于石門，鄭車償濟，即於此也。京相璠曰：石門齊地，今濟北盧縣故城西南六十里有故石門，去水三百步，蓋水漬流移，故側岸也。」

按：《春秋》隱公三年：「冬，十有二月，齊侯、鄭伯盟於石門。」引文年代有誤。杜注曰：「石門齊地，或曰濟北盧縣故城西南濟水之門。」（卷一頁8）與京相璠同指石門在濟北盧縣故城西南。查北朝之石門在濟州濟北郡附近，濟北郡即西晉齊州之濟北國，與春秋時代之石門在齊地，同屬一地，位於濟水畔，在今山東省長清縣西南約七十里。〔註12〕

上述二例依史實記載以明春秋時代與北朝之地名關係，在《水經注》中此例甚多，雖偶有考證不備之處，如山陰山陽、河東河西之誤判，〔註13〕然因酈氏熟悉水域淵源與流向，按春秋三傳所載地名之地理方位與特點，若無重大改變或諸說紛歧，大抵可以確定二地之沿革關係。所謂重大改變，若「民族遷徙」即是，錢穆論曰：

> 地名遷徙之背後，蓋有民族遷徙之蹤跡可資推說。一民族初至一新地，就其故居之舊名，擇其相近似而移以名其僑居之新土，故異地有同名也。……春秋、戰國時代，華夏諸族活動範圍，頗少南達今湖南、江西、洞庭、彭蠡之記載。余考洞庭、彭蠡之名，最先起於大河兩岸，漸及大江以北，後乃移其名而被於大江之南。〔註14〕

因民族遷徙而造成地名遷徙，漸於三國以後，東晉偏安江左後尤爲顯然。查酈氏之注《水經》，考證江南較爲疏漏，係因足跡罕至，異地同名之累亦一原

〔註11〕參見程發軔《春秋左氏傳地名圖考》，頁298。

〔註12〕參見楊伯峻《春秋左傳注》，頁25，中國社會科學院譚其驤主編《中國歷史地圖集》第一冊頁26～27、第三冊頁39～40、第四冊頁48～49。

〔註13〕程發軔《春秋左氏傳地名圖考》，頁98考證「濮陽津」，指《水經注》之誤曰：「在濮陽城北有鐵丘城，在濮陽城北五里；有戚城，在濮陽城北七里。《水經注》：『黃河故瀆，逕戚城西。』又稱：『河水東逕鐵丘南。』是戚在河東，鐵丘在河北。然按哀公二年：『趙荀子遇敵於戚，登鐵丘望見鄭師。』是戚鐵同在河東岸。」

〔註14〕見錢穆《史記地名考》「自序」頁8。

由。茲舉卷三十五注江水「右得黎磯北」條為例：

> 舉水又南東歷赤亭下，又謂之赤亭水，又分為二水，南注于江，謂
> 之舉洲，南對舉洲。《春秋左傳》定公四年，吳楚陣于伯舉，京相璠
> 曰：漢東地矣。夏有洰水，或作舉，疑即此也。

舉洲即伯舉，位於舉水、大別山間，在現今湖北省麻城縣東北，京相璠言「漢
東地」是也。酈氏疑舉水即夏之洰水，查東晉之江夏郡、夏口與舉洲相近，
若「夏」即此二地之一，酈氏之疑殆為可信；若非，則屬異地同名。酈氏熟
於華北地區，長江下游及江南地區則罕至，大都引書籍、傳說之語，少見訪
耆舊、造古跡之實地調查，如卷三十七「澧水」條所言：「脈水尋樂，乃非關
究，但古人許以傳疑，聊書所聞耳。」此種「聊書」方式固有助於風俗民情
之流傳，對於水域、地名之考證，則為疑誤之主因。卷四十注斤水「荊州沱
水，在南郡枝江縣。」考證「三澨之地」曰：

> 《尚書》曰：導漢水，過三澨。《地說》曰：沔水東行，過三澨，合
> 流觸大別山陂，故馬融、鄭玄、王肅、孔安國等咸以為三澨，水名
> 也。許慎言澨者，埤增水邊，土人所止也。按《春秋左傳》曰"文
> 公十有六年，楚軍次于句澨，以伐諸庸。宣公四年，楚令尹子越師
> 于漳澨。定公四年，左司馬戌敗吳師于雍澨。昭公二十三年，司馬
> 薳越縊於薳澨。服虔或謂之邑，又謂之地。京相璠曰：杜預亦云水
> 際及邊地名也。今南陽、濟陽之濱，有南澨北澨矣。而諸儒之論，
> 水陸相半，又無山源出處之所，津途關路，唯鄭玄及劉澄之言，在
> 竟陵縣界，經云邔縣北池，然池流多矣，而論者疑焉，而不能辨其
> 所在。

酈氏考證長江流域之地理人文，記載甚多傳說、神話，罕見引諸典籍如上所
引之內容，然亦見疑而難斷者。就內容所述，主要問題有二：其一，《水經》
指三淫地為地名，然酈氏據群書所載，疑為水名，即此地係屬地方名抑地形
名之問題。其二，「三淫地」之位置在何處？是否即《春秋》所載，以三處以
「澨」為名之處？

　　查《尚書·禹貢》所載：「過三澨，至於大別。」正義釋曰：「三澨，水
名，入漢。」指為水名。《左傳》文公十六年「次于句澨」，杜預注曰：「楚西
界也。」言為邊界之地，未指其性質。宣公四年「師于漳澨」，杜預注曰：「漳
澨，漳水邊。」意謂水邊之地。定公四年「敗諸雍澨」，《彙纂》曰：「今湖北

省京山縣西南有三漵水，春秋之雍漵其一也」意指雍漵乃三漵水之一。昭公二十三年「縊于蓮漵」，《彙纂》曰：「蓮漵在今湖北省京山縣西百里，漢水東岸。」蓮漵亦屬三漵之一，爲水邊地。〔註15〕《說文解字》釋「漵」曰；「埤增水邊，土人所止。」綜上所言，三漵大抵如馬融、京相璠諸家所指，爲水名，非服氏之「邑」也，若以「水邊地」解之而定爲地形名則更宜。至於酈氏對「諸家之論，水陸相半。」仍疑而未定者，或未親臨其地，故難斷其地理性質，對其地理位置自是難言。顏師古注《漢書·地理志》「過三漵，至于大別。」曰：「三漵水在江夏竟陵。」（卷二八頁 12）據《中國歷史地圖集》考定，句漵、蓮漵位於今漢水畔，雍漵位於漢水支流天門河畔，漳漵則位於漳水畔、東南注於長江，大致在湖北省西部，接近荊門、京山縣一帶，與顏氏注解及鄭玄、劉澄之所指「竟陵縣」相近，亦與《水經》所載之「南郡枝江縣在三漵地之南」大致相符，枝江縣確在荊門之南、近長江處。其中僅「句漵」就地理位置言，已近河南省而距其它三漵較遠，應不屬《左傳》之三漵。〔註16〕至於酈氏疑南陽、濟陽之「南北漵」爲三漵水者，查南北朝時期此二地相當於今河南省南部，其時之漢水稱爲沔水，即有淯水、白水、泚水等支流，與荊門距離尚遠，酈氏所舉南北漵，或爲支流之「水邊地」。〔註17〕

　　承上所述，道元雖學養俱備，於考證地名時，亦見未辨明顓家之說者，茲舉卷十五注洛水「又東北過新城縣南」條考證「郊垂亭」爲例曰：

> 水出西山，東流入于伊水，伊水又北，會厭澗水。水出西山，東流郊垂亭南，《春秋左傳》文公十七年秋，周甘歜敗於郊垂者。服虔曰：郊垂在高都南。杜預《釋地》曰：河南新城縣北，有郊垂亭。司馬彪《郡國志》曰：新城有高都城，今亭在城南七里，遺跡猶在。京相璠曰：舊說言郊垂亭在高都南，今上黨有高都縣。余謂京論疏遠，未足以證，無知群說之旨密矣。

酈氏考定「郊垂亭」即《左傳》文公十七年所載「敗戎于郊垂」之「郊垂」，引服虔、杜預、司馬彪諸說以爲證，並斥京相璠「疏遠」。據楊伯峻《春秋左

〔註15〕見楊伯峻《春秋左傳注》，頁 1544、1447 所引。

〔註16〕見第一集二九頁。

〔註17〕按：錢穆《史記地名考》「自序」論地名之通名與專名，舉洞庭有通義，初不專指一水，如江蘇太湖即有洞庭，認爲「凡屬異地而同名者，因地名本屬通義，可以名此。」故「漵」亦屬通名，如江、河一般，並非名「漵」即指「三漵」。

傳注》所考，春秋時代之郟垂在今河南省洛陽市南；〔註18〕又據《中國歷史圖集》考定，郟垂位於洛陽南之伊水畔，至西晉時增一字爲「郟垂亭」，東漢時期之「新城縣」在伊川縣伊水畔、郟垂之南，至南北朝名稱不變，「高都縣」則緊臨郟垂亭之北。〔註19〕茲就酈氏所引諸書論述於下：

其一，郟垂亭即春秋之郟垂，在伊水畔、新城北、高都南，酈氏考之無誤。

其二，京相璠言上黨有高都縣，係惑於「同名異地」，酈氏指其「疏遠」則可，查上黨在今山西省太原之南，與河南省相距仍遠。然《郡國志》載新城有高都，誤差甚遠，二地相距數十百里而酈氏未指其失，殆一時之未察耳。酈氏能掌握地名位置、地理方位並引諸家之說以求其實，誠屬不易，惟距離因素考量未周。茲再舉《水經注》引春秋地形名以言：

卷十五注伊水「又東北過陸渾縣南」條考證「三塗山」曰：

> 伊水歷崖口山峽也，翼崖深高，壁立若關，崖上有塢，伊水逕其下，歷峽北流，即古三塗山也。杜預《釋地》曰：山在縣南。闞駰《十三州志》云：山在東南，今是山在陸渾故城東南八十許里。《春秋》昭公四年，司馬侯曰：四嶽三塗，陽城「太室、荊山、中南，九州之嶮也。服虔曰：三塗大行、轘轅、崤黽，非南望也。京相璠之著春秋地名亦云：山名也。以服氏之言云塗道也，準《周書》南望之文，服言宜爲轘轅大道伊闕，皆爲非也。春秋晉伐三渾，請有事於三塗，知是山明矣。

酈氏考證之旨，在於確定「三塗山」爲地形名，而非地方名。文中引《左傳》諸書爲證，除服注外，皆指此爲山名。據《中國歷史地圖集》所考，春秋時期之三塗在今河南省嵩縣之南，北朝之陸渾縣在嵩縣東北，皆位伊水之側，大抵與《釋地》、《十三州志》記載相同，三塗約在陸渾東南八十餘里；〔註20〕楊伯峻亦考證「今河南嵩縣西南十里伊水北之三塗山，俗名崖口，」〔註21〕就諸地間之距離言，大致相符，《十三州志》所載應改爲西南。至於酈氏指服氏之「言云塗者」爲非，則有待商榷；服虔曰：「三塗、大行、轘轅、崤黽，

〔註18〕頁 627。
〔註19〕參見第一冊頁 24、第二冊頁 42、第三冊頁 35、第四冊頁 46。
〔註20〕參見第一冊業二二、第四冊頁 46。
〔註21〕見《春秋左傳注》，頁 1246。

非南望也。」大行即太行，其意明指三塗即此三山，豈道路之稱？「南望」
出於《史記・周本紀》：「我南望三塗，北望嶽鄙。」（卷四○頁 14）係指陸渾
西南之三塗山，即酈氏所考者，服氏之言本與之不同，酈氏又同以二者皆非，
其言有待商榷。

綜上所述，《水經注》引春秋地名以考當時水域之地名，大抵能依其豐富
學養，探史實、藉調查而得其實；惟山川變化，人事興革，實有難以辨晰者，
在諸說紛歧之狀，不免仍有疑誤，誠如江永所言：

> 春秋暨左氏傳二百五十餘年，地名千數百有奇，或同名而異地，或
> 一地而殊名。古今稱謂不同，隸屬沿革不一，有文字語音之訛，有
> 傳聞解說之誤，欲一一核實無差，雖博洽通儒猶難之。〔註22〕

尤以長江下游、江南地區之罕至，所造成之訛誤，更屬難免，然其成就固非
此等小瑕足以掩蓋者。

三、地名軼聞之探求

探討地名之軼聞，係於確定地理位置後，就史實記載及俗語傳說中明其
由來，觀錢穆論地名之沿革曰：

> 大概腹地衝要，文物殷盛，人事多變之區，每有新名迭起，舊名被
> 掩，則地名之改革爲多；而邊荒窮陬，人文未啓，故事流傳，遞相
> 因襲。〔註23〕

所謂「人事多變之區」，如朝代興替之時，或改前代地名，若考察不明，地
理位置尚且不符，如何求其沿革而探其軼聞？此種情形，以王莽篡漢，大易
天下之名爲顯著，〔註24〕《水經注》中屢載其事，如卷三十注淮水條所引：
王莽改春秋之「江國」爲「均夏」，改「鍾離」爲「蠶富」，改「楊梁」爲「田
平」，凡此變易，皆影響地名位置之考證。至於「故事流傳，遞相因襲」，《水
經注》中記述地名軼聞大多採舊說俗傳，如卷四十注浙江「北過餘杭」條曰：

> 《錢塘記》曰：防海大塘在縣東一里許，郡議曹華信家議立此塘以
> 防海水，始開募，有能致一斛土者，即與錢一千，旬月之間，來者

〔註22〕見江永《春秋地理考實》「序」。
〔註23〕見錢穆《史記地名考》，頁 9。
〔註24〕《漢書・地理志》所載「長安縣」至王莽時易名爲「常安」，顏師古注曰：「王
　　　莽篡位，改漢郡縣名，普易之也。」（卷二八頁 20）

雲集，塘未成而不復取，於是載土石者皆棄而去，塘以之成，故改
名錢塘焉。

此採舊說以明「地名由來」之例。卷一一注滱水「又東過博陵縣南」條引張
晏之說以明春秋「曲逆」之沿革曰：

其水源自東逕其縣故城南，枉渚迴湍，率多曲復亦謂之為曲逆水也。
張晏曰：湍水於城北，曲而西流，是受此名，故縣亦因水名而氏曲
逆矣。《春秋左傳》哀公四年，齊國夏伐晉，取曲逆是也。漢高帝擊
韓王信自代，過曲逆，上其城，望室宇甚多，曰壯哉，吾行天下，
惟雒陽與是耳。詔以陳平為曲逆侯，王莽更名順平。

此採舊說以明「地名沿革」之例。如前所言，若不明王莽於漢末之易其名，
豈知「曲逆」與「順平」具「相反意義」之關聯而同屬一地。

酈氏於遊歷各地水域之際，往往親臨實地而辨析俗語方音與地名之關
係，如春秋所載「廣里」與北朝時防門北之「光里」同屬一地，因方音之別，
文字亦不同（卷八濟水條），所謂「傳呼乖謬，字亦因改。」此乃酈氏考證地
名所慎察者，除廣讀眾書外，須親訪耆舊以辨別地名之正與俗，〔註25〕觀卷
八注濟水「又東北，濼水出焉。」條所載：

濼水出縣故城西南，泉源上舊，山湧若輪，《春秋》桓公十八年，公
會齊侯于濼是也，俗謂之娥姜也，以泉源有舜妃娥英廟故也。

娥姜乃濼水之俗名，此採俗語之例。

承上所述，酈氏採舊說俗傳以明春秋地名之軼聞，及探究地名之淵源、
沿革與正俗之辨，實有助於結合地理與歷史人文之關係；然於豐富內容之徵
實考證中亦見須商榷之處，察卷四注河水「又東，右合門水」條所載：

魏司徒崔浩以為曲沃，地名也。余按《春秋》文公十三年，晉侯使
詹嘉守桃林之塞，處此以備秦，以曲沃之官守之，故曲沃之名，遂
為積古之傳矣。

酈氏舉史實以證曲沃地名之名世，始於文公十三年守桃林以備秦一事，據程
發軔《春秋左氏傳地名圖考》考證，桃林塞即潼關，乃黃河畔之軍事重地，

〔註25〕卷十六注穀水「出弘農黽池縣南」條曰：「劉澄之云：新安有澗水，源出此縣，
又有淵水，未知其源。余考諸地記，並無淵水，但淵澗字相似，時有字錯為
淵也。故闞駰《地理志》曰：禹貢之澗水，是以知傳寫書誤，字謬舛真，澄
之不思所致耳。既無斯水，何源之可求乎。」此例係酈氏於引舊說時，就「字
訛」論地名之辨也。

雖亦名於後世，若謂曲沃之名世係因此地之故，則有待商榷。〔註26〕據《左傳》莊公二十八年記載：驪姬欲立其子奚齊而賄賂外嬖梁五與東關嬖五，使言於晉獻公曰：「曲沃，君之宗也，蒲與二屈，君之疆也。」曲沃爲故國封邑乃舉世皆知者。又僖公四年記載：「太子祭于曲沃」，乃國之大事。二事皆在文公之前，故「積古之傳」非始於此也。

第三節　訓釋「春秋地名」之原則與條例

《水經注》引春秋地名之訓釋原則，與其考證態度相符，即廣引資料、務求客觀，約而言之有三項：疑以傳疑、不守顓門之見、正《水經》之誤。而酈氏訓釋條例亦與考證地名之方法大抵相符，計有六項：據史實、引群書、採舊說、錄俗語、明音訓、考字辨。茲分述於下。

一、訓釋原則

漢初傳經藉口耳相傳，雖有傳注之名，至東漢時箋注之學大盛，學者往往謹守經義，不敢超越門戶藩籬，漢末雖有鄭玄之融今古文而泯師法家法，仍諱言經誤，三國西晉以來諸家，亦罕見駁經之論。〔註27〕酈道元注《水經》則異於傳統，疑以傳疑之原則已見於上文之論述地名中，而「南宗杜預、北宗服虔」之門戶顓見亦不爲酈氏所取，如卷三十四注江水「右東南逕孌城南」條考正「孌」之地理位置即依服虔之說：「在巫之陽，秭歸歸鄉也。」然於卷十五注伊水「又東北過陸渾縣南」條考證「三塗山」，又以服說「三塗大行，轘轅嶢甿，非南望也。」爲非。又卷十六注穀水「又東過河南縣北」條考證「翟泉」，舉「杜預言翟泉在太倉西南，既言西南，於雒陽不得爲東北，是驗非之三證也。」以其說爲非；然於卷九注淇水「出河內隆慮縣」條考證「牽城」，又以杜說「黎陽東北有牽城，即此城矣。」爲是。可見，酈氏注經以實事爲依歸，此固與《水經》之內容本屬客觀事實，較能避免主觀定見，有所關聯；其治學之獨立謹嚴實其根本。段熙仲論其爲學特點曰：

〔註26〕頁98。
〔註27〕杜預《春秋經傳集解・序》曰：「其有疑錯，則備論而闕之，以俟後賢。」杜氏亦知經有疑錯者，然疑以傳疑，不直指其誤。杜氏又曰：「去聖久遠，古文篆隸，自然當有錯誤，亦不可拘文以害意，故聖人貴聞一而知二，賢史之闕文也。」就經文流傳時發生之訛誤論之，亦不指經書本身之訛誤。

他用以鑑定材料的可信性時，在實踐中重視思考，有取有舍。在引
用非直接經驗時，實事求是，並無成見；亦不主觀，只要求眞實。……
爲著求實，大膽地提出對經文的異議，細心考證，提出一個『經之
誤證』的論點，全書中曾出不窮的指出經文水道的訛誤。〔註28〕

段氏之論是矣！察卷二十五注泗水「出魯卞縣北山」條指經文之誤曰：

《地理志》曰：出濟陰乘氏縣，又云出卞縣北，經言北山，皆爲非
矣。《山海經》曰：泗水出魯東北，余昔因公事，……因令尋其源流，
水出卞縣故城東南，桃墟西北。《春秋》昭公七年謝息納季孫之言，
以孟氏成邑與晉而遷于桃。

酈氏引《春秋》諸書以正《水經》之誤，即博採眾書、客觀訓釋之原則。

二、訓釋條例

《水經注》藉實地調查與引用群書作爲考證之依據，與其前經學家之篤守
師門家法作爲章句訓詁之根本有所差距。就訓釋條例言，東漢以來之箋注著重
典章名物之考定，條例繁瑣，如服虔訓釋《左傳》之方法即有十五種；〔註29〕
酈注則著重史實舊說與耆宿俗語之言，條例較簡，茲分述於下：

（一）據史實

就《春秋》所載地名之歷史背景與地理環境，作爲考證北朝地名之依據，
此例在酈書甚爲常見。又王莽篡漢，大易天下地名之史實，於考定春秋地名沿
革時，亦屢見記載。茲舉卷四河水條考證「採桑津」爲春秋時之「採桑」曰：

《春秋》僖公八年，晉里克敗狄于採桑是也。

此類地名較易判別，引史實記載即可考定。

（二）引群書

《水經注》之引書豐富已備述於前文，酈氏於考證地名時，或諸說紛歧
而存疑難定，或舉證多方以爲論斷，往往採此方式以爲訓釋，如卷十清漳水

〔註28〕見《中國史學家評傳》，頁 235～236。
〔註29〕據程南洲《東漢春秋學》目次頁 7～8 歸納，十五種方法爲：引據群書以釋之、
引據舊說以釋之、引據公穀之義以釋之、引據五行之說以釋之、引據傳例以
釋之、引據傳文以釋之、推其意以釋之、據己意以釋之、引俗語以釋之、增
足前訓以釋之、先斷句讀然後釋之、就音訓以釋之、通其因義以釋之、增足
其義以釋之、兼寓訓詞以釋之。

條考證「昔陽城」爲春秋時之「鼓子國」曰：

> 《春秋左傳》昭公十五年，晉荀吳帥師伐鮮虞，圍鼓三月，鼓人袁
> 乙請降，……《十三州志》曰：今其城昔陽亭是也。京相璠曰：白
> 狄之別也，下曲陽有鼓聚，故鼓子國也。

此類地名因諸說或有歧異，酈氏訓釋時偶有訛誤。

（三）採舊說

舊說常用於考證地名位置，然其內容偶亦述及地名軼聞，因史無記載而採以爲訓釋者，茲舉卷三十七注沇水條之「馬鞍岡」曰：

> 裴淵《廣州記》曰：城北有尉他墓，墓後有大岡，謂之馬鞍岡。秦
> 時占氣者言南方有天子氣，始皇發民鑿破此岡，地中出血。今鑿處
> 猶存，以狀取目，故岡受厥稱焉。

此類地名之訓釋較無歧異。

（四）錄俗語

此類訓釋，其內容大底出自民間口耳相傳而未成專著，如卷八注「濟水條」採俗名釋春秋「濼」地曰：

> 《春秋》桓公十八年，公會齊侯于濼是也，俗謂之爲娥姜也，以泉
> 源有舜妃娥英廟故也。

此類條例大都記述地名軼聞。

（五）明音訓

因各地方音之差異造成「同地異名」之現象乃考證地名之要事，如卷八注濟水條載曰：

> 今防門北有光里，齊人言廣音與光同，即春秋所謂廣里者也。

此類地名之訓釋多與地名考證相關。

（六）考字辨

方音之不同或造成字異，因文字形似而於流傳時產生之訛誤亦所在多有，茲舉卷二十二注潁水條爲例：

> 潁水又東南，逕澤城北，即古城皋亭矣。《春秋經書》書公及諸侯盟
> 於皋鼬者也，皋與澤相似，名與字乖耳。

此類訓釋亦多與地名考證相關。

上述六項訓釋條例中，採舊說、錄俗語二項大抵屬地名軼聞之探求，其

餘四項則屬於地名位置之考證。

第四節　結　語

　　考證地名之不易，自古而然，臧勵龢主編《地名大詞典》「緣起」中論其困難曰：

　　　　一曰：知古之難，二曰：知今之難；知古之難難在考訂，知今之難
　　　　難在調查。

難在考訂，故須廣讀博覽，鏧諸家之紛歧；難在調查，則須具體求證，不廢鄉鄙耆舊之言。臧氏生於近代尚感其難，況酈氏生於千百年前，資訊既窮，交通不便，欲獨力撰《水經注》，補前闕，遺後世，豈為易事？歷七年而完成此一名著，誠屬盛事，內容雖有訛誤不備之處，實瑕不掩瑜，其貢獻於地理人文之研究甚大。西晉杜預《春秋土地名》乃名家之專門著作，葉政欣贊此書之成就遠超過先儒，謂其特長有二，一則累積前賢之地學顯著，並參考公家圖籍，能確指地理所在；且因職務觀係，得以遊歷山水名勝，增長其經驗見聞。〔註30〕此二特長，正《水經注》考證地名之依據，即前文所論「引書廣博以考定，搜濆訪渠求實證」是也，酈氏生於其後而逾之矣！茲就《水經注》引春秋經文之特點論述於下：

　　其一，就引書條例言：所引標題大抵為書名，標撰者之名甚少。所引書名中，《春秋》、《左傳》常見「同書異名」之例；偶有書名與內容不符者，大抵標「春秋」而內容為「左傳」。而標題下之稱詞，大都屬於無稱詞，內容標示史實年代；稱曰、稱所謂，則罕見年代。至於引文方式，以約引為主，罕見全引；所引春秋三傳經文，幾與地名相關，而以《左傳》居多。

　　其二，就考證地名言：以「引書廣博、實地調查」為考證依據，引書凡四百三十六種，僅春秋三傳，即引經文二百餘條；且深入華北地區，熟悉黃河淮河水域，訪濆尋渠，探探故實，其內容之所以淵博徵實者在此。以「因水以證地，即地以求古」為考證途逕，先確定地名所在，再探求其傳說軼聞。以「地名位置、地名軼聞」為考證要點，探求水域之分布、流向、遷徙，及春秋地名之歷史記載，就當代地名位置之方向、距離，分析二者關係以明古今地名之相關位置，並論述該地之淵源、沿革與人文風俗。

〔註30〕見葉政欣《杜預及其春秋左氏學》，頁275～276。

其三，就訓釋地名言：以「客觀務實、不顓一家」爲訓釋原則，疑以存疑，指正《水經》訛誤，突破「師法家法」之門戶見解與「傳不違經」之傳統。以實際考證之方法爲訓釋條例，探史實、舊說、俗語、傳說，辨音訓、字訛，具體明確；異於東漢以來、經學家繁瑣之「章句訓釋」條例，而與北朝中期之學風相應。

《水經注》引春秋經文雖僅酈氏考證地理所取材者，惟其引用而考諸眾說，對於後世研究《春秋》地名實助益匪淺。

第十章　結　論

　　自先秦以來，邊境民族因文明低落及生存環境惡劣，遂屢窺伺中原，而於長期戰事、綏和之持續接觸中，漸染華風，乃至於傾慕漢文化。察五胡之入主中原，關係異族文化之融合問題，其影響華夏文化之深可謂大矣！胡族雖處執政優勢，一旦面臨胡漢文化於「具體經世」之明顯差異時，仍不得不師法漢文化而視之爲正統。察諸史籍，胡主重用漢儒才能，運用儒術以利興國，其「夷夏之別」在於接受或悖離此正統文化，所謂「華夏文化」乃正統之代稱，而不關乎血統。

　　在胡族主導之政權下，漢儒爲求門第與生存之尊嚴，須積極投入胡政權而博得胡主信任，崔浩即當時中原世族之代表，其「以夏變夷」之理想政治，反映漢人爲求生存尊嚴，與承傳中原文化，所奉獻之努力。然而，漢儒於政權上雖能突破「胡漢之別」，欲於思想上摒除「夷夏區別」，打消民族間之隔閡，實非多數儒者所能接受者。

　　觀北方於掠奪易主、政權屢變之時，深受漢化之胡主猶能推行儒學、禮重儒者，而尊中原文化爲正統，故十六國雖年祚短淺，難見推行成效，對北朝之整體學術仍具影響。

　　察道武帝至宣武帝，其間歷明元帝、太武帝、文成帝、獻文帝、孝文帝，約百三十年，儒學在此期間具有長足進展。惟文成帝至孝文帝太和中，儒學雖未廢止，卻呈遲緩狀態，〈儒林傳〉未載文成帝之興學舉措，獻文帝則僅於鄉學之設立；探其由，係因太武帝末發生儒佛之爭，佛教「轉輪王思想」受到道教抗爭，導致太武帝毀佛之下場。及太子晃之子文成帝即位後，爲繼其父崇佛之志，乃復佛教，並尊爲國教，此儒學之所以未盛之由。至於北齊官學既近廢弛，

私學尙能興盛，此受北魏學風之影響而然，徐遵明尤屬代表人物。

　　就北朝儒學之推行而論，北魏、北周大抵稱盛，北齊則不彰。察北魏宗室教育與漢儒之承傳關係，相應於當代興學之消長狀況者，其一，道武帝至太武帝時儒學以興，至孝文帝而昌盛，宣武帝時尙可稱盛，其間之文成、獻文二帝呈停滯狀況；皇室教育之情形大抵相應，道武、太武、孝文、宣武諸帝頗爲重視，尤以孝文爲然；而文成、獻文二帝之學養則俱闕載文。其二，孝明帝以來，因政局之不安而儒學衰頹，皇室教育之成效及諸帝學養亦罕見載文。至於北齊之宗室學術與漢儒之關係雖甚密，然而，上既不慕華夏文化，又具排斥之心，對漢儒既缺禮敬，且身心淫逸，縱引名儒碩士，僅屬形式之宗室教育，實難以主動向學而增長學養，故文雅之主，殆廢帝（濟南王）一人。

　　就北朝胡族對儒學之傾慕及其成就而言，北魏孝文帝之學養乃當代胡人所難以比擬，其對胡漢文化之融合可謂居功厥偉！就其「博學」而言，精儒家五經之義，探史傳百家之奧，善老莊之論，深佛典之理，才藻富贍，任興而作。就其「理性思惟」而言，孝文帝不迷於讖緯且有禁讖之舉，乃北朝胡主之罕見者。就其「倡導孝道」而言，除自身明於孝道外，並令侯伏侯可悉陵以夷言譯《孝經》之旨教授人。如上所述，孝文帝之深於漢文化亦可知矣！

　　就北朝學術之「發展宗旨」而論，係以「經世致用」爲主，儒者治學之傾向與上位者之施政觀念及政策甚爲密切，尤以「儒學」之具體價值深受胡政權之重視。觀《詩經》「興觀群怨」之特質，對政治運作具有借鑒省思之意義；《禮經》中之禮法軌範乃胡人維繫政治倫常，安定社會之依據；《春秋》之正褒貶、明善惡，提供歷史經驗，具有端正倫常、敦厚政治倫理之價值；《孝經》、《論語》則深具教化社會之功能，胡政權之強調孝道觀念，實有「移孝作忠」之政治意圖；至於《尙書》所提供之典章嘉言、施政經驗，亦具治國價值。

　　至於其他學術與經世觀念之關係，就史學而言，自魏晉以來已具有學術獨立之地位，歷十六國至北朝，讀史、修史已甚普遍，胡主、儒士藉讀史以明人事之臧否及政權之消長，引以爲借鑒；胡主且借修史以明其正朔之承傳，藉以肯定政權合理性，皆具「以史經世」之意。

　　就讖緯而言，不僅受胡政權之重視，引爲政權「天人相應」之合理解釋，漢儒深浸於此者亦屢見，遂使治經讖緯化，而《易經》因具卜筮意義，與讖緯尤能結合；蓋趨吉避凶，著重天象、靈徵之影響人世，乃北人治易之主旨，

異於南方治易之著重義理。

就玄學而論，雖論理高妙，有其引人入勝者，然而，一旦淪爲放蕩不羈、藐視禮法，乃至於罔顧國事，則國危矣！胡政權之所以排拒玄學者，係因此學不足以治國，易於貽誤邦國者也。

就佛教而言，因胡人之個性本較迷信，故著重於因果輪迴之宗教信仰，欲藉此以消災解厄，此其現實目的之一。又佛教轉輪王之實踐，乃胡主欲建立之理想國，此現實目的之二。至於漢儒對待佛教之態度與胡族不同，於排斥、調和、融合之過程中，所著重者在於教義之社會適用性，及其義理之探究，與胡族之實用態度不同。

就法治而言，「春秋決獄」雖具有「引儒入法」之德刑觀念，然而，德治禮教實不及刑律「立竿見影」之實用；據史傳所載，北朝政權即採嚴刑重罰之法治制度，儒法結合之決獄途徑已不符當代所需。

如上所述，北朝「經世致用」之治學宗旨，深受十六國時「河西文化」之影響。察河西學者之治學傾向，以博學實用爲主，秉漢代通經致用之傳統而不限於家法門派，其對北朝之影響，主要在於儒學、史學二者。

關於春秋三傳於北朝政治之實踐，旨在明禮法秩序與是非善惡，胡主固因《孫吳兵法》深於戰術謀略而習之，之所以兼好《左傳》者，係因內容對戰爭場面，及人物之個性與智慧作精彩之描述也；觀西晉杜預即左傳名家，又任將軍職於當朝之例，此乃武將所以好左傳之重要原因。至於「夷夏之別」在當代春秋學著作與朝廷之論議中之呈現，雖資料不足，難以明瞭其觀念；然大抵以「文化內涵」作爲區別夷夏之觀念。

就春秋三傳在北朝之發展而論，係以左傳爲主，公、穀二傳除兼治外，罕見顓門研究者。就北魏而言，學者治春秋以「服杜」左傳，及兼綜三傳爲主。北齊在徐遵明之影響下，大抵宗於服氏左傳。北周雖仍以服注爲主，至周末隋初之時，則兼綜三傳者漸眾，服氏衰微而趨於杜氏左傳。

察左傳之所以流行者，因其內容重禮，記載禮制之處頗多，乃胡人於漢化中建立儀軌之重要參考。且因左傳善於作戰史實之記載，對於戰事頻仍之胡政權，具有參酌之價值。又左傳屢載巫祝、災異之事，與胡人迷信之性格相應。

至於公、穀二傳之衰，穀梁傳係因文辭過簡，論義理不及公羊傳之精闢，述史實不及左傳之詳贍，故乏儒者之顓治。至於公羊傳之流傳，殆盛行於東

魏孝靜帝興和、武定之世，然而，終究不及左傳之盛；探其由，緣公羊傳與讖緯之關係密切，北朝禁讖之頻，實其衰微之主由。

至於北朝春秋學之承傳狀況，不僅官學中博士與弟子間之授受不明，私學雖盛於當時，名師之門下徒眾動輒百千，然而，門徒及其再傳弟子之師承脈絡，除服氏左傳稍可察考外，餘皆難以明瞭。

承上所述，北朝春秋學以左傳爲主，服注又盛於杜注；然而，服氏左傳既流行於北方，杜注於北魏末期之所以能受當朝君臣之重視，而與服注抗衡，乃至於產生學派之爭議者，「青州杜注」之傳入係其主由。蓋青州歸於北魏之後，杜學漸盛於北方，終足以進入宮廷，遂使服學之原有地位深受威脅；職是之故，衛冀隆等遂藉「質難爭議」以固守此學誠自然之勢也。

就北朝學者治春秋學之特點而論，大致以北魏中晚期之徐遵明分爲前後。在遵明之前，就「從師」而言，不拘門派之觀念較爲明顯，故擇師易師之情形頻見。就「治學方法與內容」而言，以酈道元《水經注》引春秋地名爲例，因其異於傳統，探「疑以傳疑」之客觀原則，無「南宗杜預、北宗服虔」之門戶顯見，故能打破常規，實事求是，不被「傳不違經」之傳統見解所圍，就書中所引諸家之說，論其得失而不顓一家；是故，《水經注》之內容廣博，對於前賢學說往往有所質疑。就「著作形式」而言，因著作大都亡佚，僅存書名，難以明瞭其詳貌；然而，考察當代春秋學輯佚殘卷及春秋學諸作之書名（若劉獻《三傳略例》），並參酌《水經注》之撰作方式，此時之著作形式大抵在「集注」與「義疏」之間。

至於遵明之後，就「從師」而言，雖遵明治學之特點在於「疑其師說、屢易師門」，因其學術影響甚深，弟子乃獨宗其學，反未承其從師之習，迨周末隋初二劉之出，方見博學多師之風矣！就「治學之方法與內容」而言，因宗於遵明，故少見「疑師疑經」之記載。至於所學內容雖博採諸經，然亦僅限於儒經，尤北齊爲然。就當時之學風趨向而論，反不及北魏初、中期之自由而歸於師說之傳統；惟就「著作形式」而言，徐遵明《春秋義章》雖近於義疏，至北齊、李鉉《三禮義疏》，北周、熊安生《周禮義疏》，隋初、劉焯《春秋述議》、劉炫《春秋攻昧》、《春秋左氏傳述議》、《春秋規過》已屬疏體之著作矣。且因義疏之重於敷陳己見，故就「講學論辯」而言，藉「例」講學以發揮個人學養，探「析辯」以展現辭采風格，遂成爲當代學風之一大特質。

　　自漢末以來，鄭學盛於北方而爲儒者所宗。迨拓跋氏初統中原，並行於當時之「玄學化經學」、「鄭學」、「王學」，之所以胡漢民族仍宗鄭學者，係因樸實無華之學風與北人相應，經世致用之價值受胡政權之重視，且鄭學之具有讖緯成份又符於胡族之迷信性格，此皆王學、玄學化經學所闕者；是故，雖隋初儒者已重義疏而漸趨南學，鄭學仍具影響力。

　　在南北學術之交流下，北學顯然趨向於南學，隨南北政權之統一，南學乃成爲隋代學術之主流。探其原由，係因南人治學之注本簡約，且著重義理之發揮，相較於北學所依注本之繁瑣，著重於章句訓詁；「由繁趨簡」、「捨難從易」、「去樸尚華」乃成爲北方儒者之所嚮往者。觀服虔訓釋《左傳》之條例有十五種，可謂繁瑣，杜注雖見譏以「棄經信傳」、「曲爲辭說」，之所以能取代服注者，係因擺脫章句訓詁之枯燥，且能參酌眾家學說，採集解方式，便於說理而趨於義疏，形式亦簡明而免於繁瑣。蓋南北學術經長期之交流，治學「尚簡從易」乃成爲一代學風之所趨。

參考書目

一、主要書目

（一）專　書

1. 經學類

1. 《春秋左傳》，台北：藝文（十三經注疏本），1989 年 1 月。
2. 《春秋公羊傳》，台北：藝文（十三經注疏本），1989 年 1 月。
3. 《春秋穀梁傳》，台北：藝文（十三經注疏本），1989 年 1 月。
4. 《春秋經傳集解》，晉、杜預，台北：新興，1979 年 6 月。
5. 《經學歷史》，皮錫瑞，台北：藝文，1987 年 10 月。
6. 《春秋左氏傳地名圖考》，程發軔，台北：廣文，1967 年 11 月。
7. 《今存南北朝經學遺籍考》，簡博賢，台北：黎明，1975 年 2 月。
8. 《杜預及其春秋左氏學》，葉政欣，台北：文津，1989 年 10 月。
9. 《魏晉南北朝隋唐經學史》，章權才，廣東：人民，1996 年 8 月。
10. 《春秋左傳學史稿》，沈玉成等，江蘇：古籍，1992 年 6 月。
11. 《春秋左傳研究》，童書業，上海：人民，1983 年 6 月。
12. 《皇侃之經學》，陳金木，台北：國立編譯館，1995 年 8 月。

2. 史學類

1. 《魏書》，北齊、魏收，台北：藝文，1972 年。
2. 《洛陽伽藍記》，北魏、楊衒之，台北：世界，1967 年 5 月。
3. 《顏氏家訓》，北齊、顏之推，台北：古籍，1996 年 8 月。
4. 《北齊書》，唐、李百藥，台北：藝文，1972 年。

5. 《周書》，唐、令狐德棻，台北：藝文，1972 年。

6. 《宋書》，梁、沈約，台北：藝文，1972 年。

7. 《齊書》，梁、蕭子顯，台北：藝文，1972 年。

8. 《梁書》，唐、姚思廉，台北：藝文，1972 年。

9. 《陳書》，唐、姚思廉，台北：藝文，1972 年。

10. 《晉書》，唐、房玄齡，台北：藝文，1972 年。

11. 《南史》，唐、李延壽，台北：藝文，1972 年。

12. 《北史》，唐、李延壽，台北：藝文，1972 年。

13. 《隋書》，唐、魏徵，台北：藝文，1972 年。

14. 《唐書》，宋、歐陽脩，1972 年。

15. 《舊唐書》，宋、劉煦，台北：藝文，1972 年。

16. 《水經注疏》，清、楊守敬等，台灣：中華，1971 年 6 月。

17. 《水經注校》，王國維，台北：新文豐，1987 年 6 月。

18. 《隋唐制度淵源略論》，陳寅恪，台北：樂天，1972 年 3 月。

19. 《魏晉南北朝史講演錄》，陳寅恪，台北：雲龍，1995 年。

20. 《補魏書藝文志》，賴炎元，師大國研所集刊創刊號，1957 年。

21. 《補北齊書藝文志》，蒙傳銘，師大國研所集刊創刊號，1957 年。

22. 《補周書藝文志》，王忠林，師大國研所集刊創刊號，1957 年。

23. 《中古史學觀念史》，雷家驥，台北：學生，1990 年 10 月。

24. 《中國歷史地圖集》，譚其驤等，上海：地圖，1985 年 10 月。

25. 《五涼史略》，洪濤，中華社會科學出版社，1992 年 4 月。

26. 《從平城到洛陽》，逯耀東，台北：黎明，1981 年 6 月。

27. 《從西郊到南郊》，康樂，台北：稻禾，1995 年 1 月。

3. 輯佚類

1. 玉函山房輯佚書，清、馬國翰，台北：文海，1967 年 6 月。

2. 黃氏逸書考，清、黃奭，台北：藝文，1973 年。

3. 漢魏遺書鈔叢書，清、王謨，台北：藝文，1970 年。

（二）論文期刊

1. 〈三國六朝經學上的幾個問題〉，張西堂，師大月刊第一八期，1935 年 4 月。

2. 〈南北朝時代河隴儒學淵源論略〉，甘德澤，西北通訊第三卷第六期，1948 年 9 月。

3. 〈簡著「今存南北朝經學遺籍考」質疑〉，汪惠敏，哲學與文化第三卷第一〇期

4. 〈北朝經學與胡人漢化〉，李威熊，孔孟月刊第一七卷第二期，1978 年 10 月。

5. 〈五涼時期的河西儒學〉，武守志，西北史地，1987 年第二期。

6. 〈論北朝儒學及其地位〉，陳朝暉，齊魯學刊，1989 年第五期。

7. 〈酈氏水經注之學術價值探析〉，方麗娜，台南師院學報第二一期，1989 年 3 月。

8. 〈酈氏水經注之地學成就探析〉，方麗娜，台南師院學報第二二期，1989 年 4 月。

9. 〈北魏初期儒學發展的問題〉，古正美，儒學國際學術討論會論文集下，1989 年 4 月。

10. 〈一代儒宗熊安生〉，查洪德，殷都月刊，1989 年 4 月。

11. 〈劉焯劉炫之經學〉，陳金木，政大博士論文，1989 年 6 月。

12. 〈魏孝文帝崇儒及其家庭生活〉，劉精誠，北朝研究第三期，1990 年。

13. 〈北魏時期對經籍整理與著述概說〉，黃雲鶴，古籍整理研究學刊，1990 年 1 月。

14. 〈北朝的經學與儒者〉，孔毅，西南師範學報，1990 年 3 月。

15. 〈隋代儒學的發展及其地位〉，趙雲旗，山西師大學報，1990 年 3 月。

16. 〈魏晉南北朝帝王之師〉，湯承業，孔孟月刊第一八卷第九期，1990 年 5 月。

17. 〈試論北朝儒佛道的初步融合〉，陳朝暉，東岳論叢，1990 年 6 月。

18. 〈魏晉時期經學之轉化〉，浦忠成，鵝湖月刊第一六卷第五期，1990 年 11 月。

19. 〈北朝儒學教育及其影響〉，陳朝暉，齊魯學刊，1991 年 6 月。

20. 〈北魏的儒學與士人〉，陳朝暉，文史哲，1992 年第四期

21. 〈北朝的儒學與儒士〉，陳朝暉，中國文化月刊第一五五期，1992 年 9 月。

22. 〈梁武帝與南朝的儒學〉，陳朝暉，孔子研究，1994 年 1 月。

23. 〈魏晉南北朝經學史小識〉，陳鴻森，東海學報第三五卷，1994 年 7 月。

24. 〈北朝經學的二三問題〉，陳鴻森，中研院歷史語言所集刊，1995 年 12 月。

25. 〈魏晉南北朝經學儒學家學與家族〉，張天來，江海學刊第一八八期，1997 年 2 月。

二、其它書目

（一）專　書

1. 經學類

1. 《詩經》，台北：藝文（十三經注疏本），1989 年 1 月。
2. 《書經》，台北：藝文（十三經注疏本），1989 年 1 月。
3. 《孝經》，台北：藝文（十三經注疏本），1989 年 1 月。
4. 《經學入門》，清、江藩，台北：廣文，1977 年 1 月。
5. 《經學源流考》，清、甘雲鵬，台北：維新，1968 年 1 月。
6. 《經學通論》，皮錫瑞，台北：商務，1989 年 10 月。
7. 《中國經學史》，馬宗霍，臺灣：商務，1986 年 2 月。
8. 《周予同經學史論著選集》，周予同，上海：人民，1996 年 7 月。
9. 《中國經學史》，本田成之，台北：學海，缺出版年月。
10. 《經學纂要》，蔣伯潛，台北：正中，1983 年 10 月。
11. 《春秋要領》，程發軔，台北：三民，1991 年 10 月。
12. 《三國蜀經學》，程元敏，台北：學生，1987 年 8 月。
13. 《中國經學史發展史論》，李威熊，台北：文史哲，1988 年 12 月。
14. 《公羊學引論》，蔣慶，遼寧：教育，1995 年 6 月。
15. 《春秋三傳研究論集》，戴君仁等，台北：黎明，1989 年 2 月。
16. 《春秋左傳注》，楊伯峻，高雄：復文，1991 年 9 月。
17. 《皇侃之經學》，陳金木，台北：國立編譯館，1995 年 8 月。
18. 《三國時代之經學研究》，汪惠敏，台北：漢京，1981 年 4 月。
19. 《經學簡史》，何耿鏞，廈門大學，1993 年 12 月。
20. 《魏晉南北朝禮制研究》，陳戌國，湖南：教育，1995 年 7 月。

2. 史學類

1. 《史記》，漢、司馬遷，台北：藝文，1972 年。
2. 《後漢書》，劉宋、范曄，台北：藝文，1972 年。
3. 《史通》，唐、劉知幾，重慶出版社，1990 年 8 月。
4. 《通典》，唐、杜祐，台北：國泰文化，1977 年 1 月。
5. 《廿二史札記》，清、趙翼，台北：樂天，1971 年 9 月。
6. 《先秦政治思想史》，梁啟超，台北：東大，1987 年 2 月。
7. 《史記地名考》，錢穆，台北：聯經，.1987 年 6 月。

8. 《中國史學名著》，錢穆，台北：三民，1988 年 2 月。

9. 《讀史札記》，呂思勉，台北：木鐸，1983 年 9 月。

10. 《中國史學名著題解》，張舜徽等，北京：中國青年，1992 年 2 月。

11. 《中國史學家評傳》，陳清泉等，中州：古籍，1985 年 3 月。

12. 《中國史學史》，金靜庵，台北：鼎文，1986 年 3 月。

13. 《中國史官文化與《史記》》，陳桐生，廣東：汕頭，1993 年 9 月。

14. 《中國地理史話》，李淵海，台北：明文，1987 年 4 月。

15. 《北朝胡姓考》，姚薇元，台北：華世。

16. 《北魏官僚機構研究續篇》，鄭欽仁，台北：稻禾，1995 年 4 月。

17. 《魏晉南北朝文化史》，萬繩楠，台北：雲龍，1995 年 6 月。

18. 《魏晉南北朝史論集》，周一良，北京大學，1997 年 6 月。

19. 《魏晉南北朝史札記》，周一良，北京：中華，1985 年 3 月。

20. 《魏晉南北朝史》，鄒紀萬，台北：眾文，1990 年 11 月。

21. 《簡明中國歷史地圖集》，譚其驤，上海：中國地圖，1991 年 10 月。

22. 《讀史入門》，許凌雲，北京出版社，1989 年 9 月。

3. 子學類

1. 《世說新語》，劉宋、劉義慶，北京：中華，1991 年 7 月。

2. 《弘明集》，梁、釋僧祐，台北：商務（四庫全書第一○四八冊），1983

3. 《高僧傳》，梁、沙門慧皎，台北：廣文，75 年 1 月。

4. 《廣弘明集》，唐、釋道宣，台灣：中華，1966 年 3 月。

5. 《漢魏兩晉南北朝佛教史》，湯用彤，台北：駱駝，1987 年 8 月。

6. 《中國佛教史》，郭朋，台北：文津，1993 年 7 月。

7. 《中國法制史論略》，徐道鄰，台北：正中，1970 年 5 月。

8. 《中國法律思想史》，楊鶴皋，台北：漢興，1993 年 10 月。

9. 《中國法制史》，張晉藩，台北：五南，1992 年 9 月。

10. 《中國法制史》，戴炎輝，台北：三民，1995 年 2 月。

11. 《中國法制史》，鄭秦，台北：文津，1997 年 4 月。

12. 《讖緯論略》，鍾肇鵬，遼寧：教育，1995 年 6 月。

4. 學術類

1. 《中國學術思想史》，鄺士元，台北：里仁，1995 年 2 月。

2. 《中國學術思想史論叢》，錢穆，台北：東大，1976 年 6 月。

3. 《中國文化史導論》，錢穆，台北：聯經，1993 年。

4. 《漢晉六朝文化社會制》度，陳啓雲，台北：新文豐，1996 年。

5. 《校讎學史》，蔣元卿，上海書店（民國叢書第三編第四二冊），1990 年。

6. 《中古今典籍聚散考》，陳登原，上海書店（民國叢書第二編第五○冊），1990 年。

7. 《國目錄學史》，喬好勤，武漢大學出版社，1992 年 6 月。

8. 《中國禁書大觀》，安平秋等，上海：文化，1990 年 3 月。

9. 《訓詁學史略》，趙振鐸，中州：古籍，1988 年 3 月。

（二）論文期刊

1. 〈北齊人書左氏傳跋〉，清、楊守敬，圖書館學季刊第七卷第一期，1933 年 3 月。

2. 〈巴黎倫敦所藏敦煌殘卷敘錄〉，王重民，圖書季刊第一卷第一期，1939 年 3 月。

3. 〈經學與歷史〉，錢穆，民主評論第三○卷第二○期，1952 年 10 月。

4. 〈左傳節本考〉，陳鐵凡，大陸雜誌第四一卷第七期，1970 年 10 月。

5. 〈論佛法與王法──以南北朝時代胡族統治下之北地爲主〉，慈怡，佛光雜誌，1977 第二期

6. 〈從隋書經籍志史部的形成論魏晉史學轉變的歷程〉，逯耀東，食貨月刊，第十卷第四期，1980 年 7 月。

7. 〈從政治及社會背景論魏晉南北朝時代佛教之興衰〉，李叔玲，慧炬第二五○期，1985 年 4 月。

8. 〈略述魏晉南北朝之佛學思想〉，杭大元，中國佛教第二九卷第八期，1985 年 8 月。

9. 神仙與高僧──魏晉南北朝宗教心態試探〉，蒲慕州，漢學研究第八卷第二期，1985 年 12 月。

10. 〈南北朝的世族〉，李則芬，東方雜誌第一九卷第九期，1986 年 3 月。

11. 〈王政與佛法〉，陳華，食貨月刊第一六卷第一一期，1988 年 3 月。

12. 〈北魏時期南北朝降人待遇〉，蔡幸娟，成大歷史學報第一五期，1989 年 3 月。

13. 〈「春秋決獄」論略〉，潘武肅，中國文化研究所學報第二一卷，1990 年。

14. 〈魏晉南北朝九品中正制〉，侯詔文，人事行政第九二期，1990 年 2 月。

15. 〈魏晉時期經學之轉化〉，浦忠成，鵝湖月刊第一六卷第五期，1990 年 11 月。

16. 〈中唐《春秋》學對史學發展的影響〉，謝保成，社會科學研究，1991 年 3 月。

17. 〈魏晉經學質變說〉，宋鼎宗，台北：文史哲（魏晉南北朝文學與思想研討會論文集），1991 年 8 月。

18. 〈皮錫瑞「魏晉爲經學中衰時代」觀點之評述〉，陳全得，孔孟月刊第三○卷第七期，1992 年 3 月。

19. 〈南北朝經學之消長與統一〉，黃忠天，孔孟月刊第三○卷第八期，1992 年 4 月。

20. 〈春秋公羊傳經權觀念的歷代理解及其意義〉，張端穗，東海學報第三三卷，1992 年 6 月。

21. 〈董仲舒春秋折獄案例研究〉，黃源盛，台大法學論叢第二一卷第二期，1992 年 8 月。

22. 〈魏晉南北朝胡人漢化之探析〉，林登順，嘉南學報第二○期，1994

23. 〈試論《春秋》一書對於我國史學的影響〉，王家儉，師大歷史學報第二二期，1994 年 6 月。

24. 〈孝道觀之儒道釋關係論〉，蕭群忠，孔孟月刊第三六卷第八期，1998 年 4 月。